非语言沟通

读懂微表情、微反应、微动作，成为“读心”专家

陈立之◎著

江西人民出版社
Jiangxi People's Publishing House
全国百佳出版社

图书在版编目（CIP）数据

非语言沟通 / 陈立之著. -- 南昌 : 江西人民出版社，2017.12

ISBN 978-7-210-09767-9

Ⅰ. ①非… Ⅱ. ①陈… Ⅲ. ①心理交往－通俗读物

Ⅳ. ①C912.11-49

中国版本图书馆CIP数据核字（2017）第233191号

非语言沟通

陈立之 / 著

责任编辑 / 冯雪松　钱　浩

出版发行 / 江西人民出版社

印刷 / 天津安泰印刷有限公司

版次 / 2017年12月第1版

2017年12月第1次印刷

710毫米×960毫米　1/16　17印张

字数 / 260千字

ISBN 978-7-210-09767-9

定价 / 35.00元

赣版权登字-01-2017-734

前言

preface

你知道吗？除了语言沟通，这世界上还存在另一种沟通方式——非语言沟通。

提到沟通，人们往往想到的是口头的交流，即以说话方式来交流双方的情感和思想，探讨彼此的人生见识等。其实这是对沟通的一种误解。人类的沟通，不只是一种语言沟通，还存在一种微妙无比的非语言沟通。非语言沟通，是指运用语言或文字以外的其他方式，诸如身体动作、体态、空间距离等实现交流信息、沟通思想和情感的过程。其中又主要是以身体语言来达成沟通目的的。

在沟通中，人们往往重视口头语言沟通的作用，而忽视身体语言沟通的效果。其实，沟通过程中大部分的信息都是通过身体语言来进行传递交流的。

一个人若有想法，有企图，有动机，都会在他的身体上做出相应的反应，而世界上任何一个人都无法掩饰一些他们自己不能控制的，却能直接反映其内心真实世界的表情、肢体语言和习惯动作等。并且，人们不但可以将自己心里的感觉、念头、情绪以身体语言的形式传递出来，而且也可以通过破译他人的身体语言密码来了解其所欲传达的各类信息。所以，身体语言是一种双向的表达和沟通方式。

相关的心理学研究结果表明，从人们获取信息的渠道来看，只有11%的信息是通过听觉获得的，83%是通过视觉获得，另有6%是通过嗅觉、触觉等获得，而精妙地表达一个信息应该是7%的语言+38%的声音+55%的表情和动作。可见，缺乏身体语言表达的交流不仅丧失了大部分沟通情感、传递信息的渠道，而且会给人以平淡拘谨、毫无生气、沉闷呆板的印象。

甚至可以这样说，话语的主要作用是传递信息，而身体语言则更上一层楼，它通常被用来进行人与人之间心灵和情感的交流融合、思想的沟通谈判。在某些情况下，身体语言甚至可以取代话语的位置，自成一体地发挥传播交际信息的功效。已故美国著名记者约翰·根室在《回忆罗斯福》一书中写道："在短短的20分钟里，他的表情从好奇、吃惊到关切、担心、同情，再到坚定、庄严，具有绝伦的魅力，但他却只字未说。"

人的细微表情、动作和反应，投射出人的内心世界，反映着人的心理变化、性情喜好、习性品位。所以，在人际沟通中，捕捉到他人稍纵即逝的表情、动作非常重要，因为你可以透过那些表象判断、分析出对方的真实想法，从而在交流交往中掌握更多的主动权。

学习解读、破译他人的身体语言密码，不仅能够让我们更加准确地明白他人心思、意志以及控制和操纵事物的方法，而且还能让我们更加关心和在乎他人的感受和情绪，从而无论是随机应变还是自我改善，都将对我们的沟通、交际能力和效果产生非常积极的影响。学会读懂和使用身体语言，是一门人生的必修课，是洞悉先机、掌控全局的成功保证。

本书从微表情、微动作、微行为、微语言、攻心术、操纵术、测谎术等方面，循序渐进、丝丝入扣地对身体语言的丰富表现形态、深刻内涵及其广泛运用进行了全面而深入的解读，为你破译身体语言的种种密码，带你走进人类潜意识的最深处，从而帮你看穿他人的真实意图，窥破人际关系的奥妙，掌握和运用比说话更高效的非语言沟通技巧。

相信通过细心参阅本书，读者将能培养出非同一般的洞察力，能够更加深入地认识、了解自己与他人沟通和交往的技巧，熟练地运用非语言沟通的诸般技巧，最终获得一种比他人更具优势的生存技巧，让自己无论是在工作还是生活中，都能游刃有余，在人生中取得更大的成功。

一言以蔽之，学习解读身体语言密码，灵活利用非语言沟通的技巧，将会使我们与他人的每一次相逢，都演绎成为一段精彩有趣、获益匪浅的别样经历。

目录

contents

序篇

非常语言，非常沟通

第一篇

微表情：捕捉一闪而过的真相

第1章　脸容：观人颜面可知心

第二篇
微动作：揭开小动作背后的大秘密

第7章　手部：翻手为“云”，覆手为“雨”

第8章　双臂：挥舞的主张和立场

第9章　腿部：节节“腿”让，原形毕露

第10章　形体动作：千姿百态的个性表演

第三篇
微行为：洞察行为习性中的性情密码

第11章　管中窥豹，看习惯行为知品性

第12章　见微知著，观细节行为察心机

第13章　爱恨有因，察喜好行为明性情

第四篇
微形象：探寻服饰表象遮掩的真容

第14章　衣着：穿着代表我的心

第五篇
微笑容：窥破笑中的心灵密语

第17章　微笑背后语意深

第18章　三分沟通，七分微笑

第六篇
微语言：顺着声音走入人心

第19章　捕捉语气中的真实心理

第20章 洞穿语言习惯中的个性

第21章 破解交流方式中的心理动机

第22章 揣摩辅助语中的弦外之音

第23章 领会沟通中的倾听技巧

序篇

非常语言，非常沟通

你了解自己的身体吗？有头有脸？有手有脚？其实更靠谱的回答是类似这样子的："眼睛是心灵的窗户。"没错儿，我们并不是在研究身体构造，而是在探讨一个更有意味的主题——非语言，即不同于口头语言的身体语言。

在声语言信号和身体语言信号不一致时，人们相信的是身体语言信号所代表的意义，并且身体语言交际对交际的影响是有声语言的4.3倍。非常语言，非常沟通，通过人们的姿势、动作和神态、表情及其微妙变化，来分析人的内心动向，才是沟通的关键。

身体语言，沟通的第二种语言

身体语言又称体语，即信息发送者把要发送的信息，通过仪表、姿态、神情、动作输送到信息接受者的视觉器官，再通过信息接收者的视觉神经作用于大脑，从而引起积极反应，实现信息发送者的目的。具体到每个人的身体语言，主要是指他从实现其活动的目的出发，通过自己的仪表、姿态、神情、动作等，将自己的指令、意向传达给他人，以达到影响或支配他人的目的，使活动按照自己设计的方向进行。

早在一百万年前，口语还未出现时，身体语言就曾在人类生活中起着举足轻重的作用，无论是合力捕捉猎物、母亲哺育婴儿，还是传授生火经验，人类都是通过身体语言实现的。即使在口语诞生后，身体语言依旧在生活中扮演着重要角色。母亲需要通过身体语言了解婴儿的需求；身处陌生的非洲大草原，在不懂任何当地语言的情况下，人们完全可以通过身体语言得到当地居民的帮助。同时，利用身体语言传达信息不仅便捷，而且信息量大，相当于有声语言的数倍。

而先辈们也早就意识到了这一点。我国战国时期著名思想家孟子曾有言：“征于色，发于声，而后喻。”就是告诉我们说话要表现在神态上，表达在言辞中，才能被人理解。孟子自己就是一位长于辩论的人，他从大量的口语交际实践中发现，有声语言的不足，需要用神态去补充，才能更好地达到交际的目的。

由于人类的动作、表情是本能性的，每个人平时说话都会不知不觉地做出某些表情动作。人们说话时变化的目光、或喜或怒的神态、举手投足的动作……经常同所表达的内容息息相关，同时也反映出说话人的修养水平。事实上，你同一个人见面时，虽尚未正式开口说话，但交际活动已然开始了。

双方的眼神、表情、动作等，都在传递着各种各样的信息。因此，在社会交往中，每个人在实施其影响的过程里，针对不同的对象、场合等情况，我们必须给这种无声的身体语言以应有的位置。如果在说话时能够恰到好处地运用身体语言，就能够使重点突出，并富有感情，且形象生动，因而更具吸引力和感染力，交际的效果会比单纯凭借有声语言好得多。

众所周知，电视的宣传效果比起电台广播更突出、更明显，其中一个重要的原因就在于：电视节目同时作用于人的视觉和听觉，而电台广播却只作用于人的听觉。

国际肢体语言专家艾伯特·梅拉比安研究发现，一条信息的传达，只有7％靠语言，38％靠声音，55％靠身体语言。后来的研究者也有类似的结论，雷伯德·惠斯特尔估计，人类平均每天实际使用语言的时间大约是10～11分钟，平均每句话只用2.5秒钟。也就是说，人们每天面对面交谈的时间不到交流时间的35%，大部分时间都是利用身体语言交流的。

曾经有专家对发生于二十世纪七八十年代的上千次销售和谈判过程展开了详细的研究，其结果表明，商务会谈中谈判桌上60%～80%的决定都是在身体语言的影响下做出的。同时，人们对一个陌生人的最初评判中，60%～80%的评判观点都是在最初不到4分钟的时间里就已经形成了。

除此之外，研究成果还指出，当谈判通过电话来进行的时候，那些善辩的人往往会成为最终的赢家，可是如果谈判是以面对面交流的形式来开展的话，那么，情况就大为不同了。因为，总体而言，当我们做决定的时候，在所见到的情形与所听到的话语中，我们会更加倾向于依赖前者。

身体语言不像口头语言那样有声有意，是一种无声无息的非语言。这种语言与我们的口头语言相辅相成，是人们沟通中少不了的第二语言。

不是语言，胜似语言

身体语言是内在情感的外部显现。它通过眼神、面部肌肉运动、手势等诸多无声的体态语言将有声的语言形象化、生动化，以达到把握言事意旨，有效地防止因言语表达的空乏而带来的误解。在长辈直言怒斥后辈时辅以爱抚、安慰和眼神，会叫人心悦诚服；在妻子需要袖手旁观的丈夫帮忙做家务时，一个亲昵、温柔的举动，会让丈夫饶有兴趣地前来参与；在向下属吩咐工作时附上一个善解人意的微笑，则能令人心情舒畅愉快，潜心攻关；如此等等。多一点抚慰，少一分隔阂；多一点微笑，少一分误解。灵活有效地使用体态语言，可以给平淡乏味的语言润色，避免因语言不详而导致的言语沟通中的麻烦与障碍。

人的身体语言并不神秘。在日常生活中，有许多身体语言是我们大家所熟知的。比如：

眉毛上扬表示询问和质疑，眼睛张大表示惊疑、欣喜或恐惧；鼻翼微微掀动可能是心情激动的反应；微笑是肯定的象征，具有向对方传达好意，消除不安的作用。

脸红常由于害羞和情绪激动；脸色发青往往出现在强烈气愤、愤怒受到抑制而即将爆发之前；脸色发白常常是由于身体不适或在精神上遭受了巨大打击。

呼吸急促时，胸部或腹部会起伏不停，这是极度的兴奋、激动或愤怒时的表现；肩部微微耸动也可能是抑制激动、悲伤或愤怒的流露；挺胸叠肚是满不在乎的表示；哈腰弓背是畏缩退让的表示。

手指轻敲桌面和脚尖轻拍地板可能是内心焦躁不安；手、手指发颤是内心不安、吃惊的表现；手臂交叉可能是一定程度的警觉、对抗的表示。

上述这些身体语言的表现我们并不陌生吧，从自己、别人身上都曾看到，只是没有认真总结罢了。事实上，身体语言在生活当中的表现何止这些。总而言之，身体语言是一种人人都能“读”懂的最大众化的语言，通过这种语言，一方面可以撕开伪装，快速准确地了解一个人的真实想法；另一方面，相对而言，因熟知身体语言的秘密，可以将真实的自己伪装起来，不让外人觉察。

无声和有声语言相得益彰

身体语言和有声语言是语言的两种形式。人们在社会交往活动中，有二者单独使用的时候，有时将二者合用。

先说身体语言和有声语言单独使用。如有人只用有声语言传递信息，其间没有（相对而言）身体语言配合；再如，有的人只是用身体语言传递信息，其间没有有声语言配合。著名喜剧大师卓别林，就是一位著名的身体语言大师，他就是凭着自己的各种体态来把各种剧情内容生动地传达给观众的。

还有身体语言和有声语言合用的情况。人们在用有声语言发送信息的同时，往往要辅以身体语言，即我们过去常说的"以姿势助言语"之类。一般说来，人们总是把有声语言和身体语言结合起来运用，只不过有技巧高低之分。

人类最古老的交际手段就是有声语言，而人们在说话时是离不开表情动作的。有研究表明，在远古时代，人类的有声语言还不太发达的时候，交际时表情动作格外丰富。就是到了人类的有声语言丰富发达以后，交谈时表情动作也仍是必不可少的。我们的祖先早就意识到了这一点。

孟子是一位十分擅长辩论的人，他从大量的口语交际实践中发现，有声语言的不足，需要用神态去补充，才能更好地达到交际的目的。再如"蔺相如不辱使命"的故事，赵国使臣蔺相如在维护国家尊严、完璧归赵的动作情节中，"持璧"的行动和"睨柱"的神态同铿锵有力的语言相呼应，取得了十分突出的表达效果，以致强暴的秦王也不得不赶紧道歉。如果只说"臣头今与璧俱碎于柱矣"，而是表情木然，站在那里没有任何行动，就绝不可能取得上述的表达效果。

人类的动作、表情是本能性的，每个人平时说话都会不知不觉地做出某些表情动作。人们说话时变化的目光，或喜或怒的神态，举手投足的动作，经常同所表达的内容密切相关，同时也反映出说话人的修养水平。事实上，你同另一个人见面，虽然尚未正式开口说话，但交际活动已经开始，双方的眼神、表情、动作都在传递着信息。说话时对方除了听，还在看。皱眉头，嘴角向下撇，那显然是话不投机；和颜悦色，笑脸相对，说话就易于顺利进行。因此，在口语交际过程中，我们必须给这种无声的身体语言以应有的位置。如果在说话时能够恰到好处地运用身体语言，就能够使重点突出，并富有感情、形象生动，因而更富有吸引力和感染力，交际的效果会比单纯凭借有声语言好得多。大家知道，电视的宣传效果比起电台广播更突出更明显，重要原因之一就在于：电视节目同时作用于人的视觉和听觉，而电台广播却只作用于人的听觉。

一个人的身体语言和有声语言，同样是构成其语言的两种重要形式。每个人在实施影响活动的过程中，针对不同的对象、场合等情况，可决定是否分别单独使用，或二者结合使用。但更多的情况下，要注意身体语言和有声语言的相辅相成的关系，更好地发挥自己言语的效能。

解读身体与语言密码

毫无疑问，身体语言的运用不是短时间内便能够掌握的，而在运用身体语言之前，应该懂得如何解读身体语言。只有懂得解读身体与语言密码，才能够对他人的心理洞若观火。

下面介绍几项基本规则，它们对人们解读和剖析身体语言有着极为重要的意义。如果轻视、不遵循这些规则，那在身体语言的互动中，你很有可能张冠李戴抑或是一无所获。

首先，解读身体语言要有连贯的理解。这不仅包括前后相关动作的联系，还包括表情与动作的关联。

其实，和说话一样，身体语言也有词组、句子和标点之分，每一个表情或动作就好比一个单词，而每一个单词的含义都不是唯一的。为了能更准确地解读，人们应把词语放到句子里，配合其他词语一起理解，如此才能彻底弄清楚整体的具体含义。所以，在获取身体语言的真实信息之前，每个人都需要连贯地观察他人的身体语言。

但在现实生活中，人们解读身体语言时经常会犯的一个致命的错误就是，将每个表情动作孤立起来，在忽视其他相联系的表情、动作以及大环境的情况下，片面地、支离破碎地去解读他人的身体语言。尤其是初学者，更易犯此错误。例如，挠头所表示的含义有很多，比如说尴尬、不确定、去头屑、头痒、健忘或者撒谎等。又比如用手触摸嘴唇，也有可能表示撒谎、不确定等意思。那么，其具体含义应当取决于同时发生的其他表情和动作。

那些以"句子"的形式出现的动作或表情被称为身体语言群，就好比我们如果想说一句话，就至少需要用三个词语来组织才能清楚地表达出说话的目的。因此，在解读身体语言时，我们万不可孤立地去看某个动作或表情，而要充分认识到在此过程中，综合、连贯理解方式的必要性与重要性。如果一个人能够读懂无声的身体语言长句，并且准确地将它们用有声的话语表达出来，那么，其"感知力"一定很强，或者说其"直觉"一定很灵敏。

其次，要注意观察对方的身体语言与其口头语言表意的一致性，这样才能更准确地理解身体语言的内在含义，从而更有利于分析传递信息的真实性。当两方面信息完全一致时，那就可以判定这个人的话是真实的。

如果你是一名演讲者，在某次演讲中你邀请某位听众上台来发表他对你演说内容的意见，而他回答说并不赞同你的观点。但是，假如他口头上表示赞同你的话，而他通过身体语言所传递的信息却并非如此，那么，他就很有可能是在撒谎，你就能发现此人的心口不一。

举个例子，某位站在演讲台上的政治家信心十足地向观众们说："我尊重年轻人的意见，一定会虚心接受他们的建议的。"与此同时，却又将自己的双臂环抱于胸前（防御的信号），并且下巴微沉（批判、充满敌意的象征），那么，你还会相信他的说辞吗？很显然，这位政治家的身体语言和他所说的有声语言是相矛盾的。

无独有偶，西格蒙德·弗洛伊德也曾遇到过一个案例。案例中，一位病人绘声绘色地告诉他自己的婚姻生活是如何的幸福。但在谈话过程中，弗洛伊德却注意到这位病人下意识地不断将她的结婚戒指取下、然后又戴上，而他很清楚这一小动作意味着什么：她对自己的婚姻并不满意，也不珍惜。所以，之后当有消息传来，说这位病人的婚姻出现问题时，弗洛伊德丝毫不感到惊讶，因为一切都在他意料之中。

连贯地观察身体语言群组、注意身体语言与有声话语的一致性，就宛如两把金钥匙，能够协同帮助我们解开身体语言密码，从而正确地解读出无声语言背后的真正含义。

再次，准确解读身体语言，还要注意结合具体的环境背景即“语境”来考察。

同口头语言一样，人们的所有动作和表情都是发生在具体环境之中、具备一定背景的，而相同的身体与语言置于不同的环境背景之下，其表意亦是有所区别的，有时甚至大相径庭。所以，我们要注意，对动作和表情的解读，也应当在其发生的大环境下进行。

例如，在寒冷的冬天，你看到某个人走在路上，并摩擦双手，这时，你应当想到，这并不是他在表达一种期待的感情，而可能是因为他很冷。如果换一个地点，在办公室里，你的合伙人提出一个议案，他表现这个动作，则表明他对这个提议非常感兴趣，并愿意积极地去执行。所以，结合具体的环境去解读身体语言才能获得更加准确的判断。

以上三条可谓解读身体语言的基本规则，只有注意运用，对身体语言的解读才能无往而不利。当然，在解读身体语言之前所进行的细致、全面、具体而微的观察，更是不可或缺的。

身体语言在交际中的妙用

如果你能准确地破解身体语言密码，你就是一位识人高手；而一旦你能恰当地运用身体语言举一反三，那你无疑将成为交际大师。

据美国科学家提供的数据显示，一般人一天传递的非语言信息（绝大多数为身体信息）是语言信息的5倍之多。学习解读他人的身体语言，不仅能够让我们更加准确地明白他人控制和操纵事物的方法，而且只有通过学习，我们才能意识到其实他们对待我们的方法与对待这些事务的方法并无区别。而且最重要的是，学习和了解身体语言能够让我们更加关心和在乎他人的感受和情绪。

现在，社会科学领域又出现了一个全新的职业——身体语言观察家，他们会很认真地观察并记录下人类的每一个无声的动作和表情，精心捕捉隐藏其中的各种隐性信息，并且乐在其中。在各大公共集会中，比如在海滩上、在电视中、在办公室里以及任何人际交流发生的地方，身体语言观察家都睁大了双眼，仔细观察着身边的每一个人。他们认真地学习和研究人们的每一个动作和表情，渴望能够对同伴们的各种行为意义有更深入的了解和认识，从而实现其最终的目的——更加真实、充分地了解自己，掌握改善同他人关系的好方法。

只要你每天坚持利用15分钟的时间来观察别人，并有意识地观察自己的姿势，对自身的身体语言获得一种更深入的认识，这将会使你的工作和生活都大受裨益。因为这样的练习将对你提高分析他人的能力有较大的用处，能让你在理解他人的真正意思、了解他人的为人方面有较大提升。如此，你才可能像具有透视眼一样，一眼就将朋友和敌人分得一清二楚，成为阅人高手。

而凡是有人出现、有人际交往的地方，就是我们学习身体语言的好场所。比如在机场，人们往往会将自己心中的渴望、愤怒、悲痛、快乐以及焦虑和其他各种情感通过身体语言的形式公开地表现出来，在此观察人们的面部表情和动作，实在是一个再好不过的地方了。除此之外，公共集会、商业会谈以及各种舞会也都是学习和研究他人身体语言的大好机会。在那里，你甚至可以选择一个角落，然后什么都不做，就那么安安静静地坐在那儿，观察与会人们的身体语言，揣摩他们的心思，这也应该会是一种异常美妙的体验。

不过，我们也不应该忽略，某些人会有意地制造虚假的身体语言从而取得某方面的优势。举例来说，为了争取投票者的信任，许多政治家们都十分善于利用虚假的身体语言，且堪称这方面的专家。而那些成功地利用虚假的身体语言赢得大众信任和好评的政治家们，像约翰·肯尼迪，以及阿道夫·希特勒等人，则通常会被人们认为具有某种神奇的“感召力”。

当然，要想长时间地利用虚假的身体语言来隐藏自己的真实想法，是一件十分困难的事情。但是，我们应该认识到，学会正确地利用身体语言与他人进行交流，避免使用容易产生误解的身体语言，扬其长、避其短，使身体语言真正为我们所用，这对我们每个人而言都是相当重要且必须的。

总而言之，充分发挥身体语言的优势，将会使我们与他人的相处变得更加融洽，也会使我们自己变得更加容易为他人所接受，从而在人际交往中掌握主动权，成为不折不扣的交际大师。

善解人意者善沟通

有一次，林肯作为被告的辩护律师出庭。原告的律师在法庭上把一个极其简单的证据翻来覆去地谈了两个多小时，令听众生厌。轮到林肯上台为被告辩护了。林肯走上讲台，先把外衣放在桌子上，再拿玻璃杯喝了一会水，接着又穿上外衣，再喝一会水，又脱下外衣，喝了一会水……

林肯虽一言未发，但林肯的身体语言所传达的对对方律师苍白无力、冗长啰嗦的辩护的反感，令观众都心领神会，捧腹发笑，也使原告的律师狼狈不堪，比直接辩驳的效果强出许多。

点头、眨眼、皱眉、微笑、摆手及坐的姿势等看似随意、偶然动作，实际上却像语言一样传递着信息，并且具有一定的规律。人们可以通过目光、面部表情、体态姿势以及身体接触等方式表达自己的情感或意愿。在某种情况下，这种方式比使用语言更为有效。

让我们想象悄悄相爱的一对同学，在毕业庆祝会上，两人相距甚远，偶尔地相互一瞥，会在强化他们之间感情的同时也向周围的同学发出暗示——他们之间关系的信息。可见，注视常常能表示出比语言更丰富的内涵。

如果有人在和你说话的时候，一会儿扯扯衣领，一会儿理理头发，一会儿摸摸耳朵。那就是说，他（她）也许在对你说谎。你只需要追问一句“请你再说明白一点好吗”之类的话，便可让他泄底。

假如你的同事不停地把一张纸或一本书又折又卷，然后摊平，再折再卷，再三反复此动作。那么，他（她）此时的心里一定充满着许多烦恼和不安。

人的体态姿势往往反映出一个人对和他在一起的人的态度。一个实验证明：当一个男人和一个他不喜欢的男人在一起时，他要么很放松，要么就很紧张——根据那位和他在一起的人对他的威胁程度而定。女人在这种情况下往往表现出一种十分放松的姿势，以示不屑。男人和一个不喜欢的女人在一起是不会紧张到坐立不安的程度的。而儿童呢？他们也懂得该怎样用眼神和动作去对周围的环境作出反应。人们在一种个人默许的氛围中生活，这种氛围代表了他和其他人之间的空间。人类学家从他的摄影机中记录下了当这种个人默认的氛围被打破时，人的眼睛的颤动和细小的活动。作为成年人，则往往把自己的真实感情隐藏在礼貌的语言后面。

现在，你都知道善解人意在人际交往中是何等重要了。但有不少人认为只要通过语言交谈就够了，这实在是个太简单的想法。在很多情况下，人们没有、也毫无必要向他人诉说自己的心情与感觉，甚至在某些场合中还会有意隐瞒自己的真实想法。乔治·杜·莫利亚写道："语言是一种笨拙的东西，把空气吸进肺部，然后在嗓子眼上开出一道小缝，张嘴说话，声音震荡空气，然后再振动我的耳膜……我也只听到了一个大概。多么麻烦，又多么浪费时间！"从这段叙述中我们可以领会身体语言的重要与实用：人们往往只通过一个眉眼动作，一个手势，和别人对视一下，变化一下坐姿等动作传递着大量信息，透露出真实的内情。

察颜观色，掌握沟通主动权

隐藏在人脑中的各种情感要素，无论是否已经输送出去，都会转变成一种信号，传达到人体的每个部分中去；人的身体在无意中将该信号程序化，又无意中传递出去。每当我们说某人有直觉力或洞察力时，实际上我们是说他会察颜观色或者是有能力观察出别人的无声语言信号，并能将这种无声信号同其有声信号做比较。当我们预感到某人说了谎时，实际上我们是发现了他的身体语言和有声语言之间的矛盾！我们常常说，某某人言行不一，表里不一，说的与做的是两回事等，就是这个道理。

观察他人的一举一动，从面部表情和动作举止中抓住一闪即逝的线索，从而看透他人的心理在社会交往中也是非常必要的。一个聪明的律师常常能透过法官的举止、表情，洞察其内心世界。当精明的律师为被告辩护陈述理由时，忽然瞥见法官把嘴唇紧紧地抿成一条线，马上就得明白：自己说的话不对法官口味，法官听得不耐烦了，就得赶紧换个方式陈述，否则就会碰钉子。“精明强干”一语，不仅指能说会道，也包括善于察颜观色。察言观色是观察人的必要手段，也是了解人的窗口。在社会交际中可以作到知己知彼，减少不必要的摩擦和误解。

我们生活的空间中，每天都需要与人进行交流，掌握准确地观察人的方法，可以使你进一步把握好人际交往和沟通中的微妙关系，掌握沟通主动权，从而在芸芸众生中脱颖而出，成为社交活动中的焦点人物。

人的观察能力是可以培养的，那么怎样培养自己的观察能力呢？

第一，要有明确的观察任务。在确定任务的时候，可以把总任务分解为一系列细小的和逐步解决的任务。这样可以避免知觉的偶然性和自发性，提高观察的积极主动性。

第二，观察的成功与否主要依赖是否具备一定的知识、经验和技能。俗话说：谁知道的最多，谁就看的最多。一位富有学识的考古学家，能够在一片残缺不全的乌龟壳（甲骨）上，发现不少重要而有趣的东西，而一个门外汉，却一无所得。

第三，观察应当有顺序，有系统的进行，这样才能看到事物各个部分之间的联系、关系，而不至于遗漏某些重要的特征。

第四，要设法使更多的感觉器官参与认识事物的活动。这样一来，不仅可以获得事物各方面的感性知识，而且所得到的印象也是深刻的。

第一篇

微表情：捕捉一闪而过的真相

面部表情是表情达意的主要媒介，是一种重要的交流工具。人的情绪变化以及性格特征等信息，总会从一些习以为常的表情和稍纵即逝的微表情中“泄露”出来。微表情往往只持续1/25秒，但只要细心观察，就能够从表情动作中洞察他人内心的真实情绪和动机，在人际交往和沟通中把握主动权。

第1章 脸容：观人颜面可知心

欲观其人，必观其脸

脸面是“心灵的镜子”，观察一个人的脸部表情可以在一定程度上了解和洞察他的内心世界。许多西方著名学者的研究表明：在解释相矛盾的信息过程中，人们更加看重的是脸部的表情而不是语言内容或声调，因为表情往往是“未经反省”的自发性反应。

脸是一个人“情绪的投射”。有人把面孔比喻为一个人情绪变化的“晴雨表”，这是因为人的面部具有异常丰富的表情，正如法国作家罗曼·罗兰所说：“面部表情是多少世纪培养成的语言，是比嘴里说的更复杂千百倍的语言。”生物学家达尔文在《人类与动物的表情》一书中指出，现代人类的表情、动作是人类祖先遗传下来的，因而人类的原始表情具有全人类性、普遍性。正因为面部表情具有生物和社会意义，人们也就不自觉地运用它们来表达自己的思想情感。面部表情作为一种“无师自通”的本能，其他社会成员也可以读出这种特殊的“语言”。

复杂的生理机制决定了人的面部表情。首先是肌肉的扩张与收缩，如愉快时，面部肌肉横向拉动，面孔显得短而圆；生气时，面部肌肉纵向延伸，面孔拉得“像个马脸”。据研究，人的面部有72对肌肉，可以进行上千种组合。然后就是脸面纹路的横竖、深浅与弯曲，如人笑起来，脸上的纹路呈现较多的曲线。会心的笑，左右两边纹路的深浅是对称的；而那种皮笑肉不笑的人，笑起来却可以看出左右两边纹路的深浅是有差异的。面部肌肉颜色的变化也影响到了人的面部表情，如高兴时面色红润，失意时面色蜡黄，恐惧时脸色灰白，羞愧时脸色面红耳赤等。

人脸面部光泽的变化也会影响面部表情，如春风得意时光彩照人，倒霉时晦气阴暗等，正因为脸面有这些生理变化，才可以让人们“察颜观色”，了解他的内心世界，看出他复杂的内心。

“以貌取人”，看脸型识人心

如果提到某个人，或是有人发生什么问题时，首先映在我们脑海里的就是那个人的面孔。每个人都有一副独特而不容混淆的脸相，这个世界上没有两张完全相同的面孔，即使一般人分辨不出来的同卵双胞胎兄弟，经过精密的肌肉、颅骨测定，也可以找到若干差别。而在这些独特的脸相中，隐藏着各种各样的表情，表情是情绪的外部表现，是由躯体神经系统支配的骨骼肌运动，是感情活动的外显行为，反映的是人的心理。“以貌取人”是不对的，但“以貌相人”往往可以给你带来很大帮助。

脸型在一定程度上可以反映出一个人的某些性格。以脸型来分析性格的学说，最著名的应该是柯尔曼发表的“面孔类型的不同性格倾向”理论。下面将内容择要略述于下：

1. 肥满、肉多的圆形脸

这种人喜欢遵守规范，维持传统，思想与行为都相当保守。他们生活节奏平缓悠闲，虽然举手投足的姿态动作较大，却不会让人有大而不当的感觉，反而有股从容不迫、悠然自行的气度。这种人讲究闲适、规律的生活，颇受朋友欢迎，知识的涉猎偏向消极、实用、常识性。

这种人在工作上的表现，动静皆宜，适应力颇强，会调整、改善自己的步调适应社会。他们喜欢快节奏的任务，也能耐得住单调、无趣的工作。但是，这种人缺乏创造性特质。他们凡事求真务实，对于眼前的、具体的事较感兴趣，不愿冒险改变现状，也不太会钻牛角尖，具备妥协、调停能力。

2. 下巴部分肥满的三角形脸

他们的脸胖，脖子较为粗大，整张脸经常红通通的，显得血气旺盛的样子。这种人紧张，感觉敏锐，具有好动、静不下来的外向性格。他们体力充沛，节奏快，而且可以吃苦耐劳，身体的韧性一流。他们身体颇为强健，很少有水土不服的情况，体力的恢复也比较快。他们总有法子在搭乘好几个小时的长途飞机后，立即投入工作。

这种人在人际场合中很吃得开，属于长袖善舞、八面玲珑的典型。不过，他们交朋友的目的明确，所交往的朋友也局限于工作上的关系。他们很会因实际需要选择朋友，很会利用朋友的“附加价值”来赚钱或发展自己的事业。几乎只有一面之缘的人，都会被记入他们的资料库中，成为日后的合作伙伴。

这种人做事非常积极、热情迫切、敢冒险、大胆、行动快如闪电。他们有实践能力，颇富开拓性。这种人当老板的话，身旁一定要有值得信赖且具分析力的幕僚为他们运筹帷幄，才能成事。

3. 轮廓相当明显、下颚宽大的方形脸

这种人脸庞方而大，有棱有角，给人深富男子汉气概的印象。他们做起事来胆大过人，喜欢冒险犯难，凡事草率鲁莽，思考欠周详，容易得罪人，是属于有勇无谋的类型。

这种人思考问题、做事方式总是采取单线、直线模式，缺乏协调、迂回空间。他们判断事情也常流于表面、肤浅，看不到隐藏的忧患。在人际关系的处理方面，这种人可以说是爱憎分明，喜怒刻印在脸上的典型。他们往往只和有好感的人亲近，对于讨厌的人总是摆一张臭脸。另外，这种人运动细胞发达，很少有运动能难倒他们的。

4. 轮廓明显、五官端正的方形脸

这一类型与上一类型的差别，主要在于下颚。这一类型的下颚线条较柔顺。这种人凡事崇尚中庸，做事的过程中既不破坏传统秩序，又极富弹性。他们能力卓越，眼光远大，是典型的领导人才，具有应付变局、扭转乾坤的能力。

这种人脑筋聪明，富于机智谋略，举止大方稳重，待人诚恳，颇有威望。他们处世有自己的一套原则，稳定度高。上司交代下来的工作，他们会尽全力办妥。现实、理论两方面，他们都有办法兼顾。他们的生活过程既有朝气，又十分均衡。

5. 下巴削尖的倒三角形脸

这种人心思细腻，遇到事情想得多、想得远、想得广，尤其喜爱思索抽象性问题，容易陷在自己挖掘的思考陷阱中。这种人对新环境的适应力不好，孤独内向，不容易交到朋友。这种人常给他人不合群的印象，用心细密、谨慎，采取防御姿态，人际关系始终难以拓展。这种人性格固执，总是执着于自己的想法，喜欢胡思乱想，好钻牛角尖，与人相处时，缺少圆滑沟通能力。

有这种脸型的人和他的身体有关，他的身体多半也是细瘦、娇小的体形。他们做事多半一丝不苟，有洁癖。他们有很强的虚荣心，喜欢受人瞩目，同时也很关心引人注目的事物；具有贵族化的嗜好，对戏剧、优雅的东西充满憧憬，但如果不能遂意，也会有焦躁的举动；性情中有优柔寡断的一面，还有细腻而浪漫的一面，多数人带有难以接近的气质，因而使人感觉难以相处，要接近这种人必须以浪漫而富有幻想色彩的话题作为交际的润滑剂。

他们感情容易受伤害，报复心也较为强烈。他们做事积极、快节奏，有追根究底的求知欲望，对事物观察透彻，是很不错的智囊、策划型幕僚人才。

表情有无皆有深意

1912年诺贝尔奖获得者、法国生理学家科瑞尔在他的《人，神秘莫测者》一书中论述道："我们会见到许多陌生的面孔，这些面孔反映出了人们的心理状态，而且随着年龄的增长，反映得将越来越清楚。脸就像一台展示我们的感情、欲望、希冀等一切内心活动的显示器。"

表情是人生来就会运用的：小孩子哇哇大哭，代表他不舒服，哈哈大笑又说明他高兴快乐。伴随着年龄的成长，人的表情越来越丰富，所起的作用也越来越大。语言和表情有正确的配合，才能达到理想的沟通效果。

看过川剧的变脸，就知道原来可以通过一些装饰小技巧来让一张脸变得生动而丰富多彩。而现实生活中，人们的表情实际上也可以在几秒钟之内变换，人们借助多变的表情可以表达很多层面的感觉，可以是自己内心的真正感觉，可以是经过设计的反应，还可以是为了达到某些目的而伪装的感觉。但是脸部有些区域是难以隐藏真实情绪的。如果你想要弄清楚说话对象的真正想法，再复杂的表情，只要仔细观察对方脸部的真实反应，一样能捕捉到深藏其后的真实含义。

表情是无声的语言。当人们交往时，不管是否面对面，都会下意识地表达各自的情绪，与此同时也注视着对方脸部的各种表情。而在几乎所有的生物中，人的脸部表情是最丰富、也是最复杂的。据统计，人的面部所能做出的表情多达25万种之多，正是这些丰富的脸部表情使得人们的社交变得复杂而又细腻深刻。可问题是，面对如此丰富的表情，想要辨别该从何着手呢？不妨将以下两方面当做参考：

（1）变化的面部颜色。通常，人的面部颜色会随着内心的转变而变化，这样，表情就有不同的意义了。因为面部的肤色变化是由自主神经系统造成的，是难以控制和掩饰的。

在生活中，面部颜色变化常见的是变红或者变白。一般情况下，人们在害羞、羞愧或尴尬等情形时，脸色会变红；在感到极度愤怒时，面颊则瞬时转为通红。面色发白可能是人们承受了巨大的痛苦和压力，或者感到非常惊骇、恐惧等。

（2）表情变化的时间。观察表情变化时间的长短是一种辨别情绪的方法。每个表情都有起始时间（表情开始时所花的时间）、表情停顿的时间和消逝时间（表情消失时所花的时间）。通常，表情的起始时间和消逝时间难以找到固定的标准，例如，一个惊讶的表情如果是真的，那么它完成的时间可能不到1秒钟。所以，判断一个表情持续的时间更容易一些。因为通常的自然表情，并不会那么短暂，有的甚至能持续4～5秒钟。不过，停顿的时间过长，表情就可能是假的。例如，超过了10秒钟的表情（除了那些感情极其强烈的情绪感受），就不一定是真实情绪的表现了，因为人类脸上的面部神经非常发达，即使是非常激动的情绪，也难以维持很久。于是，要判断一个人的情绪真假，从细微的表情中也能发现痕迹，只是需要人们不断地进行细微的观察。

世界通行的面部表情

经研究发现，在全世界范围内至少有6种常见的面部表情是人类与生俱来的，而不是后天习得的。这些表情是：快乐、悲伤、惊奇、恐惧、生气和厌恶。

每一种表情都需要面部各个部位的组合，并进行令人难以置信的、微妙的重新组合和排列，然后才能传递出独一无二的信号。人们往往能够迅速地辨认和识别出这些表情及其含义。我们的面部有3个能够独立运动的部分，包括额头和眉毛，眼睛、眼睑、鼻子，脸颊、嘴和下巴。下面结合这些部位的变化，一一描述这六种常见的面部表情。当然，这里描述的表情都是伴随着非常强烈的情绪而产生的，而非表现微妙感情的表情。

1. 快乐

当一个人尽情快乐时，对面部产生影响的部位主要涉及眼睛、嘴和脸颊。脸颊会上升，并鼓胀起来。下眼睑微微上扬，在下眼睑下面会出现皱纹，鱼尾纹可能会分布在眼角外围。唇角向外和向上运动，嘴巴会变长。双唇可能会分开，并露出牙齿（通常露出上面的牙齿）。

2. 悲伤

从整体上来说，嘴最能表露出人的悲伤情绪。悲伤的时候，嘴角下垂，会凸显出整个面部松弛呆滞和无精打采的表情。如果你因为悲伤而流泪哭泣，你的双唇可能会颤抖。你的眉端上扬，因此，双眉之间的空间、鼻子根部，以及两只眼睛会呈现出一个三角形。在这个三角形的上方，额头可能会出现皱纹。同时，如果有的话，噙在眼睛里的泪水会闪闪发光。

3. 惊奇

当你感到惊奇的时候，眉毛会向上翘。额头的皱纹会形成波状，横向分布在额头上。双眼睁得很大，会露出更多的眼白。你的下颌下垂，嘴微张。

4. 恐惧

当你受到惊吓或感到害怕的时候，你的面部的各个部位作出的反应也非常多。然而，在世界的许多地方，还存在着细微的差别。

感到恐惧的时候，你的眉毛会上扬，并皱缩在一起。相比在惊奇中的表情，眉毛看上去没有那么弯曲，你的额头也会出现皱纹，但是，这次并不完全是横向分布，而是眉间往往会出现纵向的皱纹。你会抬起上眼睑，露出眼白。下眼睑会变得紧绷，并且上扬。你的嘴会张开，双唇会紧紧地向后拉伸。

5. 生气

当你感到生气和愤怒的时候，肌肉会将你的眉毛往下拉，并向内紧缩。眉头紧锁，会让两眉之间出现纵向的皱纹。而当你的上眼睑和下眼睑向着彼此移动得越来越近的时候，双眼会变得窄而细。你的眼神看起来严厉而冷酷，像是凝视他人的样子，甚至眼睛看起来像要突出来一样。双唇很有可能紧闭，形成一条线，嘴角向下，或者嘴巴张开，双唇紧张，就像要爆发出大声的喊叫一样。一些处于盛怒中的人还会皱起鼻子，或者张开鼻孔。

6. 厌恶

当某些东西或事情让你感到讨厌或憎恶的时候，这种情绪主要会反映在你的眼睛里面，以及面部的下部分。下眼睑上扬，在眼睑下方会出现一些皱纹。你会皱起鼻子，脸颊上移，双唇可能会上扬，或者仅仅只是向上牵动上嘴唇，下嘴唇下拉，嘴巴微微翘起。

通过一个人的面部表情可以看穿一个人的心理，看透他是什么样的人。因为每个人的表情后面是他的生活经历、学识修养、心态人格。

注意！表情也会表里不一

美国心理学家拜亚曾经做过一项实验：他让一些人表现愤怒、恐怖、诱惑、无动于衷、幸福、悲伤等六种表情，再将这些录制后的表情放映给别人看，让他们猜何种表情代表何种感情，结果让人大吃一惊，猜对的平均不到两种。这说明虽然表情对揭示性格在很大程度上有一定的可取性，况且表情相对于语言来说更能传递一个人的内心动向，但要在瞬间通过表情勘破人心，实属不易。

人们在生活中无声无息地学会了很多方法来掩饰自己的内心，也知道了在何种情况下该掩饰什么样的表情，比如说在生意场上，最主要的就是要掩饰急躁、不耐烦的表情，如果你一旦被对方窥破，将会被认为你根本就没有诚心跟对方合作，因此你的信誉度将受到严重的伤害，可谁知道你仅仅是想早点结束会面去参加宴会。

因此在许多时候，人们都会“面无表情”地跟你对话、交流，轻易不肯露出自己的想法，通常这么做有三个理由：一是敢怒而不敢言；另一种是漠不关心；第三种是根本没有放心里去。也可能结果正好是相反，只是对方不愿让你看出来而已。

这就是脸上的表情跟内心的情绪正好相反，原因是人在潜意识里不愿让对方看出自己心理的变化，所以会以其他表情来阻止情感的“外泄”，刻意隐瞒自己的喜怒哀乐。这并不是说这些表情不能从脸部表现出来，而是真那么做的话，将会严重地影响正常的社会活动。最明显的例子就是和对方探讨学术问题，双方观点不统一，如果这时你把个人情绪加进去，探讨的结果一定很糟糕，不是翻脸就是成死对头。

在很多情况下，如果你不经过相当程度地对人们内心活动的研究，并不容易探视出对方的真实心理。但在高明者看来，也许不费吹灰之力，他们认为每个人的脸上都挂着一张反映自己生理和精神状态的“海报”。你若能熟练掌握透过表情识人心的方法，在人际交往中也就能无往而不胜。

人为什么会脸红

面部是人体中最容易被他人视线所关注的部位，是人类身体语言传递信息的最重要的线索。脸色也是人类面部表情的一部分，脸色的变化通常能反映出一个人内心情绪的变化。相比观察一个人的面部表情，观察脸色的变化要更容易。因为一个人的脸色是最不容易隐藏的，而且这种变化维持的时间也比较长。

脸红是人类表达情绪最常见的一种颜色。脸红在日常生活中往往表示一个人害羞、尴尬、愤怒或者兴奋的情绪。

另外，不同情绪所产生的脸红，也存在细微的差别。在分析对方脸色，寻找脸红的根源时，要根据具体的环境而定。比如，当人们初次相见或者到达不熟悉的环境时，由于对环境陌生或者是因为参加比较重要的活动，很多人都会不由地出现心跳加速，面部泛红的状况。这类人大多性格内向，脸红的原因很可能是焦虑或者激动，而这种刺激会引起人体交感神经的兴奋，从而使人心跳加速，面部血液集中，毛细血管扩张，具体表现就是脸红。

当人们遭遇尴尬的时候，也会不自觉地脸红。有一次，国际巨星苏菲·玛索出席戛纳电影节时，意外走光，当时她的脸迅即变红，表情十分尴尬。当人们遇到意料之外的尴尬之事时，脸红是一种条件反射。人们紧张所导致的脸红，通常还伴随着其他表情变化，比如脸上冒汗等。人因为害羞而脸红的时候，往往是双颊微红；愤怒时，通常是满脸通红，脸色较深，同时还伴随咬牙切齿的动作。

很多人在说谎时也会脸红。人们在说谎时之所以脸红，往往是因为心中道德底线在发挥作用。人在说谎的时候，心理上承受着一定的压力，内心的道德底线警告自己不能做出欺骗的行为，要真诚处事等。当说谎人为自己的言行而感到羞愧时，就会不自觉地脸红。脸红作为一种身体语言，表达了人们犯错时的羞愧心理。

“红”不是脸的唯一色彩

面部除了变红，还会因为不同的情绪而发生其他颜色的变化。

比如：人在情绪低落的时候常常会面色灰白；对别人感到不满而即将要爆发怒气时，脸色就会发青；极度气愤时，脸色会在红色、青色之间不停徘徊，甚至还会变得苍白，让人毛骨悚然。当人们企图隐藏不想让别人知道的事情，或者是受到过度惊吓时，脸色大多会变得很苍白，所以，通过一个人的脸色来判断对方的情绪变化是很有效的技巧。

在现实生活中，我们经常会听到这样的描述："看他气得脸上红一阵，白一阵的。"有些人脾气很急躁，容易被激怒，这样的人在被激怒的状态下，脸部的色彩往往是红一阵、青一阵，有时候又转为苍白。从医学角度来分析，这是因为肾上腺素一阵阵地大量分泌，促使血管收缩，出现交替充血、贫血或使血管较长时间地处于贫血状态。面对这种情况，最好的解决办法便是要保持平静，就像太极拳中讲到的"以柔克刚"一样，用平静来克制愤怒不失为一个好的方法。当然这并不是唯一的解决方法，在不同的情境下，还需要根据具体情况来分析。例如，有些脾气急躁的人在愤怒的时候，就需要别人用更加激烈的手段才能令其平静下来；而有的人则需要将体内的愤怒情绪转化为一种肢体的动作，如摔东西、撕废纸等；还有一种人是用外表的平静来掩饰内心的愤怒，除了脸色阴晴不定的变化，肢体上的微微颤抖之外，并没有其他外在的表现。

可以说，正确理解和分析别人脸上透露出来的颜色，是提高我们的交际效率，保护自己不受欺骗和伤害的有效途径之一。当然，保持一个好的、健康的脸色，也同样重要。

第2章　头部：你的额头会说话

顾“头”不顾“尾”的奥秘

头部属于人体的“司令部”，是口头语言和肢体语言的指挥中心，情急之下顾“头”不顾“尾”的本能反应便形象而生动地印证了其重要地位。头部集中了所有表情器官，因此往往是人们关注、观察身体语言的重点。

在现实生活中，人们之间除了通过语言进行交流之外，头部的姿势、动作也能起到沟通的作用。因为人的头部会随着人们不同的情绪和心理做出截然不同的反应，它们能够很清楚地传递出人们自身蕴藏的丰富内涵与内心情感的变化。或许人们会质疑，我们的头部动作都是很随意的，怎么会泄露心里的秘密呢？对此，心理学家表示：人们头部的变化是根据人的心理变化而发生的自然条件反射，它是人们反映内心世界最直白的信号之一。

心理学家发现：当人们同意别人的观点或者是对别人的话感兴趣时，通常会把头歪到一边以表达认同或者顺从的心理。在人们的普通对话中，如果发现在一个人讲话时，对方不知不觉将头歪向了一边，说明他正在认真地思考对方所说的内容，由此可断定他对这个人讲的话很感兴趣；但是如果在一场演讲中，大多数人都低下了头，那么这可以说是一次非常糟糕的演讲。因为心理学家研究证明，低头代表人们对某件事情表示否定和不满。

另外，心理学家在研究过程中还发现：我们平时认为最容易理解的点头和摇头，其实在所有头部动作中，是最能表达人复杂心理的信号。

无论一个人的心思有多复杂，都能通过外在的肢体动作露出破绽。但是人的肢体动作是有一定规律的，尤其是头部的动作，它是人的心理发生变化反应最迅速的部位。要想抓住人内心的变化情况，必须学习如何打开头部信息这扇大门，只有这样，才能收获更有价值的信息。因为头部是人心最真实的体现。

读取头部动作中泄露的天机

从某种意义上说，观察头部所得到的信息是最准确的。留心读取头部动作中泄露出的天机，可以获得对方的各方面信息。

基本的头部姿势主要有三种。

第一是抬头。当人们对谈话内容持中立态度时，往往会做出抬头的动作。通常，随着谈话的继续，这个姿势会一直保持，人们只是偶尔轻轻点头。而且，用手触摸脸颊的手势也常常伴随着抬头的姿势，表现出认真思考的态度。

如果把头部高高昂起，同时下巴向外突出，那就显示出强势、无畏或者傲慢的态度。人们可以通过这个姿势刻意地暴露出自己的喉部，并且让自己的视线处于更高的水平，这样就能以强势的态度俯视他人。

第二是低头。这种压低下巴的动作意味着否定、审慎或者具有攻击性的态度。通常情况下，人们在低着头的时候往往会形成批判性的意见，所以，只要你面前的人不愿意把头抬起来或者向一侧倾斜，那么你就不得不努力处理这一棘手的问题。专业的演说家和培训师经常会遭遇这样的困境：观众们都低着头坐在椅子上，把手臂交叠在胸前。所以，一旦面临这种境地时，有经验的会议发言人会在发言之前采取一些手段，让台下的观众融入和参与到会议的议题之中。这样做的主要目的就是为了让观众们抬起头来，从而唤起积极投入的态度。如果发言人的策略得当，那么观众们接下来就会做出头部倾斜的动作了。

第三是头部倾斜。把头部向一侧倾斜是一种顺从的表示，因为这个姿势不仅暴露出人们的喉咙和脖子，还会让人显得更加弱小和缺乏攻击性。此姿势很有可能起源于婴儿时期把头靠在父母的肩膀和胸脯上休息的动作。大部分人，特别是女人，似乎是在不知不觉中读懂了这一姿势所传达的顺从与毫无威胁的意味。女人们经常使用这个姿势向心仪的男士表达自己对他的兴趣，因为她们明白一个毫无威胁感并且看起来非常温顺的女人，在大部分男人眼里都是极具吸引力的。

除了以上三种基本的头部姿势外，也还有其他一些比较常见的头部动作，下面就简要罗列并解释这几种动作的内涵。

头部僵直：是心里觉得无聊、苦闷的表现。在商务谈判中，这一动作则表示中立的态度。

头部朝侧方移开：基本上属于一种保护性的动作，比如把脸部移开以回避对身体有威胁或者会造成伤害的事物。在特殊情况下，这个动作会伴随着掩饰脸部从而隐藏自己的身份和表情。

头部后仰：这是表示骄傲和自信的动作，像势利小人或非常有自信之人鼻子朝天的姿态。一个人会把头部向后仰，其情绪包括心态从沾沾自喜、自命不凡到自认优越的意识变化。这个动作基本上体现的是挑衅的态度，因此要尽量少用这个动作，因为骄傲的外表和挑衅的姿态都会给人留下不好的印象。

头部缩回：这是回避的动作，同时表示对事物的不满或者不认可。

头部猛然上扬，然后恢复正常：如果是初识或不熟悉的人，头部上扬表示很吃惊的样子；如果是在彼此熟悉的场合，则表示当事人突然明白了某事物的要旨而惊叹，是猛然醒悟的表现。

点头不只是向你赞同

在日常生活中，点头是一种常见的动作。而在大部分文化中，点头的动作都用来表示肯定或者赞成的态度。这个动作属于鞠躬的简化形式——就像一个人正准备鞠躬，然而动作只进行到头部就戛然而止，最后以点头的动作象征性地表示鞠躬这一姿势。鞠躬的姿势隐含着顺从之意，所以点头的动作也显示出我们对其他人的观点表示赞同。

“嗯！说的也是！……”我们经常看到电视访问时，主持人会以如此看似唯唯诺诺的应答方式来诱使对方滔滔不绝地说下去。所以说，杰出的访问者是善于回答并能使他人关不住话匣子的。

上述的回答方式，除了语言外，还有一种身体语言，那就是点头。大部分人从来没有意识到点头这一动作的威力，事实上，恰当的技巧可以让点头的动作成为相当具有说服力的工具。研究显示，如果聆听者每隔一段时间就向说话人做出点头的动作——每次做这个动作时点头次数以三次为宜——就会激发说话人的表达欲望，能够让他比平时健谈三至四倍。

当一个公司举行面试时，主试官频频点头示意和极少点头的情形比起来，前者容易引起应征者谈话的兴趣。而点头的动作也具有回答的效果，也就是表示“我正在听你说话”或“请继续说”。这种意思一旦传递给应征者，对方便会有“对方已能明白我的话了”或“对方接受我的说法了”的想法，因此能觉得受到鼓励或欣赏，滔滔不绝地说下去了。相反地，如果听者吝于点头的话，那么说者便会觉得言论不受重视，索然无味而不愿继续下去，最终出现相对而无语的情况。

此外，同样是点头，若频率不同，意思还有所差异，通常点头的频率能够显示出聆听者的耐心程度。例如，在聆听对方讲话的时候，人们缓慢地点头表示对内容感兴趣，或者认为言论很有道理。所以当说话人陈述自己的观点时，我们应该向对方缓缓地点三次头，表现出认真深思的态度。而频繁急速的点头，则可能是人们感到不耐烦了，想让你认为他已经完全接受了你的观点，可以结束话题了，或者是催促说话人马上结束自己的发言，以便给你一个表达观点的机会。

点头的动作还具有相当的感染力，且能够激发合作与肯定的态度。如果有人对你点头，你通常也会向他回报以点头的动作——即使你并不一定同意这个人所说的话。因此，在建立友善关系、赢得肯定意见与协作态度等方面，点头的动作无疑是绝佳的手段。

最后，还要强调一下：点头与肯定的答复之间没有必然的联系。在印度，头部左右摇摆，也就是摇头的动作，是用来表达肯定和赞成。这种奇怪的习俗令西方人和欧洲人非常困惑，因为在这些人的文化中，这个动作一般是用来表示不置可否的态度。而在日本，点头的动作未必意味着“是的，我同意你的观点”，它往往只是表示“是的，我听到了你所说的话”。在阿拉伯国家，单一的抬头动作是用来表示否定的态度。而保加利亚人则用通常表达否定的动作也就是摇头，来表达肯定的态度。

关于点头方面的实验，还有以下的说法：当对方针对谈话内容或音律向你做点头的动作，表示其对你某种承诺的允许及好感；若点头的动作与谈话情节不符，表示对方不专心，或有事情隐瞒。

摇头不仅意味着否定

将头水平地从一边转到另一边就是最常见的摇头方式，它也是最普遍的否定姿势。与点头一样，摇头的含义也是广泛而一致的，只有在一些特殊的文化里才表示肯定的含义，例如保加利亚人和印度人就这样使用。

进化生物学家们认为，摇头是人们降临人世后学会的第一个动作。它可追溯到人们婴幼儿时代，当母亲给孩子哺乳的时候，如果孩子吃饱了，就会躲开母亲的乳房。即使母亲将身体向前倾斜，他们也不会再感兴趣，而是左右轻轻摆头。这时就表明，孩子在拒绝哺乳了。与之类似，幼儿在吃饱了以后，也会用摇头的动作来拒绝长辈们喂食的调羹。所以，摇头的动作，似乎是人们在出生时就具备了。随着人们的逐渐成长，它也演变成了拒绝和不赞同的符号。

此外，有时人们会用摇头来表示某种无奈。例如，当某位病人因抢救无效而去世时，做手术的医生会一边摇头一边走出手术室，面对等待的家属表明“已经无能为力了”。虽然医生没有说什么，但家属一般能立刻明白其中的含义。

在另一些情况下，摇头则表示“不可思议”“惊讶”的意思，例如，北京奥运会开幕时，面对鸟巢的精妙设计，很多外国人张开了嘴，做出摇头的动作，表达了对鸟巢设计的惊叹赞许以及不可思议。

此外，在日常生活中，如果你看到一个人经常摇头晃脑的，你或许会猜测他是不是得了“摇头病”。不过，如果撇开这种看法而从身体语言的角度来看的话，你就会发现这种人特别自信，以至于经常唯我独尊。他也会请你帮他办事情，但很多时候，你做得再好他都不怎么满意，因为他有自己的一套，他只是想从你做事的过程中获取某种启发而已。在社交场合中，这种人一般很会表现自己，但却时常遭到别人的厌恶。不过，他们对事业一往无前的大无畏精神，倒是被很多人欣赏。

摇头的动作幅度及快慢也代表了不同的心理信号。如：一个人头部左右晃动的速度特别快，则说明此人很反对对方的看法，并且绝对不会妥协，有同对方一决高下的心理；如果左右移动的动作很慢，并且次数比较少，则说明此人正在考虑对方的做法或说法，只是心里还有所疑虑；如果对某件事还没了解清楚时就立刻摇头，则说明此人对这件事情很敏感。

最后，提醒你一下：当有人对你的意见表示赞同，并且努力让这种赞同的态度表现得诚实可信时，你不妨观察一下他在说话的同时有没有做出摇头的动作。如果一个人一边摇着头一边说，“我非常认同你的看法”，或是“这主意听起来棒极了”，又或是“我们一定会合作愉快”，那么不管他的话音显得多么诚挚，摇头的动作都折射出了他内心的消极态度。所以，要是你足够聪明的话，最好多留个心眼，仔细品读一下这摇头间的奥妙。

拍打头部“拍”出的寓意

拍打头部这个动作，多数时候是表示懊悔和自我谴责的意思。如果你正在问他“我的事情你办了没有”，见他有这个动作的话，你不用再问也不用他再回答了，因为他肯定没把你上次交代的事情放在心上。

除了这种情况外，也有些人存在着拍打头部的习惯性动作，从中可以看出他们的性格特点。美国谈判协会的杰勒德·尼伦伯格先生发现，在拍击自己的头部时，习惯于拍击后颈的人很可能个性较为内向或者为人比较刻薄；而那些习惯于拍击前额的人则可能更加外向而且容易相处得多。

倘若你的朋友中有人有这样的动作，而他拍打的部位又是脑后部，那么，我们想直言告诉你，他这种人不太注重感情，而且对人苛刻，他选择你作为他的朋友，很大程度上是因为你某个方面可以供他利用。当然，他也有很多方面值得你去交往和认识，诸如比较聪明，思想独特，做事有主见，对事业的执着和开拓，尤其是对新生事物的学习精神，都使你不由得从心底佩服他。

时常拍打前额的人一般都是心直口快的人。他们为人坦率、真诚，富有同情心。在“耍心眼”方面你教都教不会他。因此，如果你想从某人那儿了解什么秘密的话，这种人是最佳人选。不过这并不说明他是一个不值得信赖的朋友，相反，他很愿意为别人帮忙，替别人着想。这种人如果对你有什么得罪的话，请记住：他们不是有意的，只是因为太直率罢了。

无论对方是拍打前额还是后脑勺，其实都是其内心想法的体现，因此，只要认真观察就不难发现他的真实意图。

低头不等于退缩

日常活动中，我们常常能够见到低头的动作：在犯错误时人们会下意识地低下头，自卑时也会不由自主地低头……因此，人们难免很自然地认为低头是一种退缩的表现。其实不然。

之所以会有低头等于退缩的认识，大概是由于抬头有积极的意义，因为抬头的动作表示有意投入。如果把头部高高昂起，同时下巴向外凸出，那就显示出强势、无畏或者傲慢的态度，这种动作总是与威严感和侵略性紧密相随。而低头掩饰下巴表示出的基本信息是屈居人下，而如若居上位者做此动作，则暴露出其消极的心态。所以，许多政客为了保持自己的权威，即便遭遇到自己难以解决的困难，也还要“顽固”地处处示人以“强”，因此很少有低头的姿态。

当一个人低头的时候，可能是认错的表现，也可能是自卑的表现，还有可能是求助的表现，当然也可能是掩饰慌张情绪的表现。除了这些以外，还可以用之来表示排斥之意。比如，你去拜访一个人，如果对方只顾低头做事连头都不抬，那便表示出一种不欢迎的排斥态度。

不过，低头的动作还有深表谢意的意思。若是你看到对方面露微笑、上体前倾向你低头，这便是一个友好的表示。如果头低得再深些，那就是鞠躬了。

低头还有温柔的含义，这方面在女性的身上体现得尤为明显，习惯低头的女性通常内向而温柔，虽然显得缺乏自信，但能细心地体贴和照顾男性。1924年7月，徐志摩随印度诗人泰戈尔访问日本。临别回国时，日本侍女的一个低头动作，给徐志摩留下了极其深刻的印象。他感到这一低头传递出来的是无比的温柔与娇羞，并写诗咏叹道："最是那一低头的温柔，像一朵水莲花不胜凉风的娇羞。"对于日本侍女的动人之处，徐志摩感受到的不是明眸皓齿、雪肤花貌，而是动人心魄的那一温柔的低头。我们今天读起这首诗，也不由得会为那"一低头"触动心弦。

如果低头的同时头部微偏，这便是一种静思的动作。这个动作男性做得比较多，而如果女性有此动作习惯，通常表现的是一种好奇心，有这种习惯的女性比较固执。

有的人会突然把头低下，这样的动作往往是为了掩饰脸部，表示谦卑和害羞，如果在心怀敌意的情况下把头迅速低下，则表示有紧迫感。

低头的含义有很多，我们应该具体情况具体分析。如果我们从一群人身边经过，而他们正在兴致勃勃地聊天、看风景，或是专心致志地听取领头人的发言，那么为了不打扰他们，我们通常会在经过的时候缩着肩膀，努力让自己显得更弱小和不太引人注意，这种姿势就是低头弓背。

挠头、摸头发显示的心理

在交谈中，某些人会有这样的习惯性动作：如果与你面对面坐着或站着，这种人总要时不时地抹一抹头发，好像在引起你对他发型的兴趣。有这一举动的人并不在少数，并且有的人不只在交谈中这样做，他们就算是一个人独自在家看电视，也会每隔三五分钟"检查"一下头发上是否沾上了什么不好的东西，而有事没事就拨弄自己的头发。

相关研究结果表明，在人体承受接触的部位中，头部被接触的频率最高。因此，像挠头、摸头发之类的动作，其发生是非常频繁的。

当我们将手举向头部做出诸如“抓”“擦”“摸”等动作时，最初的目的是为了整理头发、保持头部整洁，以维护自我形象。到后来，这些动作渐渐脱离了其初衷，转而用来舒缓自己陷入情绪混乱或紧张状态时紧绷的神经，从而成为自我亲密接触的一种方式，其目的是为了获得精神上的安定，是由下意识的心理作用所造成的。

挠头的动作在男性群体中最普遍，多是内心不满、困惑、害羞、痛苦等心态的直接反映；而摸头发更多的是一种害羞的表现。

摸头发的动作根据具体情境的不一样，其含义是很丰富的。比如，在双方交谈过程中，摸头发可能是心绪不安的表现。倾听者一边说话一边摆弄头发，往往表明其心中想着自己的事，或者想说自己想起来的话题，此时对方根本就没有听你说话或盼着你尽快结束。而一旦对方开始叉开五指梳拽头发，则表明其内心很烦，碰到这种情况，你最好适可而止。

另外，摸头发之类的动作还可能是一种掩饰行为。一个人若想拼命掩盖一个小谎言或觉得没法拒绝对方的请求，也会做出摸头发的动作。另外，如果你的内心有所动摇，往往也会下意识地去摸摸头发。至于思考时摸头或挠头，则表明了内心有困惑。

乍看之下，摸头发像是一种很常见的习惯动作，其实表露出的往往是一个人真实的心理状态和性格。这种与人交流时喜欢摸头发者大都性格鲜明，个性突出，爱憎分明，尤其嫉恶如仇。倘若公共汽车上有小偷，而乘客都是这种人的话，那这个小偷一定会被当场打个半死。此外，喜欢做这种动作的人通常十分敏感，对人对事都很容易感动。他们一般很善于思考，做事细致，但大多数缺乏对家庭的责任感。而且，他们有一个很多人不具备的优点，那就是做事问心无愧，尤其在情感方面常有无怨无悔的表现。他们对生活的喜悦来源于追求事业的过程，这句话听起来有点玄，不过仔细想来你就会明白：喜欢拼搏和冒险的人是不在乎事情的结局的。他在某件事情失败后总是说：“我问心无悔，因为我去干了。”

头发张扬出的个性

头发是头部的重要部分，古往今来就有许多关于头发的形容和传说。在古代，头发甚至是头颅的象征，《三国演义》中的曹操，就曾以断发作为斩首以警戒下属，显示军令之严明。可见，作为身体语言表现的一部分，作为人体重要的装饰品，头发很能反映出一个人的个性和欲望。

1. 头发浓密而且很黑的人

做事情有条理，很有智慧，懂得发挥自己的长处，有理想，有抱负，是典型的事业型人才。

2. 头发稀少，并且发质很细的人

这种人心机很重，会打算，算计事情一丝不苟，喜欢把事情清理得很仔细，缺乏气概和宽容心。

3. 头发粗直、硬度高的人

为人豪爽，行侠仗义，不拘小节，对朋友总是以义当先，光明磊落，不会玩弄小聪明，并且是很好的患难之交。

4. 头发自然卷

这种人一般都有很强的个性，喜欢表现自己，常常给别人带来意想不到的惊喜。

5. 头发稍秃的人

做事情很勤奋，对待工作认真，对自己本分内的事情具有很强的责任感。

6. 头发自然随意，没有明显的修理的人

这种人对外表的东西不看重，喜欢内在的收获，很多人都是工作狂，拼命工作，希望获得上司的认可。

7. 头发总是梳理得很齐整光亮的人

这种人很注重外在形象，甚至有点虚荣爱面子，对事物也比较挑剔，喜欢吹毛求疵；有点完美主义倾向。

8. 喜欢赶时髦，留时尚发型的人

小资情绪比较重，喜欢他人的夸奖和表扬，总是想赶在事物的前面，年轻人表现会很前卫；中年人则很有活力，喜欢和别人沟通，有着处理人际关系的良好技巧。

9. 经常留短发的人

这种人做事情干脆直接，有些人可能会比较骄傲，常会满足于自己的现状；有些人看重自己的感受，以自我为中心。

此外，从国家、社会的角度去看，头发也有其重要的心理意义。在中日围棋擂台赛中，日本棋圣表示，若输的话便要剃光头发，这一方面表示了他要力争胜利的决心，另一方面也和盘托出了其隐蔽心理，即失败后以剃光头发来向日本国民谢罪，并期望随着头发的重新长出而卷土重来。在这里，削发并不是简单的一个动作，还包括了精神层面的东西。

还有美国的嬉皮士，他们首先兴起了男子披留长发的做法，而这样做，表现出的是一种对权威、对传统的反抗意识。又如美国黑人当年流行的“爆炸头”，表明了美国黑人强烈的自尊心，也展现了他们抗议种族歧视的强烈意识。

第3章　眼睛：传递内心的千言万语

双眸告诉你内心的话语

灵魂何在？灵魂储藏在你的心中，闪动在你的眼里。德国著名心理学家梅赛因说：眼睛是了解一个人的最好工具。此言不虚。

眼睛是灵魂的窗户，它毫不掩饰地展现你的学识、品性、情操、趣味、审美观和性格。戏剧表演家、舞蹈演员、画家、文学家、诗人都着意地研究人们的眼睛，认为它是灵魂的一面无情的镜子。一个敏锐的人，总是善于捕捉人们瞬息万变的眼神，洞察对方的内心。

眼睛放出的神采，它的类型是那么繁多：心胸博大、为人正直的，眼神明澈、坦荡；心胸狭窄、为人虚伪的，眼神狡黠、阴诈；志怀高远的，眼光执着；为人轻薄的，眼光浮动。因为克己，眼神内敛；因为贪婪，眼神暴露；正派而敏锐使眼光如利剑出鞘；邪恶而刁钻则使眼光如蛇蝎蛰伏。渊博的人，眼中透出了悟；无学的人，眼中似乎只存疑窦。自信者，眼神坚而毅；自堕者，眼神晦而衰。

也许你貌不惊人，眼小如豆，但它可能流露出华美的气质；也许你美目流盼，但却可能有一个蜷曲衰败的灵魂在其中沉睡。

作为一个生理器官，从眼睛还可以看出一个人的精神状态和内心感受：一个健康、精力充沛的人的眼睛通常明亮有力，眼睛转动灵活机警，眼光清晰、水分充足；一个疲劳的人眼睛就会显得乏力无味、目光呆滞、眼光浑浊；一个乐观的人眼睛通常充满笑容，善意十足；一个消极的人往往眼睛下拉，不敢正视别人的眼光。

既然眼睛能映射出人内心的感受，那你是否能在见到对方的眼睛时，就可敏锐地捕捉到其内心的话语呢？

人们在吃惊或有防备的时候，会把眼睛睁得特别大，再加上一些面部表情，例如，眉毛会抬起，且向上弯曲，而下颌下垂，双唇分开。在你看到这些现象后，就可以完全肯定，这个人正在震惊中。

若你与某人谈话，他眯起双眼，皱起前额，并不住地对你进行打量，那么他在怀疑你说的话。他希望用眼睛的审视在你身上找到蛛丝马迹，以肯定自己的判断。由于其主要表达一种不确定、不认可的态度，所以这种情况也经常出现在当某人对某个决定没有把握的时候。

当某个人直接盯着另一个人，显示出紧张的眼部状态时，他的上下眼皮也会很紧张，眼睛眯成一条缝。他用眼睛盯着别人，用以宣泄内心的感受，甚至达到吓唬对方或威胁对方的目的。

一个内心恐惧的眼睛会直愣愣地大睁着，好像要把那预示着迫近危险的最细微的动作都看个一清二楚。这种状态下，发出动作者的下眼皮很紧张，但同吃惊的情绪不同的是，感到恐惧的人的面部表情很不一样，他们的眉毛抬起并锁在一起，呈水平线形态。

电影《克莱默夫妇》里，为争得对儿子的监护权，夫妇俩对簿公堂，当听证与辩护对克莱默夫人不利时，她抬起那双闪烁着泪花的眼睛，直勾勾地望着丈夫，眼睛里透露出处于绝望无援中渴望丈夫念夫妻恩爱之情的求助感。此时，任何言语，任何动作，都不及这双眼睛诉说的力量。

透过眼形看性格

在我国古代的典籍里，清初的李渔在《闲情偶寄》一书中从肌肤、眉眼、手足、态度、熏陶、点染、首饰、衣衫、鞋袜、文艺、丝竹、歌舞等13个方面评论了美女。

李渔将各种眼睛的表象与女人的性格联系起来。认为眼睛细长的女人性格一定是温柔的，眼睛粗大对应的是性格上的强悍，眼睛灵动而且黑白分明的女人一定兰心慧质，反之则一定比较愚蠢，接着，他还对该怎样做到明眸善睐发表了一番高见。

我们现在并不是要选美女，只是要说明眼睛和性格的关系。眼睛是写在脸上的心，其地位可想而知。眼波流转之间，心情纤毫毕现。即便只是静止着的双眼，也在透露性格的秘密。下面是一些简单的参考，希望能帮你一窥其中的奥妙。

从社会调查结果看，可以对不同的眼睛类型做出如下概括：

1. 两眼对称，外形稳定，与面部其他器官配合较为和谐

这种人做事情中规中矩，能够合理安排调度自己的时间和工作，并且往往是一个成功者。

2. 眼睛偏小，眼睑外部下走，白眼球较多

这种人心思细腻，容易被评判为阴险狡诈，变化多端，不易把握；这种人做事情往往会出人意料，不循常规；交朋友时会显得比较功利，不讲究感情。

3. 有眼袋，眼角上翘

这种人有着较好的异性缘，常常能够获得长辈的欣赏喜欢，成人化的过程较快，能够迅速适应环境的变化，和周围的朋友或同事打成一片。

4. 眼窝深陷，眼球四周看起来有较大凹陷空间

这种人比较深沉，考虑事情详细周到，但是尽管面面俱到，其人所经历的挫折也会接连不断。

5. 眼球外凸，眼睛大而明亮

这种人智商很高，个性很强，学习上往往是佼佼者，业务上通常是领头羊；目光显露天真无邪的，其人缘较好，大家都喜欢这样的朋友，聪明又够意思。目光比较敏锐的，属于能力很强的领导型人才，往往能够用自己的手腕控制局势，果敢坚决，是事业型人才。清末民初的枭雄袁世凯就是这种特征，外国记者评论说：他有一双智慧而又充满魅力的眼睛。能被李鸿章赞赏为“当今之世，无出其右者”，也就不足为怪了。

6. 长有“童子眼”的成年人

小孩子的眼珠是比较黑的，而成人的眼珠颜色大多是咖啡色的，若一个

成人的眼珠还是偏向黑色的，而且眼神充满童真，称之为“童子眼”。为人胸无城府，待人真挚，但小心容易受骗，包括感情方面。

7. 眼形大而且眼珠大

此人一般触觉敏锐，热情豪迈，富有激情，但无论男女都是易热易冷，来得快、去得快，容易随周围条件的变化而转变。

8. “鸳鸯眼”或“大小眼”

无论男性还是女性，若左右两只眼的大小不同，只要从外观上一眼就能看出来，在相学上称之为“鸳鸯眼”或“大小眼”。鸳鸯眼的人，善于察言观色，天生有灵敏的头脑，特别懂得如何待人接物，并且感情路上也会多姿多彩。

破译闪烁瞳孔中的秘密

瞳孔是眼睛最主要的组成部分，它隐藏着许多不为常人所知的秘密。瞳孔是虹膜中央的开孔，光线由此进入，它还可以通过放大或缩小来控制进入眼内的光量。光线暗时，瞳孔就会变大，让尽可能多的光线进入眼中，瞳孔的自动调节会让适量的光线进入眼中，以此来保持视网膜上物体的清晰度，而又不会致使过量的光线灼伤眼睛。

瞳孔除了可以随着光线的强弱变大或者变小外，还与心理变化有着密切的关系。有这样一个关于瞳孔的心理学故事：狡猾的赌徒们先用少量的筹码押注，一旦押中，他们就发现坐庄人的瞳孔突然变大，于是便大胆地加大注码，结果坐庄人输得很惨也不知道原因何在。原来，当人们遇到兴奋或者惊讶的事情时，瞳孔就会变大。坐庄人之所以输得很惨，是因为这群狡猾的赌徒们早已从坐庄人放大的瞳孔中洞察了其背后的秘密。科学研究早就证实，瞳孔最能反映出一个人内心的真实的变化，这是什么原因呢？原来，在人还处于胚胎时期时，眼睛是大脑的延伸部位，后来随着胚胎的发育成长，才将眼睛分化为一个独立的器官，这时瞳孔才得以形成，眼睛也从此才可以开始感知光线的刺激，接受各种信息。临床医学上，瞳孔会被作为诊断生命机能的敏感指示器。瞳孔对光的反应是由脑干控制的，当一个病人的脑干功能受到损伤时，其瞳孔对光线的反射就会变得迟钝甚至完全丧失，这意味着病人的生命面临着死亡的威胁。这就是很多医生在检查一些病症严重的人，或者是处于昏迷状态的人时，通常会翻开眼皮观察其瞳孔的原因。

通常情况下，瞳孔的放大和缩小是不受人为控制的。但是在一定的条件下，可以改变自己的瞳孔大小。从前的一些风尘女子为了让自己的眼睛看上去更妩媚动人，会将一些特质的药水滴在眼睛里，从而人为地扩大瞳孔。瞳孔的大小还和年龄有着密切的联系。一般情况下，年龄的大小与瞳孔的大小成反比，随着年龄的增大，一个人的瞳孔会逐渐缩小。婴幼儿时期的瞳孔最大，而老年时期则是人一生中瞳孔最小的阶段。

在一定的光线条件下，一个人的瞳孔大小会受到个人情绪的影响。当一个人激情四射的时候，或者是极度恐惧的时候，瞳孔可能就比平常扩大3倍左右；相反，当一个人情绪低落，甚至陷入绝望的时候，其瞳孔就会收缩为人们常说的那种“金鱼眼”或者“鸡眼”。另外，人的瞳孔还会随着兴趣的强烈程度而发生变化，比如当一些男女看到异性的裸照时，瞳孔就会比平常放大五分之一；当看到婴儿的照片时，几乎所有女性和有孩子的男性都会放大瞳孔；而在面对一些普通的风景照的时候，几乎所有人都没有反应，甚至有些人还出现了瞳孔缩小的趋势。

此外，瞳孔的变化还代表着不同的含义。当人们亲密交谈时，瞳孔会扩张；当人们走神时，瞳孔就会缩小。当人们受到刺激或者遇到令自己惊异的事情时，眼睛就会突然变大，瞳孔迅速扩张。这样做是为了尽量吸收光线，向大脑传输足够的信息。然而，当人们对这些信息作出处理，并产生消极的态度时，瞳孔就会马上缩小。

瞳孔变大表达了内心的满足感，或者是积极的心态。当人们看到某人或者某些事物而感到真心高兴时，他们的瞳孔就会扩大，眼睛也会瞪大，这种表情通常被称为“闪光灯眼”。在生活中，当男女双方在约会时，如果女方真心喜欢男方，那么她在望着男方时，瞳孔就会明显扩大，用自己圆圆的水汪汪的眼睛看着对方。此时，男方在领会女方的眼神后，瞳孔也会扩大，这时双方在彼此的眼中都具有迷人的魅力。正是由于这个原因，很多恋爱中的男女在选择约会的场所时，都会选择那些光线幽暗的地方，因为昏暗的光线会使双方的瞳孔显得更大。另外在工作中，当领导睁人眼睛看着你时，你可以推断出他对你做事表示满意或者喜欢你的为人处世。总的来说，就是眼睛睁得越大，好感就越多；相反，当有人对你眯起眼睛或者瞳孔收缩时，你就应该想想是否该做出改变了。

在与人沟通交流时，注视对方的眼睛，观察对方的瞳孔，你就会得知他们内心最真实的想法。然而，并不是所有的瞳孔变化都与情绪或心理变化有关，比如光线的调整、身体状况或者是一些药物都会引起瞳孔发生变化，所以应该细心做出推断，以免被误导，做出不合时宜的事情。

眼波才动被人猜

宋代著名女词人李清照曾有“眼波才动被人猜”的神来之笔，生动刻画了一位女子美目流盼，那宛如一弯流动明澈的秋水，其中映照着她内心的喜悦与怕人发现自己秘密的悸栗。越怕人猜，偏会被猜，这便是生活的真实。同时，这句诗也形象地说明了眼睛是泄露秘密的窗口，是映射内心的“真言镜”，是人体无法掩盖情感的焦点。尤其是那些典型的、常见的眼睛动作，往往怕被人猜，却被人猜，最是耐人寻味。

1. 当对方的眼睛看远方时，表示对你的谈话不关心或在考虑别的事情

例如，当你很有诚意地对女友说话时，她却常常将眼睛注视别的地方，表示她心中正在盘算别的事情，或许因为对结婚没有信心，也可能她另有对象，对你说不出口。出现这种情况，你不妨用试探的口气问她：“有什么麻烦吗？告诉我，我们共同解决。”

2. 低头的同时眼睛向上看，表示顺从谦恭

在低头的时候抬起眼睛往上看，是另一种表示顺从谦恭的姿势。这种姿势同样对男人具有吸引力，因为这会让眼睛显得更大而且让女人看起来像个孩子。这种心理反应可以这样解释：小孩的身高比成年人矮得多，所以在看成年人时必须抬起眼睛往上看；久而久之，不管是男人还是女人，都会被这

种仰视的目光激发出类似于父母般的情感反应。

下巴微微内收，抬起眼睛向上看，露出纤细的脖子，这个姿势几乎已经被黛安娜王妃艺术化了。这种像孩子般的姿势触发了成千上万人的怜爱之情，特别是当人们认为黛安娜王妃遭到英国王室的攻击时，更是希望能像父母一样保护她。这样一种表示顺从的姿势，人们平时并不会有意识地去练习，但是大家心里都清楚，只要做出这样的姿势就会收到预期的效果。

在垂下眼皮的同时抬起眉毛，目光往上看，嘴唇微张。几个世纪以来，女人们都用这种姿势展现既性感又顺从的形象。这样的姿势已经成为性感女神们的标签，比如玛丽莲·梦露、狄波拉·哈利、莎朗·斯通等。不仅是眉毛和眼睑之间变宽的距离造就了这个姿势的魅力，更吸引人的还有那迷蒙的眼神。

3. 正视前方，眼睛上扬，是假装无辜的表情

这种动作是在佐证自己确实无罪。目光炯炯望人时，上睫毛极力往上抬，几乎与下垂的眉毛重合，造成一种令人难忘的表情，传达着某种惊怒的表情。斜眼瞟人则是偷偷地看人一眼又不愿被发觉的动作，传达的是羞怯腼腆的信息。这种动作等于是在说："我太害怕，不敢正视你，但又忍不住地想看你。"

4. 眼睛往上吊，这种人心里藏着不可告人的秘密，喜欢有意识地夸大事实

这种人性格通常有点消极，不敢正视对方。

5. 眼睛往下垂，这个动作有轻蔑对方之意，要不然就是不关心对方的情形

这种动作的发出者一般个性冷静，本质上只为自己设想，是任性的人。

6. 斜视对方的眼光含义很丰富，可能是表示感兴趣，也可能是表示不确定，甚至是表示敌意

人们聚集在一起时，常常可以看到斜视对方的眼光。这种眼光的特性，是表示拒绝、轻蔑、迷惑、藐视等心理。公司或商场间的竞争对手或其他竞争者之间难免会正面交锋，互相之间经常会用这种蔑视的眼神看对方，且通常伴随着压低的眉毛、紧皱的眉头或者下拉的嘴角。但是，斜而略带含笑的

眼神，有时也表示对对方怀有兴趣。尤其在初次见面的异性之间，经常能见到这种眼神，多出现在女方身上。如果你是一位男士，有一位不太熟悉的女孩子这么看你，且同时眉毛微微上扬或者面带笑容，那就是对你很有兴趣的表现。遇到这种状况时，你应该鼓足勇气和她攀谈，略显轻蔑的眼神会变成最有兴致的眼神。

7. 当对方眼神发亮略带阴险时，表示对人不相信，处于戒备中

男女之间用这种眼神凝视时，表示双方敌意、憎恶；在初次见面的会谈中，也会接触到这种眼神；受到朋友或同事的误会，把被曲解的事实向对方解释说明时，对方往往也会出现这种眼神。初次见面时，对方有这种眼神，表示在谈话中你使对方产生某种的不信任的警戒。

8. 当对方做没有表情的眼神时，表示心中有所不平或不满

有人认为，人与人之间互相没有心怀不满或烦恼时，才会做出毫无表情的眼神，这种想法是错误的。人们沉思时的眼神各不相同，有的闭起眼睛，有的则呆滞地望着远方，还有的则会做出毫无表情的眼神，一旦思维整理妥当或产生新的构思时，眼睛则显得很有神，或出现有规律的眨眼现象。这也是接着将要说话的信号。所以，交际中，面无表情不是好现象。

在冲突者之间也往往出现这种情况，这时候千万不要介入他们之间的纷争。

9. 东张西望，表示对眼前的人或事缺乏安全感

当人们的目光上下左右四处看时，我们通常认为是在观察整个房间的事物，但实际上这是大脑在搜寻逃跑的路线。所以，东张西望的神情是人们对于眼前的人或事缺乏安全感的表现。

10. 挤眼睛是用一只眼睛向对方使眼色表示两人间的某种默契

它所传达的信息是：“你和我此刻所拥有的秘密，任何其他人无从得知。”在社交场合中，两个朋友间挤眼睛，是表示他们对某项主题有共同的感受或看法，比场中其他人都接近。两个陌生人间若挤眼睛，则无论如何，都有强烈的挑逗意味。

眨眼意味着有话要说

正常状态下，人们的眨眼是自然的生理反应，是湿润眼睛的必要。可在某些特殊情况下，眨眼的动作却囊括了很多其他的情绪，例如，丈夫要对妻子进行欺瞒。除去表达“撒谎、隐瞒”，眨眼还能体现人们如下的“心意”：

1. 厌倦，无趣

在人们拉长了眨眼的时间，即每隔很长一段时间之后进行下一次眨眼动作时，说明在潜意识里，他们对眼前的人感到厌倦，谈论的话题他们丝毫没有兴趣，没有再继续讨论下去的必要了。于是，他们每次闭眼的时间将会长于正常情况的十分之一秒，达到1~2秒，甚至更长的时间。无疑，他若真这样表态，就只是想让你知道：“请马上在我视线内消失吧。”

很多位高权重的人尤其喜欢用此种方式来看那些没有地位和权势的普通人，有些时候，他们还会倾斜着头来看，似乎想看出对方身上所有的卑微和胆怯。不过，一旦对方用直视的目光看着他们时，他们往往又会显得手足无措。

2. 异性间的调情

在两性之间，当遇到对自己感兴趣的对象时，人们有时会故意眨眼，以引起对方的注意，并用眼睛来传达内心的爱慕之情。所谓“暗送秋波”“眉目传情”，说的都是这样的场景。眼睛的眨动，是引起对方兴趣和向对方提出亲密接触邀请的方式。在达到吸引对方的同时，也加强了两人之间的暧昧因素。

眨眼的系列动作还包括连眨、超眨、睫毛振动等。连眨发生于快要哭的时候，代表一种极力抑制的心情。超眨的动作单纯而夸张，眨的速度较慢，幅度却较大。动作的发出者好像是在说：“我不敢相信我的眼睛，所以大大地眨一下以擦亮它们，确定我所看到的是事实。”睫毛振动时，眼睛和连眨一样迅速开闭，是种卖弄花哨的夸张动作，好像在说：“你可不能欺骗我哦！”

滴溜溜转的眼珠意味深长

谈话时，对方的眼睛不同的转动方式，表现出不同的内心动向。对方的眼珠左右、上下转动而不专注时，是因为怕你而在说谎。这样做，多半是为了不使你疑心，而不将真相说出，或由于他自身的过失，无法向你赔偿损失或偿付贷款。在你一再追问的情况下，他口是心非，眼睛则左右、上下转个不停。

公关专家提醒，当你与某人做成一笔交易并到对方单位收款时，对方的眼睛若是向左右、上下转地说："总经理出去了，明天再付给你……"对方这样说，就是撒谎的表现。如果对方经常做这种表情，那么再继续交易的话，难免会有风险。

对方眼睛滴溜溜地转动，表示他一有机会应会见异思迁。男士和女友或和自己的太太上街，他会情不自禁地注视来来往往的其他女性。从心理学来看，男性的这种移神的动作，是为了不失去客观性的本能所发出来的举动。相反，女性把一切都集中在男朋友身上，其本性只留在主观感情上，所以女性走在路上除男朋友外，对其他男性并不关注。

还有一种情况，我们观看电视上的辩论比赛时，往往可以看到因为被抓住弱点而眼光向左右快速转动的人。这是他正在动脑筋，试图寻找反的证据。由于费尽心思，便会呈现出视线快速转动的现象。

此外，人们在紧张或有所不安与戒心的时候，也会试图扩大视界，以期获取有关情报，好沉着应对，同样会有类似的眼睛转动的行为。

另外，人们思考问题的时候，眼珠会转动。每个人的习惯不同，眼珠转动的方向不同，其中反映出的信息也不同。来看看吧：

眼珠向右上方转的人：这时人的脑中便会浮现幻想中的事物，这说明这类人其实是很喜欢做白日梦的。这类人的另一专长是在逻辑分析上。

思考时眼珠向右下方转的人：这类人心思细密，思考力特强。与这种人打交道要特别小心，因为他们疑心较重，常以为自己是侦探，只要有少许蛛丝马迹，便会想很多东西出来。而且，千万不要与这类人有金钱上的瓜葛，否则便会为自己惹来最大的烦恼。但如果对方不是每一次思考时都是转向下方，只是偶尔才这样的话，那么他很有可能是正在说谎，他在此时所说的大概不太可靠。

思考时眼珠向左上方转的人：这类人时常喜欢翻来覆去地回忆旧事想当年，所以与这类人相处便要有点耐性。然而他们都是属于健谈的人，他们身边不乏吃喝玩乐的朋友，可是真正交心的却寥寥可数。所以这类人最希望得到别人的真心关怀，如果你要取得这类人的信任，便要付出一点诚意来，一味刻意地奉承是不行的。

思考时眼珠向左下方转的人：这类人想象与思考力都很强，是当作家或编剧的好材料。他们最喜欢是听音乐，喜欢自由自在、无拘无束地享受生活。这种人可能会给人好吃懒做的感觉，不过这只是一种错觉。事实上，这种人比任何人更懂得安排生活。与这种人相处千万不要给他们一种压迫感，否则只会把他们吓怕，令他们从此与你保持距离，以后要再取得他们的信任便艰难了。

眼神交汇时绽放的光芒

只有当两个人彼此眼神相交时，才算是真正形成了互相沟通和交流的基础。眼神是心灵之窗，心灵是眼神之源。各种研究调查的结果表明，对话时的眼神大致有五个功能，即调整说和听的交替，观察对方的反应，表达意义，表达感情，传达对双方关系性质的信息。

说话者往往是先注视对方之后才开始对话，不久再移开视线。阐述完自己的意见，就会观察对方的反应，同时发出自己打算听取对方意见的信号，并再次注视对方。

对听话者来说，除了表达自己想要说话的意图，还要在对方阐述完一个意见后，及时看一下对方。一旦错过这一注视的时机，就等于奉还了自己发言的机会。例如，对方在讲话时，你低头做着笔记。当对方讲完后，你抬起头，对方就会知道你有话要说。如果对方讲完了你依然低着头，对方只能在自己已经说过的东西上添加点什么，或者保持沉默直到你抬起头。

在谈话中，相互注视的情况一旦少了，那就意味着：这种谈话缺乏双方或者某一方的积极参与而气氛尴尬，或者表明谈话到了该结束的时候了。对方持续移开目光，是表示不感兴趣的信号，但有时却不过是因为对方有点害羞，或心情不佳，或有些疲倦。

说话时有着仓皇眼神、不断东张西望的人，会使人紧张。有时，某人匆忙一瞥的视线方向暴露了其眼下关心之事的线索。所以，在这种场合，人们总想尽快离开此人。

谈话之际，为了检视对方的关心度、理解度以及对这些话的容忍度也常使用目光。简而言之，对方对自己的注视程度成了判断此人注意力集中度的标志。

当谈话双方都陷入对某一问题的思考或者对临时出现的状况不知道如何反应时，一般都会相互移开目光，这也是调查结果已经证明了的。原因是伴随着精神向内集中，人们希望对视觉的刺激尽量减少，而且这时新入眼帘的任何东西都不能与自己眼睛的焦点保持一致。例如，不是很熟悉的男女在谈话时不小心进行了身体的接触，这时双方都会因为不知道如何反应而把视线移开，同时用不相关的话题把注意力岔开。

对话中眼睛的另一个功能是听者和说者相互传达如何评价自己同对方的关系。根据调查，如果我们把自己的交流对象当做中等地位的人物，则自己的注视和对方的注视均达到最大限度；如果对方的地位极高，则为中等程度；如果对方地位很低，则达到最低限度。

在谈话对象是可信赖的人时，出自自己的注视更长更频繁，谈话对象是自己喜欢的人时也同样。然而，对讨厌的人，人们有时也进行冰冷的凝视。

对于求爱时眼睛的使用方法已经引起很多作家和学者的注意。对于企图保持更亲密关系的对象，无论男女均运用“秋波”这种传统方法，也得到科学调查的印证。一般而言，订了婚的男女，相互注视会增多；想从此成为亲密伴侣的男女之间，双目交视的时间也会来得更长。

关于这一主题，海伦·布拉温所著的《性和独身女性》做了极为有趣的描述。其中提到：一个独身女子若在西餐馆等公共场所选中一个男子，她会直接深情地凝视其眼睛，然后，回过头来与同伴聊天或阅读杂志。接着，她会做出一种挂念的姿态，再度同样凝视那个人，随即垂下头来。如此往复三次，常常就会诱惑对方、引起对方对自己的兴趣。结论是：暗送“秋波”，至今仍是求爱者的致胜手段。

初次见面眼神交流的技巧

虽然上文说到，当人们的眼神交会时，功能多多。可一旦遇到陌生人时，谁能一眼就能看出他的眼神在表达什么、有何动机呢？一句“人生若只如初见”，传唱至今，就因其深刻传达出了人们对初次相遇之美好的怀念。仅仅是第一眼，当视线笼罩了对方，陌生的人就有了不陌生的默契。而这样的感悟，在异性之间则更为常见。

初次见面，人们想要了解对方，所能凭借的无非是眼神的交流。因此，即便是从未相遇过的陌生人，也能互相在对方的目光中寻找自己想要的信息——友善或敌意。实际上，第一次与陌生人的眼神接触，表达的还有很多。

在第一次的交谈中，适当的注视对方是符合社交礼仪的。尤其是一边谈话，一边注视对方的脸孔，能够博得对方的好感。这样做的人，通常都有较好的人际关系和温和的性格，并且也容易成为较好的倾听者。

对于初次见面的人，若是出现一面谈话，一面闪躲目光的情况，就应当对他们加以关注。这种现象表明这个人内心另有隐情，他们或者是在隐藏自己的情绪，害怕别人关注自己，是害羞的表现；或者有愧于心，内心藏有秘密，所以害怕与别人的目光相遇。

而在一些特殊的场合，例如舞会、酒吧等，当异性之间第一次相遇时，其视线目标就可能关注在对方的不同部位。据科学分析，女性的周围视野较为宽阔，因此她们能够一眼就看遍男性的全身，而由于男性是管状视野，如果想要打量女性，目光就会上下移动得特别明显。所以，一面谈话，一面扫视对方身体的多是男性，人们做这个动作同其本身的性格都有关系。但是，频繁地做这种动作，则难免带有挑逗的意味，会给对方某种特定方面的暗示。

至于一面谈话，一面注视对方下半身和脚，这种动作通常被认为是很不礼貌的。因为这样让人们联想到行为不检点的人，或者思想肮脏者。人们对下半身的保护感通常很强，即使是无意的瞥见，也会令人反感。

同别人谈话时做出东张西望的动作的人，一方面，可能说明他对眼前人的第一印象非常差，讨厌和他继续谈话，本能地想要向其他地方看，以寻找逃避眼前人的方法。另一方面，他可能在同你谈话时，有自己的心事，正心不在焉。而东张西望，恰恰反映了他关注的人和事并不在眼前。

探寻你目光的“落脚点”

心之所想，不用言语，从目光中就会找到答案，这是每个人无法隐瞒的事实。常常有这种情况，有些人口头上极力反对，眼睛里却流露出赞成的神态；有些人巧言令色，可眼神却表现出分明是在撒谎。

在我们和别人交谈时，有的人会带给我们舒服愉快的感觉，有的人则会令我们局促不安，甚至还有一些人会让我们觉得不可信赖。这些感觉的产生都是从眼神开始的，而且往往取决于对方注视我们的时间有多长或者面对我们注视的目光，对方有着怎样的反应，等等。

英国的迈克尔·阿盖尔先生是一位研究社会心理学和肢体语言技巧的先驱，他发现欧美人在彼此交谈的过程中，平均约有61%的时间里目光会保持着注视对方的状态。所以，透过人的视线，可以窥探出人的内心活动。人们在社会生活中，如果内心有什么欲望或情感，必然会表露于视线上。因此，如何透过视线的活动了解他人的心态，对人与人之间在交往中的心理沟通，具有重要意义。

社交场合中，在不同的地点，针对不同的对象，眼睛会落在对方面部或身体的不同部位，从而导致交流的不同效果。

当一个人的视线落在对方眼睛水平线下方，其凝视的重点主要集中于对方双眼和嘴部之间所形成的三角地带时，就会形成一种典型的社交气氛。普通社交活动中的绝大多数人都会将目光投向这个区域，据专家测算，大约有90%的时间里，人们的目光都投向这一社交交谈中的基本注视区域。可见，这种注视方式是使用得最广，也最为常见的。常用人群有普通大众、老板、员工、经理，以及经商人士等。以这种方式注视对方，不会让其产生压力或有不舒服的感觉，能让双方都感到安心，从而更有利于双方在一种亲切、友好、宽松的氛围中进行交谈。

如果你将目光投向于对方前额正中的三角地带区域，这不仅会使气氛变得紧张、严肃，更能对对方心理产生威慑作用，带给人一种“高人一等”的感觉。一般来说，只要你把自己的目光定格在此处，你也就能掌握谈话的主动权，或牢牢控制住对方了。此种注视方式多用于较为严肃和正式的场合之中，一般出现在老板和员工、老师和学生、上级和下级或者相互较量的对手之间，以及其他一些人群中。如果是在同职位比自己低的人交谈，这种注视会让对方感觉很有威严感，但如果是同职位比自己高的人交谈，则无疑会引起对方的强烈不满。

在一些特殊场合，例如，宴会、酒吧里，单身男女若遇到自己感兴趣的对象，就会迅速扫视对方的脸至胯部之间的区域以确定对方的性别，然后再次打量对方来确定自己对对方的兴趣有多高，并将凝视的重点集中在眼睛、下巴，以及腹部以上的部位。如果双方的距离较近，那么双方彼此凝视的焦点主要集中在眼部和胸部之间的亲密区域之内。此种注视方式使用得较为广泛，常见于陌生或熟悉的青年男女，或是亲人、密友之间。一般来说，这样的目光并不会引起对方的反感，青年男女往往就是用此种注视方式来表情达意的，而且如果对方对你也有意，便也会把视线投到你身上相同的区域，回报以同样的注视。

除了落脚点外，一个人的视线还可以从其他不同的角度和观点来了解。其一，对方是否在看着自己，这是关键；其二，对方的视线是如何活动的，直盯着自己或视线一接触马上撇开，其心理状态是迥然不同的；其三，视线的方向如何，也就是观察对方是否以正眼瞧着自己，或以斜眼瞪着自己；其四，视线的位置如何，是观察对方究竟是由上往下看还是由下往上看；其五，视线的集中程度，这是指观察对方是专心致志在看着自己，还是视线飘渺，不知究竟是在看什么其他地方。这些表现所代表的意义是各不相同的。

看，还是不看

关于视线接触与否，心理学上也得出了不少有趣的结论。

当我们在等公共汽车或站在影剧院卖票口排队买票时，多为背向后面的人，这种表现为人们所司空见惯，这样做，不仅是为了往前进，也是为了避免同不相识的人视线相交。

但也有面对面者，这些人多为朋友、夫妻、亲人、恋人等。这些人会彼此默许自己的隐私权受到某种程度的侵犯，因此，他们偶尔会视线交错，便于相互言谈，心理沟通。综上所述，相识者彼此视线相交之际，即表示为有意进行心理沟通。

但若是这种情况发生在女人之间时，则具有不同的意义。因为，当女人不愿意把自己的内心体验传递给对方时，多半会产生凝视对方的行为。心理学家艾克斯·莱恩等人曾做过人们对视的实验，实验结果表明，如果事先指示受测者“隐瞒真意”，在受测中，注视对方的比率，男人会降低，女人则反而提高。男人在未接到指示的情况下，其谈话时间内有66.8%的时间在注视对方；但得到指示后，却只有60.8%的时间在注视对方。至于女人方面，在接受指示之后，居然能提高到69%的时间在注视对方。因此，当在公开场所遇见女人注视自己过久的时候，不妨认为她可能心中隐藏着什么，要注意她言不由衷的真相。

对方是否在看着自己，亦即有无视线接触，说明对方是否对自己有好感或兴趣等。但是，如果对方不敢或是不肯直视你呢？那代表什么？

如果对方完全不看你，便是对你不感兴趣或无亲近感。想想看，当我们在路上行走时，发现陌生人一直盯着我们，必定会感到不安，甚至会觉得害怕。因为我们并不希望他们对我们感兴趣。

所以，不相识的人，彼此视线偶尔相交之后，便会立刻移开。这是由于人们觉得，一个人被别人看久了，会被看穿内心或被侵犯隐私权。

同样地，注视与移开视线也有其心理学上的意义。

一般认为初次见面时，先移开视线者，其性格较为主动。另外，谈话中，有意处于优势地位的人，认为一个人是否能站在上风，在最初的30秒即能决定。当视线接触时，先移开眼光的人，就是胜利者。相反，因对方移开视线而耿耿于怀的人，就可能胡思乱想，以为对方嫌弃自己，或者自己谈不来，因此，在无形中对对方的视线有了介意，而完全受对方的牵制了。正因为如此，公关专家提醒，对于初次见面就不集中视线跟你谈话的挑战型对象，应特别小心应付。

不过，同样是撇开视线的行为，如果是在受人注意时才移开视线，那又另当别论了。一般而言，当我们心中有愧疚或有所隐瞒时，就会产生这种现象。

还有一种不敢直视对方的情况。我们可以回顾一下自己在工作单位中，当上司与属下讨论问题的时候，上司的视线必定会由高处发出，而且会很自然地投射下来。反之，为人属下者，虽然自己并没有做出什么亏心事，但是，视线却经常由下而上，而且往往软弱无力，不断移开。这是由于职位高的人，总是希望对属下保持其威严的心理作用。但是，也有例外。这与地位的高低无关，而是内向的人容易移开视线。

美国的比较心理学家理查·科斯博士曾经做过一个实验，让很腼腆的小孩与陌生的大人见面，来观测他们注视大人的时间长短。将大人眼睛蒙上和不蒙的情况相比较，发现小孩注视前者时间居然为后者的3倍。这就是说，眼光一接触时，孩子的视线会立刻移开。由此可知，内向的人大都不会一直注视对方，而经常要移开视线。

最后，我们给出一些实用的小技巧，以期能够帮你一眼洞察对方的性格或心理：

一直盯着对方的女性，心中可能有隐情。

在言谈中注视对方，表示希望引起对方对自己所谈内容的注意。

初次见面时先移开视线者，表示希望处于优势地位者。

被对方注视时立刻移开视线者，大都有自卑感或缺陷。

看异性一眼后随即故意移开视线者，表示有着强烈的兴趣。

斜眼看对方者，表示对对方非常有兴趣，但又不想让对方识破。

翻眼看人者，表示对对方存有尊敬与信赖。

俯视对方者，想显示对对方的一种威严；视线不集中在对方，很快移开视线者大都为性格内向者。

第4章　眉毛：传情达意，瞬息万变

眉毛刻画出的性情

为了近一步了解眉毛所包含的性格信息，心理学家还对眉毛的形状进行了研究。研究结果表明，不同形状的眉毛和性格之间存在着一定的联系。

1. 眉毛比较粗长的人

通常精力旺盛，富于激情，接受新鲜事物的能力比较强。他们的性格以外向型为主，乐观向上，积极主动，能够承受较强的挫折和压力。在具体的工作上，这类人也往往能够认真负责，追求完美，并且从一而终。不过，这类人很难接受不同意见，即使是帮助别人也完全按照自己的想法，很少顾及他人感受。此外，这类人也有不同程度的表现欲望，在各种场合都喜欢占尽风头，有时候甚至会故意贬低别人，以抬高自己的身价。因此，这类人在集体中的生存能力并不强，但却容易得到领导的赏识，有很好的晋升空间。而一旦这类人成为领导者，他们的强势和坚定一面便会展露无遗，并很可能继而成为整个团队的作风。

2. 眉毛比较细长的人

心理学家研究发现，其性格因子中消极成分居多，主要表现为自卑、优柔寡断和怨天尤人。实际上这类人最大的缺点还不在此，而是不能反躬自省，从来不愿正视自己的错误和缺点。还好这类人通常都非常善解人意且心地善良，尤其不愿为他人增加负担，因此，这类人的独立能力较强。由于性格使然，这类人往往能够静下心来从事一些比较枯燥乏味的工作，而且他们的想象力和创造能力也很不错。

3. 眉毛比较稀疏的人

通常性格比较内敛，他们喜欢独自思考问题，并能全面分析和考量别人提出的建议。他们富于务实精神，并时刻保持理智，生存能力通常比较强。另外，心理学家研究发现，这是一类喜欢躲在人群背后暗中操控事态发展的人，他们具有很强的伪装和自保能力。不过一旦这类人的思想观念出现偏差，就会成为最令人头疼的社会不稳定因子。因此，这类人也被社会安全部门格外关注。而在日常生活当中，这类人也有成为领导者的潜力，由于老谋深算，他们往往可以在千军万马的竞争中独占鳌头，成就丰功伟绩。

4. 两条眉毛相距很近，甚至连在一起的人

通常气量狭小，为人处事斤斤计较、睚眦必报，很少能受到人们的欢迎。心理学家表示，这类人的性格消极程度还会随着眉毛的粗重和连接程度的加深而加深。如果发展到极端，便会易暴易躁，经常为一点小事失去理智，甚至做出人神共愤的事情。此外，这类人的眉形与生理特征也存在一定联系。据心理学家的另一份研究数据显示，一些低能、弱智、精神病以及一系列脑瘫患者中，这种眉形出现的几率非常高。

5. 眉形很细而且很稀薄的人

往往比较任性，而且非常敏感，喜怒无常，常常给人带来意想不到的麻烦。心理学家提示人们，这种性格缺陷的严重程度还会随着眉毛颜色的变浅而加重，直至发展到无法补救的心理缺陷。此外，这类人的感情观念比较淡薄，亲情、友情和爱情会被他们不同程度地绑在利益得失上，一旦利益受损，这类人会无情地抛弃自己的感情对象，并视此为理智、正常。因此，这类人不但终生难有成就，而且会孤独终老，时刻生活在怨恨和绝望之中。

6. 眉毛分岔的人

所谓眉毛分岔，是指眉毛从中间或者尾部分开，然后沿30度角方向朝两边生长，看上去好像两条眉头的一端聚在一起，因此，这种眉形也被形象地称为叠加眉。这类人的性格通常比较倔强，他们很少因为外在因素改变自己的决定，遭遇困难和压力的时候不但不会屈服，反而越挫越勇。另一方面，心理学家指出，这类人的命运比较不幸，虽然他们非常珍视自己的亲人和朋友，但在感情方面却会历尽艰辛。尤其是女性，一旦生出这种眉毛，不幸的

程度会进一步加深。

7. 眉毛比较杂乱的人

一般人的眉毛都朝着一个方向生长，因此无论眉毛疏、密、粗、细，看上去都是比较自然和柔顺的。但杂乱眉形不同，几乎每根都朝着不同的方向生长，看上去乱糟糟的一片。这类人往往天生比较聪明伶俐，从小就受到虚荣心的毒害。因此，他们的性格会逐渐变得自负，经常耍一些小聪明，但由于自视甚高，往往会弄巧成拙，最终落得个聪明反被聪明误的下场。此外，脱离实际、纸上谈兵也是这类人性格中的一大“亮点”。

8. 眉毛和眼睛距离过近的人

这类人的眉毛几乎长在眼睑上，给人的感觉好像是压着眼睛生长，因此，也有人称其为重压眉。因为生理作用，男性的眉毛通常比女性更粗、更浓，对眼睛的压迫效果会更明显，所以对于男性来说，轻微的压眼眉形并不属于重压眉，但女性则不同，她们的眉毛只要有一点粗重和靠近眼睛，就已经属于重压眉。这类人性格中最大的特点是急躁，而急躁的原因又往往来自贪婪和不自信，他们通常会因为自己的一时冲动而决定一件事，等到事情深入发展之后他们又发现自己根本准备不足，所以这类人做事常常虎头蛇尾、草草收场，弄得一团糟。此外，心理学家还表示，如果这类人的眉形中有杂乱迹象，那么无疑将使他们的性格缺陷雪上加霜，而且他们总是会将事情引上绝路，最终给人留下一个无法收拾的残局。

9. 眉形像扫把的人

这类人的眉形通常被称为扫把眉，即眉头非常集中，而眉尾却越发分散，整体看上去像一束扫把。这类人最大的性格缺陷是猜忌心重，他们从来不相信任何人，总是把所有的事情都当成秘密并深埋于自己心底。此外，这类人贪恋权势却又胆小怕事，所以生活往往异常艰辛并提心吊胆，因为他们经常在背地里做一些损人利己的事情。据此心理学家指出，这类人多数属于社会负面因子，他们的存在往往会给别人带来麻烦甚至灾祸。

心理学家表示，在现实生活当中，人们的眉毛可谓千奇百怪，即使说一人一个眉形也不为过。由此看来，所谓通过眉形看性格，只是一个大概的描述。

眉型道出个性的秘密

人类的形态复杂多变，每个人都有不同的一张脸，一对眉毛，一张嘴巴，没有完全一模一样的人，而一些细微的差别也会使人的思想和心理发生巨大的变化。而不同的眉毛也代表了不同的性格特征和情感世界。因此，在与人的交流中，仔细观察对方不同的眉型所体现出来的不同性格与心理，可以洞察和辨别出他们内心的想法和意图。

较为常见的眉型主要有以下几种：

1. 新月眉

眉毛弯曲，像一牙新月。这种人一般都具有很强的个性，而且富于创造力，通常可以在创造性较强的工作中取得突出成绩，例如科研、学术、艺术等行业。不过，这类人的耐心和责任心通常比较差，他们会对自己感兴趣的事情投入大量精力和时间，甚至可以占去吃饭和睡觉的时间，但对于那些不感兴趣的事，他们通常会完全置之不理。如此一来，就使得这类人在普通的工作岗位上表现很不稳定，也很难取得理想成绩。如果不能得到领导的赏识和有效指导，这类人的创造能力非但不能为他们带来好处，反而会让他们处处碰壁。

2. 柳叶眉

这一类型的眉毛较粗，眉尾呈弯曲状，并呈现出不规则的角状，就像是春天里的一片柳叶。拥有这种眉形的人对人比较诚恳，与朋友的相处也很融洽，而且他们笑起来的时候，给人一种既可爱又诚实的感觉。而也正是因为如此，他们在生活中的表现往往给人一种糊里糊涂的感觉，不过他们自己却往往是哑巴吃汤圆——心中有数。

在和这类人交往的时候，千万不要对他们意图不轨，或者企图利用他们，等等。虽然他们嘴上不说，内心却明白得很。他们不说，是因为他们尊重朋友，但是，一旦感受到了实实在在的威胁，他们便会不遗余力地进行反抗，而他们的爆发力也是很强的。

3. 短眉

此眉形短不过目。拥有这种眉形的人，在性情上都较为自私，容易动怒，而且从不轻易与人妥协。这种人较为多愁善感，一旦遭遇某种挫折，便会不由自主地哀叹命运对他们不公平。但是，他们却从来不喜欢去找原因，因为在他们看来，一切都是命中注定，就像他们短短的眉形一样，形成了就无法从根本上改变。此外，他们还喜欢冷战，和任何他们认为不满意的人冷战，而且他们从不打算将自己的心事说出来，总想着让对方向自己妥协。

这类人较为容易患上心理疾病。可以想象，如果一个人总是把所有快与不快都闷在心里，势必会给自己造成各种心理障碍，而当这种心理障碍得不到有效解决时，便会引发心理疾病。更重要的是，这类人往往意识不到他们心理上的这种变化。

4. 卧蚕眉

这种眉毛，眉形清秀而细长，眉头和眉尾都比较细，但眉的中间却比较粗。拥有这种眉形人的外形通常都比较高大，身体也很健硕，往往会给他人呈现出一种安全感。虽然这类人生性机灵敏捷，但他们为人却较为坦诚。由于这类人是非观很强，所以他们从不冤枉好人，也从不放过坏人。从这一点上而言，人们往往容易对这类人产生敬意，因此，他们的人际关系也较好。

但是，这类人做事往往不计后果，只要他们认为是对的，或者值得去做的事情，他们就会毫不犹豫地去做。他们认定的事情，别人一般是无法轻易改变的，除非他们自己意识到了某种错误。从这一点上看，与其说他们固执，不如说他们坚持己见，因为他们虽然固执，却很讲道理，因此，在他们意识到某些错误的时候，也能够及时改正，从而避免造成无法挽回的后果。

5. 倒竖眉

“倒竖”之眉，指眉形倒呈一个“八”字。一般而言，这类人没有什么过高的理想和抱负，也缺乏进取心，不具备成功的心理素质。这种眉毛看上去过于飞扬，使眼睛显得有些低陷，以致他们多为好高骛远之徒，小事不愿意做，大事又做不了，而是总是幻想着天上掉金子。

这类人还特喜欢吹嘘和显摆，总是在同学、朋友甚至亲人面前高谈阔论，标榜自己，夸大自己。比如他们因为某件事赚了500元，在表现自己的时候，就会将这个可以表现他们价值的数额夸大一些，比如他们会说赚了800元或1000元，甚至1000元以上。为了使朋友们相信，他们甚至不惜将这

500元全部拿出来请客。在朋友眼里，他们只是拿出了赚来的一部分钱，而实际上，为了所谓的“虚荣心”，他们已经失去了所有。

可以说，他们的行为属于典型的夸大人格。如果这类人不彻底抛弃这种夸大的人格，一生将很难有大的成就。而在跟这类人交往的时候，人们一定要仔细检验他们话语的可信度。

6. 三角眉

三角眉也俗称“勇士眉”，因而，一般的武士等威武彪悍的人大多都长有这种眉毛。拥有这种眉形的人做事刚毅果敢，不惧遭受任何挫折，但喜欢以自我为中心。一般而言，长着一对三角眉毛的人都不怎么讨人喜欢，因此他们总是独来独往。

7. 一字眉

一字眉也就是眉形像正楷字“一”的眉毛。一字眉有粗细之分，细一字眉的人以女性居多，她们往往行为固执，做事缺乏耐性，急于求成。长有粗一字眉的人则多为男性，他们胆识很大，意志力也很强，且有一种精神势头。不妨观察一下生活中那些长着粗一字眉的人，他们总是给人一种庄严威武之感，而且他们说话的声音大且洪亮，还无比严厉。因此，这种粗一字眉多见于男性眉毛。

跳动的眉毛，飞扬的心情

在很多情况下，通过观察对方眉毛的一举一动可以将其内心活动看得清清楚楚。他们是从什么样的细节获取到有效信息的呢？其实一个人将眉头皱起的原因有很多，比如：当一个人向对方诉说心中的疑惑或者反对意见时，就会不由自主地皱起眉头；当人们受到攻击，心里感到害怕时，会低眉并将眉毛往上挤，就形成皱眉的动作。

1. 皱眉

通常表示不喜欢或者厌恶。深皱眉头的人通常比较忧郁，他们往往想要改变目前的境遇，但是由于一些原因而不能做到。如果一个人在笑的时候同时皱着眉头，则说明他心中肯定有些许担心和顾虑，皱眉头是有点退缩的意味——尽管他是发自内心地笑，但他所笑的对象可能在一定程度上也困扰着他。另外，皱眉的脸还会让他人感到紧张。其实皱眉只是一种防卫的表现，真正有攻击性、无畏的脸是双眼怒睁、毫不皱眉的。

2. 扬眉

分为单眉上扬和双眉上扬

一条眉毛上扬的人，通常想要逃离庸俗的事物，他们一般有自命清高的傲慢表现。一条眉毛斜挑的人，通常抱有怀疑心理，扬起的那道眉毛就像一个问号。双眉上扬的人往往是处于异常欣喜或惊讶的情况下才出现的动作，在这种情况下，人的心情起伏很大。

3. 耸眉

指的是将眉毛扬起后停留片刻再下降的动作，同时伴随嘴角的迅速下撇，而其他的部位则没有任何变化。FBI认为，这是一种无奈或者是不太满意的表现。另外，当人想要获得他人的同意或支持时，也会做出这种表情。

4. 眉毛闪动

指的是，先将眉毛上扬，接着迅速下降，表示友好。情人相见的一瞬间往往会出现这种表情。如果眉毛闪动出现在交谈中，则是为了强调说话的内容，每读出一个字时，眉毛就会闪动一下，意思是在说："一定要听清我说的每一个字。"

5. 眉毛降低

分为眉毛完全降低与眉毛半降低。眉毛完全降低表示十分生气，如果这个时候再去招惹他，就是自找苦吃；眉毛半降低是一种表示疑惑的动作，是对对方的行为感到不解的表现。

6. 倒竖眉

指的是眉毛倒竖了起来，表示此人已经极端愤怒。可能是有人做了对不起他的事，或者是他被人玩弄了，这是一种开始发飙的表情。

锁眉常常是因为人们处于悲伤、焦虑之中，或者是正专注于某件有难度的任务。

眉毛的变化丰富多彩，而且随着年龄的增长，眉毛的变化也会在我们的前额留下深深的印记，并在最后形成皱纹。通常爱笑的人都会留下微笑纹，这是人们身体语言生命中所累积的结果，反映了一段快乐的人生。而眉毛紧皱的人会在眉心挤出沟壑，反映出他们可能走过了一段坎坷的人生。通过眉毛的各种各样的变化，可以清楚地了解一个人的心理变化，所以眉毛也被称为心情变化的参照物。

喜怒哀乐，瞬息万变

众所周知，眉毛可以起到修饰和保护眼睛的作用，同时也有排汗功能，是人体机能自主调节的重要渠道。心理学家表示，人们在日常交流过程中，往往会关注对方的眼睛，而常常将眉毛忽略掉。实际上，眉毛所携带的性格信息也是非常丰富和准确的。通过眉毛的特征来透析人物性格，已经成为心理学家新的研究课题。

不同眼眉的形状变化可以透漏出不同的信息。眼睛与眉毛都处于常态，表示心平气和；如果眉毛静止，眼睛睁大，则表示愤怒；如果眼睛和眉毛都抬高，则表示受到惊吓。

心理学家研究发现，眉毛在表情动作中时常需要和眼睛来配合，具体情况为：如果眉毛不发生变化，眼睛也不发生变化，那么说明此人心绪平和；如果眉毛不发生变化，但眼睛睁大，说明他的情绪在急躁和愤怒之间，但如果行为人的表情动作未能收到预想效果，那么他可能会采取进一步动作；如果眉毛上扬的同时眼睛也随之睁大，那么行为人很可能处于一种惊恐的状态，短暂的反应之后，行为人很可能会做出非常激烈的行为；而如果眼眉上扬，但眼睛不发生变化，那么说明行为人迫于压力，已经接受了眼前发生的事情，并表示服从，尽管在他的内心当中可能存在不同程度的愤恨。

在很多情况下，细微的眼眉变化往往更能体现一个人内心的真实活动。尤其是在公共场合，人们的五官更会做出很多变化，如果人们在与对方交谈时，只注意到眼睛或者嘴巴等动作的明显变化，而忽略掉眉毛的细微变化，那么很可能会因为没有获悉完整的表情信息，而不能了解对方的真实想法。

可以说，眉眼配合所传达的信息十分复杂且瞬息万变，其中任何一个细微的变化都可能是行为人心理上的忽然变动。只要行为人配合默契，眉眼之间的信息还是可以做到准确无误地传递的，并且比语言传递更加快捷和可靠。当然，在不同的文化体系中，眉毛所传递的心理信息也是有所区别的。以轻轻上扬眉毛为例，大多数国家的人会认为这是一种日常生活中和对方打招呼的动作，甚至人类的近亲黑猩猩也会采用这种方式传递内心信息。但是在日本，这个动作却被赋予了另外一层含义——在他们看来，这是一种非常轻佻和粗俗的举动，如果是对异性，这里面甚至包含了性暗示的信息。因此，心理学家提示人们，在使用眉眼传递信息时须慎重，以防产生不必要的麻烦。

第5章 鼻子：性情的真实写照

从鼻型上找到突破口

一项心理研究结果表明：鼻子不仅是人体中重要的呼吸通道和嗅觉器官，它还与人的心理有关，即人们可以通过鼻形、鼻子的种类、鼻色以及鼻势等洞察出人的内心世界。根据外形特点，可以把鼻子分为以下几类：

1. 眉心鼻

这一类型的鼻子直插脑门，鼻根几乎与眉心连结在一起，给人一种一气贯通的感觉。由于眉心鼻上的肉与骨头互相映衬，含而不露，所以给人一种神清气爽的感受。长着眉心鼻的人运气都较好，时常有贵人相助，所以，他们往往到最后都能够居于高处。但是，拥有这种鼻型的人却有一个明显的算是缺点的心理特征——急于求成。

2. 猛虎鼻

这一类型的鼻子，鼻尖很圆很壮，鼻孔不外露，鼻梁也不偏不歪，给人一种英俊挺拔的感觉。拥有这种鼻子的人，做事一般比较稳重，遇事也会冷静思考，很少有浮躁的表现。这源于他们对待任何事情都懂得“三思而后行”的性格特征，诸多的事实证明，这种性格特征使得他们做事的结果基本上都是很乐观的。由于对工作常常是一丝不苟，甚至精益求精，他们中的大多数人都是较为成功的，而周围的人也很羡慕他们，因而他们的人缘极广，人际关系也相当好，甚至在别人眼里，他们就是成熟形象的代表。

在与这类人交往的时候，如果你是他们工作上的朋友，那么你大可放心，同时还可以向他们学习、体会他们的人格魅力；如果你是他们生活中的朋友，你不妨对他们稍加提醒，以其稳重、成熟的心理特征，他们还是会接受你的建议的。

3. 烈狗鼻

这种类型的鼻子，中部骨锋突起，就像一只可爱而又顽皮的小狗鼻子。拥有这种鼻子的人，一般都较为有主见，但同时也很自大，且心高气傲。他们的主观意识相当强烈，拥有不听取别人意见的习惯和心理。在任何时候，他们都喜欢凭借自己的意愿和意志去办事，对于别人提出的意见或建议，他们一般不会采纳，因而自大的性格使得他们总是认为自己的决定是最正确、最好的。由于自大的人通常要面子的思想都很重，所以即便是他们早就发现自己的做法不太完美，或者说压根就不正确，他们也不会否定自己的想法，而去采纳他人的建议。

在和这类人交往的时候，一定要坚持自己的主见和立场，同时还不要忘了用事实去提醒他们。

4. 偏门鼻

这一类型的鼻子，鼻根比较细小，鼻梁也比较低，同时鼻翼又矮又小，鼻尖不正，通常都有些向右侧偏离，给人带来的视觉效果不怎么理想。因此，拥有这种鼻子的人往往会无端受到别人的格外“关注”、取笑甚至冷眼，他们在做事的时候也常常会遭到一些意外的困难。有时，所谓“困难”极有可能是某些人为了捉弄他们而设置的陷阱，因为在他们受到捉弄而生气的时候，鼻子会更加偏斜，更惹人发笑。由于拥有这种鼻子的人经常受到捉弄，所以他们在人际关系方面相当保守，从不主动与人说话和交往，因为他们害怕引来对方的嘲笑或冷眼。

与拥有这种鼻子的人进行交往时，千万不要带着任何嘲笑和捉弄的心理，同时，还要尽量避免关注他们的鼻子。他们的内心原本就很敏感和脆弱，这种敏感的心理让他们很容易将任何一个注视他们鼻子的眼神看作是嘲弄。而在与之交谈的时候，也应该尽量避免提起与鼻子有关的话题，从而避免一些不必要的误会。

5. 猩猩鼻

此类型的鼻子有些像聪明的猩猩的鼻子，鼻梁很宽，眉毛、眼睛和鼻子紧紧地挤在一起。拥有这类鼻子的人，面部都比较宽，身体也比较厚实，整个人给人的感觉就是朴实和憨厚。也正是得益于这种憨厚朴实的性格特征，他们在生活中总是很顺心，在工作上也往往平步青云，令人羡慕。令人敬佩的是，他们处事不会与人斤斤计较。即便在工作上获得晋升，他们也不会上演人走茶凉剧情，而这可以说是他们与生俱来的一种品行。

在与这类人交往的时候，一定要对他们坦诚相待。如此，便可以换来他们和你全心全意的交往，以及毫不吝啬的帮助。但是，如果你对他们起了利用之心，被发现后，他们也会毫不犹豫地与你划清界限，而且会丝毫不考虑个人名声来揭发你的行径。

6. 鹰钩鼻

鹰钩鼻很像老鹰的嘴，鼻尖部位会有不同程度的下垂，看上去像一个吊钩。这类人通常比较暴戾、贪心不足、自私自利且非常阴险狡诈。与此同时，他们对一切事物都持有消极态度，怀疑任何人和事，并时刻处于警觉和敏感之中。在现实生活中，即使是一些平常的事情，也很可能被这类人认为是针对自己，从而自寻烦恼。不过拥有这类鼻型的人往往备受异性青睐，因此，他们总是不乏爱情故事。

7. 段鼻

段鼻是指鼻梁上有明显的节段凸出的鼻型，这类人通常比较顽固，凡认定的事情便很难改变。他们的情绪控制能力不强，一旦发现和自己意愿相违背的事情，就会很容易采用极端手段。不过，他们对工作的热忱程度值得夸奖，能够勇挑重担，在家庭方面也是尽职尽责。

8. 直线鼻

这里所说的“直线”主要是指鼻梁如一条完美的直线，其余部位则坚挺饱满，曲度适当。无论男性还是女性，拥有这类鼻型都会为自己增色不少，也总能使自己情场得意。而且这类人思路清晰，头脑灵活，无论在生活上还是在事业上都能取得理想成绩。但这类人对细节有着几近挑剔的关注，有时甚至会因为细节而忽视整体，所以他们经常会做出一些舍本逐末的事情。此外，这类人比较自私，很少为他人着想。

解开鼻梁高低中的性格奥秘

心理学家为了进一步了解鼻部信息和性格特点的联系，还对鼻梁的高低进行了分析研究。研究结果表明，行为人的鼻梁高低和性格确实存在一定联系。

鼻梁比较高的人，性格以外向为主，他们乐观向上，开朗热情，拥有比较积极的生活态度。即使遭遇到挫折和失败，也不会在情绪上产生过大的波动。但这类人很容易产生自负情节，他们自我意识比较强烈，对不同意见鲜有采纳，在日常生活中，也往往会表现出不可一世或盛气凌人的样子。对此，心理学家指出：这类人担任领导后容易脱离实际，做出一些空有想象、纸上谈兵的事情。

鼻梁比较低的人，性格比较温和、憨厚，心地善良，乐于助人。这类人一旦遇到需要帮助的对象，往往会不计个人得失，毫不犹豫地提供力所能及的帮助。因此，他们通常比较受欢迎，有他们在的地方，也总是充满着温情和希望。此外，低鼻梁的人一般比较内敛，能够很好地控制自己的情绪，行为处事也非常有分寸。

鼻子是心理课题的一个重点研究对象，而随着研究的逐渐加深，除了鼻部动作和外形，鼻腔发声也渐渐引起心理学家的关注。据初步的研究结果显示，行为人在正面情绪下，鼻腔会发出“哼哼”的粗顿声；而在负面情绪下，鼻腔则会发出“嗤嗤”的尖锐声。目前这一心理课题研究尚未成熟，还不能为心理判断提供系统依据。随着心理学专家的不懈努力，鼻部所隐藏的心理信息将会逐渐呈现在世人面前。

“承上启下”的鼻子表情

很多人认为，鼻子是自主动作幅度较小的面部器官，所能做出的动作也比较有限，这是由于鼻部的神经纤维远不如其他器官丰富，因此传递心理信息的作用并不大。然而，心理学家却给出了不同意见。他们认为：正是因为鼻子可以做出的动作少，而且幅度较小，才使其携带的性格信息十分清楚和可靠。

例如，鼻孔是人体对外界刺激最为敏感的部位，在受到缺氧、气味或者细微物质刺激时，鼻孔都会自动张大。心理学家表示，除了物理刺激外，行为人的情绪变化也很可能会引起鼻孔张大。比如：在生气或者愤怒的状态下，鼻孔也会迅速张大。

对此心理学家作了进一步说明：人在发生剧烈情绪变化时，身体会消耗大量氧原子，呼吸系统为了保障身体尤其是大脑得到足够的氧气，会自动调整到最佳工作状态，鼻孔张大就是呼吸系统自我调节的具体表现之一。此外，愤怒是人类在发动进攻之前的情绪变动，因为在进攻过程中需要消耗大量氧原子，呼吸系统的这一调整工作实际上也是为了积蓄更多力量。

鼻子是一个灵敏的嗅觉器官，但它并不是单纯的呼吸器官那样简单。它是一个无声的语言器官，所有的鼻子动作都在无声地发布着信息。鼻子的动作虽然很简单，但是它也能传送很隐秘的信息，它就像一个情绪指示器，在默默地呈现着人们复杂多变的情绪，从鼻子的动作上可以获得有用的信息。

在人们交谈的过程中，鼻子的动作常常被忽略，但实际上，它们也能表现一个人的心理变化。就是说，鼻子对人们内心的感受十分敏感。我们的鼻子表情虽然非常少，但是由于它位于整个面部的正中，因此常能引起对方的关注，即使上面的动作轻微，也能让你诊断出些许心理变化，所以在观察表情时同样起到了“承上启下”的作用。

鼻部动作中的隐秘语言

在面部表情中，鼻子的动作虽然非常细微，不像其他部位那样常常能提供有效的信息，但是它的变化却也能在一定程度上体现出一个人的心理变化。

因此，可以通过鼻子的微小变化获得更为详细的表情信息，从而掌握更有效的身体语言信息。

1. 高抬鼻子

傲慢的人一般都有仰头的姿势，这时，人们看到的是对方的鼻孔所以很多人形容这种态度为“鼻孔朝天”，这是种傲视一切、自高自大的样子。另外，抬起鼻子同时也是一种背离重力的姿态，表达了一种积极自信的态度。在西方，那种将鼻子高高抬起轻视他人的动作就很常见。

那些习惯性抬高鼻子，而不去正视他人的人，通常就是不想与对方沟通交流，而又想要表达自己的优势。这是一种高傲的表现，他们不屑于与他人目光接触，却想要掌控对方的心理。

2. 扇动鼻翼

这种动作一般是因闻到某种好闻的气味而形成的。人们用大力地呼吸来表达对这种味道的喜爱和内心的舒适，因而会扇动鼻翼。同样，当感到心情兴奋和激动时，人们也会扇动鼻翼，用兴奋的姿势表示自己很高兴，对眼前的事物很感兴趣。

3. 鼻头冒出汗珠

一般来说，这表明一个人的内心特别焦躁或紧张。如果对方是重要的交易对手时，必然是急于达成协议。如鼻子的颜色整个泛白，就显示对方一定畏缩不前。

4. 摸捏鼻子

如果听人说话的时候摸鼻子，说明摸鼻者不相信对方所说的话，他在考虑如何应对。

思考难题或者极度疲劳的时候，人们会用手捏鼻梁；特别无聊或者遇到挫折的时候，则常用手指挖鼻孔。这些触摸自己鼻子的动作，都可视为自我安慰的信号。

如果有人问我们一个难以答复的问题，我们为了掩饰内心的混乱，而勉强找出一个答案应付时，手会很自然地挪到鼻子上，摸它、捏它、揉它，也许还可能特别用力地压挤它，好像内心的冲突会给精巧的鼻子造成压力，而产生一种几乎不为知觉的搔痒感，以至于我们的手不得不赶快来救援，千方百计地抚慰它，想要使它平静下来。这种情形常出现在不会撒谎的人的面部表情上。

考虑难题时会捏一捏鼻梁，这个动作可能也是基于相同的理由。鼻梁下的鼻窦部位由于紧张会产生轻微的痛感，用手指捏一捏鼻梁可以减轻疼痛，或至少是对疼痛的一种反应。

鼻子的表情除了以上的描述之外，还有歪鼻子、哼鼻子、鼻子泛白等。歪鼻子是表示怀疑对方，哼鼻子具有排斥、歧视的意味，鼻子泛白则表示了对方畏畏缩缩的心理。

鼻子并不是特别可靠的人格的“指南针”。尽管如此，鼻子这一部位可以是富有表情的，而且也的确能提供一定的性格特质的线索——尤其是有些人想方设法掩饰的那些特质。我们可以通过任何微小的变化解读到更多的面部表情，从而使我们进一步掌握更多人们不知道的身体语言信息。

第6章 嘴巴：开合之间，心性毕现

嘴巴不只会说话

嘴巴是人和动物进食的主要器官，也是发音器官的重要组成部分。嘴巴对于我们来说，是非常重要的。我们每天要用它来吃喝以延续生命，嘴唇、舌头和上颚等敏感的器官决定接受还是拒绝送入我们身体的食物，也借此表达一定的心中的想法。

嘴巴不仅仅用来说话，还能结合其他面部器官表达诸多情绪。例如，一个人如果嘴角向后咧，面部肌肉上移，眼睛变细等，这就说明他心情愉快；相反，如果他嘴角下垂，面部肌肉下移，紧皱眉毛，则表明他心情糟糕。所以，作为在人的生存交往中不能被任何其他器官所代替的重要器官，嘴，尤其是嘴巴和嘴唇的相关动作，无疑成为了身体语言的又一重要显示平台。

当一个人的心理活动发生变化的时候，如果这个人正在说话，他说出的话的内容可以不受这种心理波动的影响，但是他的嘴巴所做出来的一些相关的动作却丝毫无法欺骗他自己的那颗心。

一个人生气或是内心正在压抑着某种怒气时，如果这种情绪让他对刚刚做的事情或是说的话感到惋惜、后悔，从而对目前这种结果无法接受时，他就会做出咬嘴唇的行为。无论你是在社交还是与人相处中，当一个人突然做出咬住嘴唇的动作时，你就要好好想一想了，可能是你说的话或某种行为惹恼对方了。

无论是上牙齿咬住下嘴唇或下牙齿咬住上嘴唇，还是双唇紧闭，有人做出这些动作都表明他的心理活动正在发生变化。

当人们处于失败的境遇时，也会做出“咬嘴唇”的动作，这个动作反映出一种自我惩罚的心理作用。当人的内心感到羞涩时，同样也会做出“咬嘴唇”的动作。不过，这种动作通常多出现在女性身上，会给人一种可爱矜持的感觉。

一个人做出的不同的嘴唇动作往往有着不同的含义，它不仅可以让人明了这个人的性格，还可以通过不同的嘴唇动作进一步探知对方正处于一种什么样的心理状态。比如：嘴唇出现往前噘的动作时，说明这个人正处在某种防御的状态之中，这时候如果是在跟这个人讲话就要提高警惕了；而当对方出现下嘴唇往前撇的行为时，则说明这个人对他所接收到的外界信息出现了质疑，甚至是认为对方在撒谎。

在与人交谈时，如果发现有人的嘴角稍稍有些向后——虽然这个人的两只眼睛可能还在望他对面的人，就可以知道这个人的心思早就跑到其他地方去了。他所集中听的不是他所看着的人，而是其他人。

有时，一个小小的嘴部动作，就会让一个人的内心世界在一瞬间全部暴露出来，因此，从嘴部所做出的不同动作中可以了解到对方的内心变化。

看嘴形，知性情

医学研究发现，从人嘴的大小、弹性，可以显示出一个人的健康程度、行动力与生命力。此外，嘴部的惯常动作，也往往能影响一个人先天形成的嘴形，因此，我们也能从嘴形窥探出一个人的内心思想。嘴按照形状来分，可以分为以下几种类型，同样这些类型的嘴也就代表了不同的内心思想：

1. 仰月形

也称新月嘴，唇角上扬，这种人性格开朗，情感丰富，有幽默感，性格温厚。同时思路清晰，头脑灵活，意志力强，工作实践能力强，所以他们总是能很快地找到自己合适的工作，总让其他人感觉很羡慕。

2. 伏月形

此种嘴型唇角下垂，拥有此种嘴型的人性格谨慎，但有些冷峻，脾气怪异，和人不太容易相处，并且好怨天尤人。其实这种人怀有很强的体贴心，只是因为其怪异的性格而难以体现，因此，这种人的人缘也不是很好，总是独来独往居多。

3. 四字形

此种嘴型似长方形四字一般，上下唇均厚。这种人个性强，老实忠厚，有正义感，性情温和；在工作方面有文才，头脑好，是一种比较容易成功的嘴型。

4. 一字形

上唇与下唇紧闭呈一字形，是一种有信念、意志力强的体现，也是身体健康、认真中有点顽固的标志。

5. 修长形

嘴形修长，具有性格明朗、诚实守信的好人品，懂得人情世故，社交能力强，是一个个性圆满的形象。

6. 承嘴形

承嘴是下唇突出，似乎是承住上唇一般。这种人爱讲歪理，并且猜忌心重，任性自私，因此也较难得到上司的赏识和提拔，唯一的优点就是忍耐力强，能够忍别人所不能忍，这也是一个成功的基本要素。

7. 盖嘴形

盖嘴是上唇突出，盖住下唇的嘴形，正好和承嘴相反，而其代表的性格也与承嘴所代表的性格相反，拥有这种嘴形的人是讲道理、有义气、个性强的人，有着比较完美的人格形象。

8. 怪嘴形

怪嘴形好比用嘴吹火般的嘴形。这种人个性很强，有独立的性格，但不免有时候粗野、顽固，并因此影响人际关系，好说闲话，因此与别人的纷争也不会太少。

嘴形虽然不能很完全地表露一个人的内心世界，但既然口被称为是“出纳官”，就有着一定的道理，在根据嘴型进行判断的时候，最好能根据嘴的变化，这样会看得更准一些。

看嘴唇测知人生运势

说到嘴巴，就不能不说嘴唇，因为它们是无法分开的。就是我们在平时观察一个人的时候，也总是会先看到他们的嘴唇。所以说，一个人嘴唇的形状、厚薄、颜色对于我们的观察都是相当重要的。

我们可以从一个人嘴唇的形状来看他们的人生。一般说来，嘴唇厚的人多是富贵长寿之相，而且是富于艺术天才。但嘴唇太厚也不好，太厚则走向了贫乏的极端，嘴唇宽厚的人，又表示其个人欲望太强。嘴唇较薄的人的性格多是好辩的而且伶俐机警，外刚内怯，沉着冷静，但他们多是薄情之人。

嘴唇长得比较长的人的竞争心非常强，而且非常现实，但这也说明他们的能力很强。嘴唇短小的人一般都非常富于理想，但是却缺乏果断力，常常犹豫不决，易于动摇。

嘴唇两端下垂的人都非常得抑郁、悲观、消极、脾气古怪、易怒、固执，这样的人都很难相处。

从唇的颜色来看，一般来说，唇色红润的人的营养消化必定都很好，所以精力会很充沛，能力也会非常强，性格好动、活泼，必然易趋于外向型。唇色青白的人的身体一定有毛病，或者营养消化有问题。这种人常易趋于懒散、消极、悲观，做事毫无魄力，意志欠强，是柔软胆怯之流。唇色黑的人，其人心毒，是个可共同乐而不可共患难的人。

另外，观察一个人的嘴唇时，还需要注意观察一个特别的地方，那就是注意看鼻子下边直到上唇边的一道直沟。直沟短的人，表示这个人非常喜欢受到夸奖，而且是一个极敏感的人。对付这种人，用夸奖是最好的武器。千万不可批评他或责备他，因为他是一个极敏感的人，即使是善意，他对于别人的批评或责备也会觉得很难堪，反而产生不好的结果。

直沟长的人，常常怀疑人们的夸奖，虽然这并不代表他们不喜欢被夸奖，但他们总认为别人对他们的夸奖是另有用意或有所求。这种人有一个优点，那就是他们从不归咎别人。对这种人，不必处处恭维他们，可给他们一点公正的批评，但不可故意吹毛求疵。假如你具有这种特征，你也应该知道自己的弱点——太多疑了。直沟长的人到底是少数，大部分人的直沟都是不长的。因此，在我们没有把握辨认这点的时候，最好要多夸奖、少批评他人。

通过嘴部动作洞悉内心世界

人的嘴巴会做出各种各样的动作，诸如“噘”“咧”“挑”“撇”“张”。当然，还有一些嘴部的基本动作，比如“收缩”“凸出”“张开”等，它们都是由上下两片嘴唇构成的，而这些嘴部姿势表示出了这个人对某人或某事的认识、看法、感受以及心理状态。

这些动作和姿势其实都是嘴部的身体语言，这些身体语言远远超过了有声语言的作用，它可以“一言不发”地告诉人们，一个人的想法、感受、观点，以及这个人的心态。

嘴部所表现出来的姿势和动作是很奇妙的。比如：一个人的意志坚定与否，从这个人说话时的嘴形便可以看出来。如果这个人在说话时，嘴巴抿成一个“一”字，则表示他是一个意志力坚强的人。为什么这么说呢？

事实上，在生活中不难发现，一些领导在交代下属去做某项工作的时候，通常会问：“你感觉自己能够很好地完成这项工作吗？”“行！”如果下属这样回答，就表示他信心十足，意志坚定，而这样的回答常常会把嘴抿成“一”字形。值得提醒的是，如果他嘴上回答“行”，但张开的嘴却没合上，这就要考虑他回答的可信度了。因为张开的嘴是一种由于内心惊讶而产生的嘴部姿势，意思是连他自己对自己的回答也感到惊讶。除此之外，表示内心意志不坚定的嘴部动作还有“咬嘴唇”，它表示人的内心仍处于犹豫和考虑中，思想反复，意志不坚。

此外，还有几种借助嘴这个部位来表达意思的动作。它们虽然不是由嘴这个部位独立所做出的动作，但却是必须借助嘴这个部位才能准确表达出意思的动作。比如：一个人在交谈中突然用一根指头竖在鼻子下面挡住嘴唇（也有伸两根指头挡的），这就是一种借助嘴来表达意思的动作。那么，它到底意味着什么呢？FBI探员大卫·弗朗尼认为，这其实就是说谎的一种下意识动作——挡嘴。所不同的是，“挡嘴”除了说谎外还有另外一种意思，即提醒对方注意什么。

美国心理学家桑代克还指出，这种“挡嘴”的动作在日常生活中同样实用。比如：两个职员正在议论某个人或公司的是非，其中一个人突然看见公司的领导走了过来，这时他就会伸出手指头在自己的嘴唇边上一挡。另一个人虽然没有看见领导走过来，但他会立即明白“有情况”发生，于是便会停止议论。

另外，“挡嘴”还有要求对方为听到的话保密的意思。比如：当某个人将自己的心事或者秘密告诉给了一个朋友之后，他会紧接着做出“挡嘴”的动作。意思是：“这件事情一定要替我保密哦！”而朋友听了之后，也会根据语境理解这一层意思。

值得一提的还有“捂嘴”的动作。“捂嘴”除了有“惊讶”和“隐藏”的常见意思之外，同时也适用于拒绝对方的情形。如果一个人在交谈过程中，十分讨厌对方的大嗓门，想要提醒对方嗓门小一些，但又不好明说，这时就可以把头后仰，并做出用手捂嘴的动作。这个动作会产生一种较好的效果——这种动作会给对方传递一种你不想再听他说下去的意思，而当他领会到你的这种态度和心理时，便会从他自己身上找原因。当然，这种“捂嘴”的动作不是随便可以使用的，尤其是在谈判中，只有当你处于优势或占主导地位时，你才能用这种动作提醒对方。如果情况相反，那么对方很可能拂袖而去。

总之，了解了嘴部的各种动作、形态以及借助嘴所做出的动作之后，就能在与人交往的过程中，通过对方的嘴部动作，准确地领悟对方的真实想法，看清他们的内心世界。也只有掌握了这一点，与他人的交往过程中才会更加顺利。

倘若你看不懂对方的嘴部动作或者对方用嘴部动作所传递出来的有声语言不便传递的信息，那么就有可能导致和对方的某次交流陷入一种尴尬的境地，影响到之后的发展。

根据嘴唇动作识别性格

从嘴唇的动作也可以识别人的性格。

1. 舔嘴唇

舔嘴唇的动作，有很多解释，例如，当人们感到紧张的时候，嘴唇会变干，就会不由自主地舔嘴唇；人们在激动的时候，嘴干得也很快，为了缓解激动的情绪，人们会舔嘴唇以让其湿润。另外，舔嘴唇也是异性之间调情的手段，因为舔嘴唇能让自己的嘴唇更丰满靓丽，具有性感的诱惑。

2. 嘴唇闭拢

表示的是和谐宁静、端庄自然。

3. 嘴唇半开

表示疑问、奇怪、有点惊讶。

4. 嘴唇全开

一般表示惊骇。在人际交往中，除非我们是为了沟通谈判的需要，否则不要轻易出现这种嘴部动作。

5. 撇嘴

是指收缩唇部肌肉，使得唇形更小。在这个过程中，嘴角也会轻微下垂，显出轻蔑的神情。人们通常在心情不好的情况下，脸上浮现这样的表情。生活中，人们习惯性地认为撇嘴是在表达不满或轻蔑。因此在解读这样动作的时候，身体语言学家认为，发出这个动作的人可能不太认同对方的意见，或者蔑视对方。尤其是当他们感到被低于自己的人胁迫时，这个动作会很常见。

6. 嘴角向上

表示的是善意、礼貌、喜悦的意思。人际交往中，这种身体语言特别会让对方感觉到我们的真诚和善解人意。时常嘴角上扬的人，性格开朗、亲切、外向且能言善道，善于同其他人打交道。通常他们具有包容心，对朋友慷慨热情，有着非常良好的人际关系，所以在遇到困难时，他们能得到很多人的支持与帮助。

7. 嘴角向下

通常表示的是痛苦悲伤、无可奈何的神情。

8. 咬嘴唇

咬住嘴唇的动作有上牙齿咬下嘴唇，下牙齿咬上嘴唇。这常常是一种压抑内心感受的表情。在交谈时，使用这个动作可以表达一种敌意，尤其是边摇头边咬住嘴唇。另外，一些人仔细聆听对方说话，揣摩其中含义的时候，也会做出同样的动作。若频繁在这些时候做出动作，说明此人具有较强分析能力，遇事谨言慎行，周全严谨。

9. 噘嘴唇

嘴唇噘着，一般都是表示生气、不满意的意思。这种表情在正式的场合出现，会被认为是不尊重对方的表现。

10. 嘴唇紧绷

多半是表示愤怒、对抗或者决心已定。而故意发出咳嗽声并借势用手掩住嘴是表示“心里有鬼”，有说谎之嫌。

下巴有形也有意

人们的下巴形态有相当大的区别，不同的下巴形态显示了不同的性格。

通常下巴突出的人，具有丰厚的爱情欲望，而下巴凹陷的人，对爱情则十分冷淡，或者爱情不专一。下巴发育良好的人，其精力绝伦，常常成为带有英雄色彩的人物。

1. 下巴尖而狭窄的人

不论男女均有些神经质，在爱情上不尽如人意。他虽然喜欢与异性共谱恋曲，但是在性生活方面表现冷漠，向往柏拉图式的爱情。

2. 下巴既狭且圆的人

是恋爱至上论的崇拜者。他们会为爱而生，为爱而死。如果是一位男性属于这种类型，他在实践能力方面可能会欠缺，不适于从事竞争激烈的财经界。因为这类型人的头脑较为清晰，最好去从事文字类的工作，或许更有发展。

3. 圆下巴的人

拥有美满的爱情，如果是位女性一定非常顾家；如果是男性，性情一定温和。这种人不仅是恋爱的胜利者，同时由于工作十分热心，也经常身负重任。这种人具有仁爱之心，子女也很贤孝，可以享受一个幸福的晚年。圆下巴的年轻女子，性器官、骨盆等均极发达，因此，生产也很方便。

4. 宽下巴的人

性格比圆下巴的人性格要强硬些。他们对任何事物均会彻底加以研究，往往拥有我佛慈悲式的伟大爱情。虽然具有嫉妒心，但也兼有宽容的美德，不会由于激情而毁了自己。他们心中充满了仁义。

5. 方下巴的人

是行动派，永远不能无事可做。他们的个性常刚毅果断，当他们有了一个意念时，一定会很坚决地一往无前，不论遇到什么困难，都会坚持到底达到目的。这类型人富于进取心，不论是学者、实业家、政治家、作家等，均能获得极大成功。不过，这类人如果走错了一步，他的性格便会一反常态，甚至去从事破坏性的活动。

方下巴的人还是彻底的理想主义者，有时他虽然知道会对自己不利，但仍然有勇气积极行动。有许多男性属于这种类型。在恋爱方面他们也极顽固，一旦产生爱意，就会力排万难，专心一致地努力追求。方下巴的男性中，许多人会被女性全心全意地爱上，成为幸运的艳福者。

6. 双下巴的人

有双下巴的男女，通常爱情深厚，性情笃实，心地宽大。双下巴又称“大黑颚”，这种人财运亨通，他们并无激烈的意欲，也不脱离常规的范围，是比较德高望重的。

从下巴动作读出他的情绪

人类的下巴，在判断情绪状态方面，提供了很多丰富的信息，它们甚至直接泄露了人们的某些情感。所以，在解读他人的情绪时，要注意观察他的下巴——这是由身体语言学家提出的新方法，它将告诉你，某人在经受怎样的情绪。

将下巴抬起一个角度，利用轻蔑的眼神注视对方，实际上是非常傲慢无礼的表现。这表明发出动作的人非常刻薄，爱批评人。他们时常在别人面前展示这样的姿势，想传达一种“你说的都是什么乱七八糟的东西”，“你做的事情根本不值一提”等信息。心高气傲的他们，具有极强的优越感，爱面子，且拒绝承认别人的成绩和荣誉，喜欢否定别人，就像生活中的批评家，每时每刻都在想着要对人和事情评头论足。

用下巴来指使他人者，所谓“颐指气使”，属于骄傲、傲慢，具有强烈自我主张的表现。西方人认为把下巴向前伸出，大多表示隐藏在内心的愤怒；东方人则与之相反，愤怒时把下巴往里缩的居多。而用力缩紧下巴，则是表示畏惧和驯服之意。

缩着下巴，即将头低下来，下巴靠近脖颈。这个动作有两个意思：一方面是想保护脖颈这个身上较为脆弱的部位。另一方面则可能是一种防御姿势，即防止外界对脖子的侵害。当人们感到恐惧和害怕的时候，容易将下巴缩回，形成这类姿势。所以，当人们在看恐怖电影的时候，往往会将自己的身体缩成一团，下巴都要缩到脖子里去了。

经常做这种动作的人，则多胆小怕事，办事小心翼翼，既保守又故步自封，不容易接纳别人，常常与人保持一定的距离。

而撅着下巴，是指将下巴抬起，露出脖颈，这种动作表达的是威胁或敌意。因为人们常常在生气的时候会撅起下巴。就像那些反抗父母命令的孩子一样，利用这样的姿势说“不”。

而当成年人使用这种姿势，往往就是生气和挑衅的姿态，他表示“我不怕你！”“我才是有道理的！”

抚弄下颌往往是为了掩饰不安、话不投机的尴尬场面。然而与面部积极的表情相配合，也可解释为扬扬自得和胸有成竹。

女性手支下颌反映其内心需要有人给予安慰。

此外，脸颊和下巴这两个部位的配合也能够给人与众不同的感受。

不可忽视的若隐若现的舌头

美国心理学家发现，在研究人的面部表情时，舌头是一个不常见却不容忽视的部位。作为经常以隐性身份出现的舌头，其实同样可以发出许多种信号，而这代表了不同的语言。

心理学家的研究表明：当一个人心里出现了很大的压力或是不舒服时，就会突然觉得口里很干，而受意识的驱使，他就会伸出舌头去舔一舔自己的嘴唇，以便让嘴唇更为湿润。这其实也是一种自我安慰式的行为，人们遇到让自己倍感不适的情形时，用舌头去摩擦嘴唇的行为是为了让自己能够冷静下来，达到一种自我情绪的调节。

还有一种露舌尖的举动，也经常会出现在沟通过程中。美国心理学家罗杰斯认为，吐露舌尖的行为暗示出人的一种侥幸心理，这种情况每个人在生活中经常会遇到。一般吐露舌尖的行为有两种情况，一种是将舌尖向外吐露，说明他侥幸做成了某件事；但如果是张开嘴巴将舌尖吐出来后又迅速缩回了嘴里，则表示这个人做的某件事被别人知晓了。在非语言行为学中，看似简单的舌头行为，其中所蕴含的意义也是极为丰富的，一定要根据具体情况去具体分析，不可一概而论。通常情况下，吐露舌头所代表的含义是：侥幸做成了某件事情、不小心被别人逮到了、做了什么愚蠢或调皮的事情、或是正在专注于某件事。

如果你观察得够仔细，人的舌头在很多时候比语言更为诚实。

第二篇

微动作：揭开小动作背后的大秘密

人的肢体各部的细微动作，比如手、双臂、腿脚以及站立、落座、行走等的动作，都有它传递情绪、体现性格特征等信息的方式。也许正是他的一个下意识手势，或者脚部的某个不经意的动作，让我们捕捉到其泄露的有价值的内心信息，从而为我们了解对方提供重要的线索，为进一步的交流和沟通扫除障碍。

第7章　手部：翻手为“云”，覆手为“雨”

破译手型的性格密码

手，就是人的第二张脸。曾有人说，要看一个女人是否养尊处优，只要看她的手就足够了。手能说明很多东西，对你了解其主人有重大意义。在这里，我们将谈论各种类型的手，以及它所刻画出的主人的性格和意图。

1. 魅力之手

这种修长、柔软类型的手，是天然所生的，它不会被创造，也不会被整型，它只能是一脉相传的。它是人类除血液外，唯一高贵的东西。

它和主人的气质是一致的，是与生俱来的。没人能否定它对主人个性的表现。它并不代表主人是否有钱有势，但它确实能说明主人不屈不挠的气质。它并非炫耀主人的门第，但它的确能说明它主人的职业和个性。它向世界展现的，不仅是主人对事业的巨大投入，也是对感情和家庭的投入。当然，这并不说明这个人对情感就忠贞不渝。它的主人是带有情绪去投入感情的，甚至是带着幻想去投入或接受感情的。就像对传说中的经典爱情顶礼膜拜一样。

有这种手的人喜欢典雅的东西，对古典音乐、建筑、绘画充满敬仰之情。这种手是艺术之手。然而，这种人对待自己的实际工作，热情有余，毅力不足，欠缺非功利性的原始投入感，所以接受不了失败的打击。

2. 肥胖之手

人们总是喜欢胖乎乎的东西。它踏实、可爱、给人以信赖感。但是，这种并无魅力的手，使人在别人面前很少显山露水，甚至多少带有一点自卑的意味。

随着时间的流逝，显露出有这种手的人稳重及成熟的性格。这种人的嗜好并不多，他只表现对传统的热爱，听古典音乐，喜欢爵士乐，对热门劲歌充满敌意，认为它扰乱了生活和井然有序的内心世界，所以他会拒绝接受流行的东西。

这种人一直认为自己是能成大器的人，心愿极大。在很多的时候，忽视了自己保守的一面。这就注定了他在面对新事物时缺乏冒险精神。因此，这种人的成就总是不很尽如人意。

3. 玉器之手

有着玉器般质地的手，是令人心醉的。当你遇见一位美人时，不仅是被她美丽的面容所打动，而且也会被她那双妙不可言的双手所折服。崇拜它，感叹世上有如此梦幻般的手。你相信它就代表高贵、华丽和难以企及的梦想。

它的型态无懈可击，有着玉器般完美无缺的质感，所以它无须戴过多华丽的手饰。当你深入接触她后，会发现她是个颇为挑剔的人，她只注重自己的形象，对自己的动作有一套完整的程序。

这样的人所拥有的衣物和首饰贵精不贵多，而且对搭配有着与生俱来的直觉，甚至连最不起眼的小饰品也不肯轻意放过。这类人，显然不会随便追求人或接受追求。只是彼此无论在外貌或内涵上都能够接受时，才会考虑相互间的感情。

在选择朋友方面，这类人也像挑选首饰或衣服一样颇为挑剔，从不乱选朋友，因此除非你也具备同样的兴趣和气质，否则你是不会成为她考虑之列的。

这双手也像它的主人一样挑剔，不轻易干它不想干的活。因为它太富丽堂皇、太高贵，容不下脏乱的活去玷污它。这也就意味它的主人无论在精神还是物质上并不丰盈，当然也不太空虚，她自有她的生活空间。它的确是双高雅之手，即使随着时光的流逝，它也会像用旧的磁器一样，渗透出醇厚的味道，接触它和它的主人的确不是件容易的事。

4. 强盗之手

看见这个题目，请不要大吃一惊，并不是说有这种手的人都会做强盗。这种类型的手瘦削而细长，好动而灵活，充满攻击性。这就预示它的主人阴险、狡诈，不肯露出他的本来面目。

他在装扮自己的行为过程中，有一整套经验。他不想让人看穿自己的本质。把自己装扮起来，使自己看起来具有某种气质或形象，从而掩饰一些本人认为不够理想或见不得光的某些特性。

由于手指瘦削，而又不能像面部一样去整形，所以，他就用一些昂贵或不昂贵的装饰物来修饰自己的指形。显然，长得瘦削的人，给人的印象是贫穷、潦倒或并不富有。这样的人为了装扮自己的指形，就选择昂贵的手饰，诸如名牌手表，大钻戒和笨重的手镯等，从而显示自己的富有。一个人是否有财富就得用昂贵的饰物来炫耀呢？这是见仁见智的事，不过有一点是可以肯定的，就是他很想掩饰掉自己单薄的形象，而让别人觉得他有财富和地位，从而赢得别人的尊重和特殊的待遇。

不过，从他把金钱赋予如此重要的功能上来看，这个人属于势利眼，喜欢揣测别人的心思，投机钻营，经常受到上级的赏识而不断得到提升。

由于对金钱有着本能的欲望，他也经常揣度别人的财富，也就有着“笑贫不笑娼”的心理。也许他并不吝啬，但帮助过别人后，应会大肆宣扬。当你碰见这双瘦弱细长的手时，你恐怕并不愿和它的主人打交道吧。它机警、灵敏，像它的主人一样见风使舵。如果不得不和这双手的主人来往，你一定要仔细留心。

多“情”之手，巧“手”能言

我们的手总是置于身前，而它们的一举一动都会暴露我们内心的情绪和想法。也许，有那么一部分身体语言掌握起来的确是有点困难，但是双手的身体语言则不然。学会解读双手的身体语言不仅会让你显得更加自信，而且还能够增强你自身的成就感，赢取更多的胜利。只要勤于练习，我们每个人都完全有可能成为手部身体语言大师，熟练地控制双手的位置和它们的动作，充分利用每一个动作和手势。

成功的演说家、教授和明星，他们都知道，在人与人之间的沟通中，有很多可以表达意思的有效方法。其中，双手就是一个不错的途径。每个人都有一双多“情”的手，如果有人告诉你，双手也是有情绪的，你可能一笑置之。但如果一些权威的专家对你说，它不但有情绪，而且情绪还很多，你会怎么看待这个事情呢？

手除了能让人们灵活地抓举东西之外，也同样细腻地刻画了他们的情绪。让我们来看看，人类到底有着一双怎样的多“情”之手。

如果在说话的时候，某人不自主地将双手藏起来，那就说明他心有隐藏，在隐瞒一些谈论中关键的信息。一些私人或者对自己很重要的事情，将随着双手的隐藏姿势而被隐瞒起来。

双手不停地摆弄东西，或者手指不停地动等这些都说明了行动者的烦躁，心理有较大的压力。尽管很多时候，言语中也会表现出这样的骚动，但人们无意识的动作，会将其表现得更明显。有些时候，这些举动也意味着涌动的愤怒。

无论何时，如果在表达的过程中握着拳头，这个人一定处于较为愤怒或难过的状态下，但是并不想把自己的情感表达出来。这个时候，他们将十分危险，埋藏的怒火很可能即将不能压抑，在瞬间爆发出来。

当某人在表达自己的意见时很坦诚，那么，他的双手通常是手心向外摊开的。这说明了此人对谈话的坦诚和对他人的真挚，是接受别人意见的手势。不过，常使用这种动作的人也非常容易受外界的影响。

手指交叉，说明什么呢？把两手的手指交叉，是感到自己的情感和理智处于平衡状态，是一种自我封闭。当然，任何压力都会阻碍这些人敞开心扉。

如果谈话时，对方两个手的食指跟伸出的拇指交叠，这表示什么呢？有人把这个称之为“双枪”。两个自以为是的食指跟显示双重优越性的拇指交叠，表明箭在弦上。持这种姿势听别人说话的人，往往会把指尖顶着自己的嘴，好像在等待别人的方案中出现漏洞。如果你看透了这个把戏，就可以在你认为有利的时机，把你的弱点暴露出来；如果你知道该如何回击谈话对手的枪弹，那你就算是赢了。

看了上面的这些说明，我们不难发现，除了面部之外，最能形象直观地表达说话者情绪的部位就是手。说话的人将他们的手形呈特定的形状，配合他们在说话的同时敲击和挥动，就像乐队指挥使用手中的指挥棒一样。通过模拟出相应的动作，或他们想要传达的情境，手部姿势和动作可以在不知不觉中增强说话者要表达的意思。

手部动作以两种形式为基础，一种是有力的捏握，另一种是拇指与其他手指接触的巧握，它们是我们所拥有的抓握物体的基本方式。做手势还包括模拟敲击、砍劈、请求以及其他动作，说话的人经常用这些手部姿势和动作来强调自己不同的意图。

紧握双手所表达的信息

紧握双手的动作大致有三种姿势：将双手举至脸部，然后握紧；将手肘支撑在桌子或膝盖上，然后握紧；站立时，双手在小腹前握紧。

最初，由于人们在做这一动作的同时常常都是面带微笑，所以这一动作就被当做了信心的象征。但我们要注意，在做这个动作的时候，无论表情如何，行为者内心都将是一种拘谨和焦虑的状态。因为，当人们感觉到消极的情绪时，会将压力转移到手上。并且，根据美国科学家的调查，这一动作如果出现在谈判中，说明此人已经对自己的话题力不从心，开始有挫败感。而且，我们发现，在这一动作中，双手位置的高低与此人心理挫败感的强烈程度有十分密切的关系。

换言之，当一个人将两只手抬得很高而且双手紧握的时候，即双手位于身体的中间部位时，要想与他有进一步的沟通就会变得很困难。相比较而言，当他的双手位于身体下部的时候，想要与他交流就会显得更加容易。所以，一旦你发现对方将手放到了“雷区”之中，就需要像破解其他那些消极动作一样，立刻采取行动，用技巧解开原本缠绕在一起的手指。例如，你可以为他们提供饮品，或其他一些可以握在手里的物品。不然，紧握的双手就会和交叉的双臂一样，将你的所有观点和想法全都拒之门外。

现实中，一个不诚实的人，其行动往往很拘谨，且怕别人看出自己的真实情绪。于是，双手常常握成拳头，或者紧紧握在一起。因为，他会因撒谎和欺瞒而暗自紧张。这时，只要关注他们在说话时手握得有多紧，就能看出他有多么慌张。他们缺乏安全感，并避免自己因撒谎而感受强烈的情感。

尖塔形手势的含义

电视中经常看到，老板在和员工围着桌子谈话时，经常会使用一种手势——即将一只手的指尖相对应地轻轻接触另一只手的指尖部位，就好像是教堂里高耸的尖塔，这就是典型的“尖塔式”手势。这种手势经常出现在上下级之间的交谈中，而这一手势代表的是信心或是一种自信的态度。当上级指导下级，或是在给下级提建议时，通常都会在说话时使用这一手势，以表明上级对下级所提到的内容“全知”“尽在掌握”的心理态度。

从事会计、律师以及管理者工作的人更是对这一手势情有独钟。自信的高层管理人员经常会使用这一手势，以此体现他们的身份和自信，表现出一副“我都知道”“我很在行”的样子。

惯于使用该手势的人有时候还会将它演变为一种祈祷式的手势，试图让自己看起来就像万能的上帝。总体说来，如果你想说服对方，或是赢得他人对你的信心，你就应当尽量避免使用尖塔形的手势，因为这一手势有时候会给人造成一种自鸣得意、狂妄自大的感觉。不过，如果你想使自己看起来显得胸有成竹，自信十足，那么尖塔形的手势应该能够帮助你。

一般说来，尖塔形手势分为两种：举起的尖塔，人们通常会在发表自己的观点意见或说话时使用该手势；放下的尖塔，使用该手势者正在聆听他人的观点和谈话。比较而言，女性更加偏爱使用放下的尖塔手势。举起的尖塔手势如果配以头部微微后仰的动作通常会给人留下傲慢自大的印象。

虽然尖塔形的手势是一种正面的肢体信号，但是它也同样可以用于消极或否定的场景之中，而且通常会被人们误解。如果当你向某人提供问题的解决方案时，对方是在做出其他一些肯定性的手势或动作之后，摆出了尖塔形的手势，那么，你大可以放心地继续你的陈述，并且提出“订单要求”。换一种情况而言，如果对方接连做了一些否定性的手势或动作，譬如交叉双臂，跷起二郎腿，东张西望或是用手托住了腮帮，然后才摆出了尖塔形的手势。那么，这就表示他接下来很可能会对你说“不”，从而结束你的谈话。

在以上两种情况当中，尖塔形手势的含义都相同，都代表信心，然而，对象却有所不同，所以才会导致两个截然不同的结果。所以，在这种情况下，尖塔形手势之前的动作和细节才是决定最终结果的关键。

搓手中的殷切期望

一天，董经理的一个大客户来公司拜访他和他的团队，详细谈到即将到来的节日促销。在谈话的过程中，这位客户突然靠在椅背上，大笑起来。她搓着双手，大声喊道：“这个方案差不多够好了。”她用身体语言的方式告诉大家，她期望这次节日促销获得很大成功。

人们用搓手这种身体语言的动作表达一种美好的期望。

掷骰子的人用手掌搓骰子，表示期望成为赢家。主持仪式的人搓手掌，并对听众说，“我们早就期待着下一个发言人。”兴高采烈的推销员跑进销售经理的办公室，搓着手掌说：“老板，我们得到了一笔很大的订单！”服务员在夜晚打烊时走到你的桌子旁，搓着手问道：“先生，还需要点什么？”他这是用身体语言的方式告诉你：他期待着小费。

当一个人急速地搓动手掌时，他用这个动作告诉对方，他将得到他所期待的结果。例如，假定你打算购买一栋房子，去找房地产经纪人。经纪人向你描述了你期待的房产以后，急速地搓着手掌说：“我恰好有一处房产符合你的条件。”经纪人的意思是，他希望这个结果对你有利。但是，如果他慢慢地搓着手，对你说，他有一处理想的房产，你会有怎样的想法呢？你会认为，他狡猾可疑，结果可能对他有利，而不是对你有利。于是，推销人员被教导说，如果向可能的买主描述产品或服务，一定要使用急速的搓手掌姿势，以免顾客产生怀疑。当顾客搓着手掌，对推销员说："让我看看你们能够提供些什么！"这意味着，顾客希望看到好的东西，可能要购买。

另外，搓拇指和指尖或者搓拇指和食指，这个动作通常是用来表示希望得到钱。推销员常常搓着指尖和拇指，对顾客说："我可以给你打六折。"有人搓着拇指和食指对他的朋友说："借给我十块钱吧。"业务人员同客户打交道时，显然应当避免这样的姿势。

十指纤纤，心态万千

科学家们发现，人的手上有27块小骨头。这些骨头通过一个网络状的韧带结构相互连接，依靠肌肉的拉伸来完成关节的各种活动。基于生理上的协调活动，人类的双手与大脑之间的神经关联十分紧密，所以每个指头上的细微动作，都将精确地反映出每个人的内心活动。对于很多潜意识，当本人还没有觉察到时，已经传导到手部，让你的手指动了起来。

而且，手指在不同的放置情况下有着不同的含义，成为各式各样的姿势。它们的存在就像人类其他行为一样平常，可其真实的内涵却并不寻常。所以，身体语言学家指出，人们身上的每一根手指都具有自己的语言。

1. 拇指

显然，每个人的手都有5根手指，但我们使用它们的频率各不相同。拇指是公认最重要的手指，而它也将成为个人信息的重要通道。是否有人注意过自己的拇指呢？

正面对他人，竖起大拇指。大家都曾使用过这样的手势，它的很重要一个含义就是表示对他人的称赞，表示"好""很棒""第一""厉害"的意思。

一个常用的拇指姿势是双臂交叉、拇指向上。闲聊时，无意识的人们常常出现这种动作。这种肢体动作表示两种含义，一是此人戒备性极强，对他人所谈的话题持消极态度（双臂的交叉）。二是他们露出的拇指显示出了自己的优越感，似乎在强调，自己才是这方面话题的权威。采用这种双重姿势的人通常突出拇指的姿势，并且踮着脚。

当拇指被用来指向他人的时候，它也可能是嘲笑或者不尊敬他人的信号。男性多会使用这个动作，表示所指向的人是自己嘲弄的对象。用这种举动的人，也多是在他人面前表现得较为自负的人。

吸吮、啃咬拇指，同前面几项肢体动作不同，具有这样特征的人，通常是处于紧张或忧虑状态下，表现得比平时惊慌，不知所措。这种下意识的动作实际上是心理幼稚、脆弱的表现。因为儿童在婴幼儿时期，会吸吮母亲的乳房，以获得食物，获得内心的安定。而当成年人仍具有同样的举动时，就说明了他此时承受很大的压力，极度渴望情绪的安定。

2. 食指

谈话时经常使用食指的人，给人的印象总是在训人。举起食指，但是把手心对着说话人，虽然是打断别人的话："等等，我有个想法！"但还是显得那么突兀。

如果把手转成直角，那么食指的这个手势就变成了一种威胁信号，因为它可以进行劈、刺、钻等动作。如果食指自上而下，朝一个点刺去，那么这种气势就达到了淋漓尽致的程度。为了缓冲一下气氛，常常可以使用替代物：不是用食指，而是把铅笔作为手的延长器官，敲击要害部位。

食指弯曲与拇指接触成圆形，其余三指张开。这个手势是从美国开始频繁被使用的，表示"OK"、很好的意思。它是我们经常使用的手势。但在不同国家，这个姿势有着不同的含义。例如，在日本，这个姿势表示金钱的意思，如果在同日本人交易的过程中，向他做了这个手势，则会被误解为你在向他索要贿赂。在地中海地区，这个肢体语言也是同其本意差距甚远的，当地人常用这个手势暗示某个人是同性恋。对于当地的男子和女子来说，这种手势都是一种具有侮辱性质的手势。

伸出食指与中指，其他手指蜷曲。这个手势在手心向外的时候，被我们熟知的是表示"胜利"的意思。而在受到英国文化渲染的地区，它也常常用于表示"举起双手或者抬起头"。但这个手势变成手心向内的时候，就是一种侮辱性的表达，近似于"去你的"。不过，欧洲的某些地方，手心向内的手势时，没有其他含义，仅仅表示数字"2"。

3. 中指

中指体现自我。每个人都认为自己是世界的中心，虽然没有人敢当众表达出来，但在私底下，大家都是不由自主地这么想。在许多文化中，中指是阴茎的象征，这不是没有道理的。它具有一种挑衅意味："我比你有能耐！"这同时表明，性能力强的人就是强者。

大多数人都是无意识地使用中指发出信号。在谈话时触摸、抚弄或者按摩自己中指的人，有一种自我表现的欲望。不要把这个跟支配人的行为等同起来。后者是为了占上风，而前者则是求得别人的赞赏。

4. 无名指

无名指也称戒指指，表示情感。它跟自我表现的中指协同动作，也能单独表现出优雅的、柔情脉脉的气质。在谈话时触摸、抚弄无名指，表现了动作发出者对温情的需求。他们期待别人情感上的关怀，而不是理智上的解释。

5. 小指

小指是社交性手指。它的作为不大，但是无所不在。把杯子送到嘴边时翘起小指，这个动作看上去有点可笑、矫揉造作。但这原本是为使动作美观一点。这个动作是宫廷时代流传下来的，其实背后隐藏着一个要求："别忘了，我还在这里呢！"抚弄小指的人是想把别人的注意力吸引过来。

还有很多手势与纤纤十指密不可分，且含义丰富。例如，亲吻手指指尖，即飞吻，表示对对方的爱慕；竖起小指表示轻蔑；竖起中指则有侮辱的含义；伸出一个手指指向别人有命令和轻蔑的意思；数拨手指表示要特殊强调，或者增加说服力、表明态度等。

女性为什么喜欢十指交叉

经受过专业的肢体训练的人都知道，手指交叉是情绪能够得到较为充分体现的一个动作。当一个人无意识将交叉的双手放在胸前时，表明他对某件事情持保留态度，或者说他并不完全同意交谈者的观点。但从总体上看，它同十指紧握不同，仍处在平和的氛围中，尤其是在交谈中，如果发出动作者的双手是松散地交叉，说明他认为对方的说法也是可以理解的。所以，在使用这一动作时，人们的面部表情仍多是带着微笑的，处于较为轻松的状态。

而在周围的人群中，身体语言学家发现一个较为特殊的情况，那就是女性更多使用十指交叉的姿势，并且女性喜欢“十指交叉”同男性的典型含义是有很大差别的。在了解这些含义后，才有利于更了解女性。通常这样的姿势有以下几种含义：

1. 对他人的戒备

女性中，喜欢十指交叉的女人通常是在初恋中受过伤害的，因此在遇到他人（尤其是男性）时，会有一种防范心理，以避免再次受到伤害。这可以说是出于本性的一种明显防卫动作。

2. 表达自己的自信

如果女性在同其他人交谈时，利用双肘支撑着交叉双手，或者把下巴放在交叉的双手上面，这个动作表明这个女性特别有自信，或者说，她对自己的魅力非常有信心。在同男性谈话的时候，她们具有追求平等和个人魅力的倾向。

3. 表现理性

一些女性喜欢将十指交叉，并摆成竖直的尖塔形，这一动作表明她们是非常理性的女子，她们清楚在什么情况下要对男子说的话感兴趣，什么时候该对男子本身感兴趣。

手掌在沟通中的神奇魅力

在很多古装剧中，带兵打仗的将军们多用手掌来发号施令，当手掌翻覆变化的时候，将士们将作出相应的动作。所以，将军们的手掌，就是“翻云覆雨”的利器，甚至是决胜生死的关键。单单是手掌的一个动作，何时演化出了这样的含义？我们的手掌，到底还蕴涵着多少不为人知的信息？

其实，在我们用来传递肢体语言信号的各个身体部位当中，手掌是最容易被我们所忽视的，但是，其作用却也是最大的。当我们为他人提供指示或发布命令，以及与他人握手的时候，我们内心的一些想法往往会通过手掌表现出来。只要手掌姿势的力量运用得当，便可以赋予其使用者一定的权威，对别人实行无声的控制，不费丝毫气力，就能达到自己的目的。

借助手掌来传达指示的动作主要有三种：手心向上、手心朝下以及有一根手指在外的握拳状。我们用下面的例子来说明这三个姿势的不同之处。如果你命令别人把一个箱子从房间的一处搬到另一处，你的声调是一样的，所用的词汇和面部表情也是一样的，唯一改变的是手掌的姿势。那么，事情又会发生怎样的变化呢？

手掌向上，是一种用以表示顺从、无可奈何、没有威胁性的姿势，它使人想到街头乞丐乞讨的姿势。从人类社会的发展角度来看，人们通常以此来告知对方：我的手中并没有武器。当你向某人提出移动某物的要求时，对方肯定不会因为你的要求而感到有压力，更不会因此而有被胁迫的感觉。不过，假如你在说话的同时，还配有手部动作，那情况就大不相同了。如果你希望他人开口说话，你可以向他伸出右手，摆出一个手心向上的手势以示“谈话权的移交”，从而告知对方你希望他能继续他的谈话，而你也已经做好了在接下来的谈话中常当听众的准备。在经历了上千年的演变和发展之后，手心向上这一手势衍生出了不少变体，举起一只手并以手掌示人，以及将手掌按压于心口之上等就都是这一手势的衍生产品。

不过，一旦你翻转手掌，使原本向上的手心朝下，这样一个看似简单的手势的变化却能够彻底改变他人对你的看法和态度。当你在说话时使用了手心朝下的手势，对方不仅会马上感觉到你是在命令他将这件东西搬走，而且很有可能会萌生出一种抗拒心理。不过，这种抗拒心理的产生最终还是由你和对方之间的关系，或是你与他在工作中的职位级别来决定的。

假如你和对方的身份和地位平等，当你对他提出这个要求并做出了手心朝下的动作，那么，他可能会拒绝你的要求。但是，同样的要求，如果你使用的是手心向上的手势，他就很有可能会按照你的要求去做。不过，如果你是他的上司，那么，手心朝下的手势似乎并不会对你的要求产生任何消极的作用，因为你本来就有凌驾于他之上的权力。

第三种手势是合掌伸指。即手掌攥拳，伸出一个手指，好像一根大棒，迫使听话的人屈从于他。这样的手势往往会在对方的潜意识中制造出一种负面的影响，因为该手势之后必然会伴随有举臂，挥拳等动作，而对大多数灵长类动物而言，这通常是攻击对方的前奏曲。

这种伸出一个手指的姿势，最令人恼火。尤其是当这根手指随着说话人的话语节奏而抖动的时候，这种反感之意就会变得更加强烈。然而，一不留神，我们每个人在说话的时候就会摆出这样的手势。如果你习惯于这样做，最好多练习一下手掌向上和手掌向下的姿势。这样会造成一种比较缓和的气氛，对别人也能产生较好的效果。

摩拳擦掌，必有下文

中国有句成语叫“摩拳擦掌”，说的是“摩擦双手”这个动作。它并不单纯是要表达人们摩擦双手取暖的含义，还表达了人们内心的一种微妙情绪。

人们在感到寒冷的时候，常常会摩擦手掌和双臂，以获取温暖。可如果不寒冷时，看到有人使用这个动作，就很可能是另外一种意思——期待某事的发生或者成功，展现出一种无比期待的心情。

例如，晚会的主持人会一边摩挲着手中的话筒，一边说，“现在，让我们请出下一位演讲者，听听他的高见吧！”工作中，一个推销员在经理办公室里，听说自己将接到一宗大订单，摩擦着手掌说“太好了”。不过，在酒吧里，当一位服务生在即将打烊之前走到你的身边，摩挲着手掌，对你说“您还想要点什么吗，先生”的时候，你可不要以为他真如此迫切地想为你服务。事实上，此时他的问话其实是醉翁之意不在酒，他的真正目的是希望你能给他一笔数目可观的小费。

此外，用不同的速度摩擦手掌，还能表达不同的含义。急速地搓动着手掌，表达发出动作者一种跃跃欲试的心情。例如，你在接受一份工作计划后，急速地搓动手掌，就表明你有实施它的愿望，并可能马上就采取行动。

而慢慢地搓手掌，则表达发出动作者在遇到有决定性作用的选择时，犹豫不决，或者认为阻力很大，很难实现。例如，当你向业务主管提交一份工作计划后，主管并没有发出任何声音，而是慢慢地搓动着手掌，这就说明主管对这份计划有所质疑，所以在他说话前，你在心理上需要有所准备。

人们摩擦手掌的速度还暗示了他们认为谁会成为此次会谈的受益者。比方说，你想买套房子，便来到了一家房产经纪公司。当你陈述完购房要求之后，房产经纪人一边快速地摩擦手掌，一边说，“太好了，我手头就有一套你想要的房子！”在这里，房产经纪人希望通过这一动作让你知道你将会是这笔买卖中的受益者。试想一下，如果反过来，当他在说这句话的时候，他摩擦手掌的速度十分缓慢，你的感觉会怎样呢？你很可能会觉得他隐瞒了一些事情，有些闪烁其词，或者，你甚至会觉得他希望此次交易的受益者是他自己，而不是你。

对于摩擦手，还有一种拇指和食指摩擦的动作，它表示的是对金钱的渴望。因为，当人们获得一沓崭新的钞票时，就会用拇指和食指来查点。这个动作经过演变后，就在拇指和食指的摩擦与钞票之间建立了条件反射式的联系。所以，当人们用拇指和食指相互摩擦的时候，就自然地会想到金钱。

日常，当需要向其他人借钱的时候，人们就常会做出这样的举动。另外，在工作交往中，由于人们不喜欢公开地谈钱的问题，应当谨慎地做这个动作。因为在很多情况下，如果有人使用这个手势，则常意味着索要贿赂，致使人产生负面的想象。

最后，需要提醒的是，理解每个动作的含义都不能离开它的使用背景。在一个寒冷的早晨，当你看见某人站在车站里不停地搓手时，你可不要想当然地认为他正在期待汽车的到来，此时的他之所以这样做，仅仅是因为他感到很冷而已。

握出对方的心思与情意

握手不光是一种礼节。当两只不同的手碰在一起，手指稍弯，即握在一起，它会将感情迅速地传递给对方。

作为世界通行的一种礼节以及社交场合不可缺少的环节，在握手这一“零距离的接触”中，我们还需要注意，自己的手在向他人透露着什么秘密，并学会解读这一动作传递出的丰富信息。

握手力度适宜，动作稳重，一般在握手的时候还会注视着对方，表现出自己的精神专注，这说明发出动作者是位个性沉稳、有责任感且可靠、有理性思维的人。在生活中，他总能为人提供建设性意见，并因此得到他人的依赖。

用双手握住别人的手、并轻轻摇摆的人，说明他为人十分热情。或许，有些人并不喜欢这种过于开放的作风，但这种握手方式说明了他心地善良，向对方表现出极度的期盼，渴望与被握手人的关系亲密，缩短两者之间的距离。若他还上下摆动，就说明此人十分乐观，对人生充满希望，他们希望以积极热诚的态度而赢得众人的欢迎。

轻柔相握，一笔带过，在同这类人握手时，会让人感到如清风般轻轻地握了一下。对于这类人，评价他们的最好词语是随和豁达。他们谦和，态度优雅洒脱，颇有游戏人间的意味。在社交场合上，他们轻松自然，毫不做作。但他们的内心也是十分多疑的，如果有人表现得过于友善，他们的头脑中也会发出警告，并借机观察这个人真正的企图和动机是什么。

握手时双手冰凉，软弱无力，这是人们所谈论的典型的死鱼式握手，握着这样一双冰冷、僵硬无力的手，活脱脱让人感觉像是握着一条死鱼。在世界上，绝大多数的人都会讨厌这种握手方式。人们多会将它同个人的性情冷淡、缺乏责任感等联系起来。这类握手让人感到没有受到应有的尊重，傲慢无理，愚昧无知。虽然并不是每个用这种方式握手的人都具有这样的性格特征，但它们留给人们的坏印象将是难以挽回的。

在同对方握手时，大力紧握，仿佛碎骨似的，令对方疼痛难忍并留下深刻的印象，用此种方式的人性格往往具有侵略性，并在对方毫无准备的情况下试图通过手掌的力量给对方一个下马威。同时也表明，这类人精力充沛，自信心强，为人则偏于独断专行，但组织能力及领导才能都很突出。

握手时，手掌微微湿润，会有这样表现的人，说明他虽然表面上平静、泰然自若，实际上却非常紧张。为了隐藏自己的缺点或恐惧，他将会十分注意自己的姿态、言语或举动，以防止泄露自己的真实情绪。

像手心向下的握手一样，僵硬的握手往往为好战分子所青睐。其主要目的是使你保持距离，不要进入他的“亲密地盘”。那些在农村地区长大的人也喜欢采取这样的握手。不过乡下人有一种倾向：他们在进行僵硬握手的时候，身体向前倾，或者把重心放在一只脚上。

捏手指的握手，像僵硬的握手一样，偏离了目标。采取这种方式握手的人错误地捏住对方的手指。虽然这种人可以对对方充满热情，然而，事实上，他对自己缺乏信心。像僵硬的握手一样，捏手指握手的主要目的也是为了使对方保持一定的空间距离。

把对方拉得靠近自己，意味着两件事情：第一，此人感到只有在自己的“个人地盘”内才觉得安全；第二，他来自一个“亲密地盘”比较小的文化氛围，已经习惯于如此做。

还有一类人在握手之后，常常握着对方的手久久不放，难分难舍。这种长握不舍型的人一般性格比较开朗，情感丰富，善结交朋友，且对朋友非常重视。当他握住了你的手，也就表明他对成为你的朋友十分感兴趣，希望能与你进一步沟通感情。

作为一种常见的问候方式，握手是一种颇有讲究的社交技巧。在很多情况下，握手更是陌生人之间的第一次身体接触，虽然仅仅是短暂的几秒钟，却立刻暴露出了你的心思和情意，从而决定了别人对你的接受程度，所以我们一定要慎重对待之。

第8章 双臂：挥舞的主张和立场

解密双臂交叉的诸多信号

人在很小的时候，就学会用躲在障碍物的后面寻找保护的方法。每当看到陌生人或者遇到害怕境况时，就会躲在父母身后或是桌椅、家具的背后来偷偷观察别人是否对自己有威胁。当我们逐渐成年的时候，已不可能像儿时那样，遇到危险时的躲避动作也变得更加复杂起来。例如，人们逐渐学会用双臂放在胸前来保护自己。于是，手臂成为阻止他人伤害自己的最好屏障。但它的存在对于每个人来说，不单单是履行“保护”这一职责，各种不同的手臂姿势，还有着不同的含义。尤其是双臂交叉这一姿势，最常见，表现形式最多样，因此其诉说的内涵也就最丰富、最耐解读。

当你将双臂交叉抱于胸前，就好比在你与对方之间筑起了一道障碍物，将你不喜欢的或物统统挡在外边。这种姿势在人与人的交流中相当普遍，而且世界各地对这一姿势的理解也几乎完全相同：消极、否定或防御。在一些诸如自助餐厅、电梯等公共场所以及众人排队等候的过程中，我们常常会看到彼此陌生的人们在感到不确定或不安全的时候摆出这样的姿势。

在许多人眼里，将双臂交叉抱于胸前已然成了他们的习惯动作，因为这样的姿势让他们觉得很舒服。其实，人的任何一种姿势都是与其内心的想法相对应的。也就是说，如果你对某人或某事抱有否定的观点或态度，或者你根本就怀有一种防御自卫的心理，那么，当你将双臂交叉抱于胸前的时候，你就会感觉很舒服自在。然而，如果你在与朋友们交谈甚欢的时候摆出同样的姿势，那你就会觉得有些别扭了。

请记住，所有的肢体语言所传递的信息，无论是对接收者而言，还是对发送者而言，都是一样的。当你觉得在面对某人时挺直腰背、将双臂交叉抱于胸前的姿势可能会让你觉得很“舒服”。但研究表明，面对你这样的姿势时，对方会因此而认为你不友好，难以接近，导致对你的态度也同样是否定或消极的。所以，无论何时何地，你都应该尽量避免做出交叉双臂的动作，除非你刻意地想告知对方，你并不同意他的观点，或者说你不想参与其中。

双臂交叉抱于胸前的姿势有很多种表现形式，接下来我们就对两种最常见的姿势进行讨论和分析。

握拳式的双臂交叉姿势：双臂环抱于胸前，双拳紧握，这一动作代表强烈的敌意。当一个人在将双臂交叉抱于胸前的同时，两只手也紧紧地攥成拳头夹于腋下，那就表示此时的他除了具有相当强烈的防御意识之外，还带有十分明显的敌意。如果同时他的脸上还伴有双唇紧闭的微笑，或者干脆露出了咬牙切齿、满脸涨红的表情，那么，接下来的口舌之争，或是更加激烈的打斗就很有可能会在所难免。在这个时候，如果引起纷争的原因我们还不清楚，那么，当务之急就是用一种较为缓和的方法找出导致对方情绪激动的根本原因，同时安抚对方情绪，防止事态进一步恶化。

抓握式的双臂交叉姿势：这是另一种交叉双臂的方式，其最大的特点就是在交叉双臂环抱于胸前的同时，两只手紧紧抓住另一只手的上臂，增大了呈交叉状态的双臂的力量，使这一姿势更加牢固，从而能够更加有效地保护人体的胸部。有时候，由于双手握住手臂的力气过大，以至于阻碍了血液循环，从而使得双手的手指和指关节都呈现出泛白的情况。人们可以通过这种自我拥抱式的双臂交叉法来安抚、宽慰自己。

这种双臂交叉法多见于在医院候诊室里等候治疗的病人及其家属。除此之外，第一次乘坐飞机的乘客在等待飞机起飞时也常常会摆出这样的姿势以增强自身的安全感。

抓握式的双臂交叉法代表的是一种消极、拘谨、紧张的心理。在法庭上，原告很可能会采用上文中的握拳式的双臂交叉法，而被告则多会采用抓握式的双臂交叉法。

正由于交叉双臂的姿势属于封闭自己、排斥他人的动作，所以，当你与他人交谈时，如果看到对方摆出了双臂交叉的姿势，那么你就应该立刻意识到自己是不是说了一些与对方观点不同的话。在这样的情况下，即使对方口头上表示赞同你的观点，你也已经没有必要再将谈话继续下去了。因为，他的肢体语言已经很明确地告诉你，他并不赞成你的话。事实就是，肢体语言远比有声的话语更加诚实可靠。

只要对方交叉的双臂没有松开，他就不会改变原本否定的观点。这时，你的目标就是找出对方摆出这种姿势的原因，对症下药，尽快使对方改变姿势，转变态度。因为，此时此刻，对方的观点与动作完全是相辅相成的关系：否定的态度决定了消极的姿势，而保持这一姿势又会使心中否定的态度得以维持和加强。

有一个既简单又有效的方法，可以帮你轻轻松松解开对方交叉的双臂：找一件物品让他握着，或是找一件事情让他做。譬如说，你可以在说话的时候，给下面的听众们一只笔、一本书、一本手册、一件样品，或是让他们做一些笔头测试，从而使得他们没有机会交叉双臂。

同时，你的这些要求也会迫使他们不得不将身体前倾，从而使他们无法与你保持一定距离。所有的这一切无非只是想让听众们能够以一种更加开放的姿势聆听你的谈话，而这样做的目的就是希望他们能够以更加开放的态度接受你的意见和请求。

除此之外，在你说话的同时，让对方身体前倾，观看一些可视的影像文件，也是一种有效的解开对方交叉的双臂，令对方敞开心扉的好方法。与此同时，你也可以一边略微向前倾，伸出手臂（记住，手掌向上）边说，“我看得出来你有问题想问……那么，请你告诉我，你想了解什么呢？”或者，“你意下如何？”然后，你再坐下，或是将身体向后靠，以此暗示对方轮到他们发言了。通过手掌这一无声的肢体语言，你传递的信息就是，你希望他们能够坦诚相待，因为你已经首先以向上的手掌表明了自己的立场。

需要注意的是，有些人在思考问题时，也有将双臂交叉抱于胸前的习惯。这点同前面介绍的含义略有出入。通常，具有这种习惯的人，基本上是属于防卫心强的类型，性情多疑，不习惯对别人敞开心胸，永远和对方保持安全的距离，喜欢冷眼旁观整个世界。

总而言之，无论你的态度如何，将双臂交叉抱于胸前的动作往往会被当成是否定态度和消极思想的标志。而且，无论是做出这一动作的人，还是这一肢体信息的接收者，都能够很清楚地感受到这一动作所传递的信息。

举例而言，即使你完全是因为背部酸痛而将双臂交叉抱于胸前，但是在他人眼中，你的这一动作就是在暗示对方，你不愿意接受对方的观点或意见。所以，从现在开始，你应该下定决心，训练自己改掉这种会给你带来负面效应的动作。

留意手臂姿势传递的信号

除了双臂交叉这一典型常见的姿势外，人们的双臂还会根据不同的情境，做出更为世故、繁复的姿势，那么，它们的内涵又该如何解释呢？这就需要我们加以仔细的辨别、观察和解析。

日常生活中，我们能观察到的很多亲密动作，也是借由手臂做出的。在公共场合，当一对情侣走在路上，女子用自己的手臂钩住男子的臂弯，就像是在向众人宣告了两人的亲密关系，也表明了彼此的占有关系。从表面上看，它是传递一种同行的信号，但暗中也说明了女子对男子略微加以控制的心理，要象征性地展示两个人的关系，或者获得一种关系被确定的安全感。

此外，表示亲密的常用姿势还有拥抱，这里指的是用双臂紧紧抱住对方的上身。由于受到礼节的约束，在成年人的社交世界里，不是关系非常亲密的人或在感情十分激动的情况下，人们不会做出这种举动。因为被人紧紧地抱着时一种强有力的体触经验，成年人只会用热切的拥抱来表达对友人的友好、喜爱以及对事情的强烈反应。

与这些积极意义的表现不一样，在另外一些时候，人们并不希望别人看清自己的态度，从而会选择一些较为隐晦的姿势来做掩护，低调的同时，不着痕迹地表露自己的情绪。例如部分交叉双臂的姿势，这种姿势是用一个手臂横过身体，握住或摸着另一臂以形成屏障。在陌生环境下参加社交活动的时候，人们常常也会因为同他人的关系生疏或者缺乏自信而使用这种姿势来保持一定距离。多数女性也容易选择这种隐晦的方式来表示自己的态度，以拒绝对方进入内心世界，或者拒绝对方的想法。

一些隐藏技巧更为高超的人，会用一只手横过身体而握住另一只手臂附近的物品，如手提袋、项链、手表、衣袖等物品。利用这种更轻微的动作，来掩饰自己的不确定或者紧张。

除了上面这些，还有几种常见的手臂动作：

交叠的双臂：在足球场上，当由攻方球员发任意球时，守方的队友将组成人墙，并将手臂轻轻交叠，护住下体。因为在对方发球的威胁下，这个动作能让他们保护住要害，换得安全感。所以，交叠的双臂是紧张、追求安全感的表现。

挥动的双臂：在不同的文化中，挥动的双臂有着不同的含义。例如，在地中海文化中，挥动双臂是交谈中的一个辅助动作，用来帮助表达自己的观点；而在一些西方国家，则是表达某人无法自控，很愤怒。

打开或后扣的双臂：在电视荧屏上，当将官在经过队伍时，会将双臂自然下垂，身体放松，这种姿势是一种自信的表现，说明他们是自在的、坦诚的、无可隐瞒的。偶尔，你还会看到他们将双臂后扣，并将手掌扣在一起，则说明他们很自信，无须别人保护自己。

聆听肩膀上流淌的细语

一个人单手的力量，双手的力量，都不如肩膀的支撑力，肩膀对人们生活的影响可谓是至关重要的，从古至今一直是人们负重的部位，是压力和责任的象征。由它延伸出来的典型肢体语言，也与责任和承担压力相关。封建时代，算命的相士通常也以肩膀的形状和厚度来判断一个人能否有所成就。

不论人们是站着、坐着、低头、后仰，肩膀都与整个身体共同动作。在这些细小的移动和变化里，它们传播着点点滴滴的信息。

低头耸肩，即将头低下，锁在两臂之间，双肩上耸，表示的是人们自我保护和柔顺的心理。这种姿势似乎要保护上半身的躯干，尤其是脖子和喉咙，免受伤害。例如，当猛然听到身后有巨大或者奇怪的声音时，人们会不自觉地做出这种姿势。

此外，在社交场合中，这种姿势表示向对方屈服和柔顺，例如，在向他人道歉时的举动。并且，它还强调了发出动作的人试图让自己显得更加弱小，不引起别人注意，时常会成为一种缺乏信心和自卑的表现。

用一只手搭在他人肩膀上，搂着他人，这在情侣间很常见，这是一个表示占有和亲密关系的举动。它能限制对方的举动，表明发出动作者想控制对方前行速度的希望。作为一种具有男子气的动作，在同性之中也被频繁使用。这种动作可看做是一种双方正式的关系符号，表明两者是很亲密的人。

不过，肩膀的含义也有积极和消极之分。

积极时，表示对责任一力承担。当某个人挺胸抬头，双手向外拉伸，身体挺直，肩部挺立并稍微耸着时，就说明这个人有积极承担责任的意愿，对眼前的事情跃跃欲试。例如，在电视剧中，常见到当军队里进行军事演练前，渴求分配任务和参与演练的将士们会做出这样的动作。

消极时，代表卸除责任。当某人低垂着肩膀，摊开双手，向其他人展示自己的时候，就说明他觉得自己无法胜任目前的工作，希望能卸除责任。例如，当你向友人求助的时候，他觉得爱莫能助，就会有如此的动作。

肩膀姿势不仅仅标示着个人仪态，还彰显着一个人的生活态度和性格。如果一个人肩膀塌下来，那他整个人的精神状态都将显得萎靡不振。只要我们留心观察，你就会发现许多肩膀的习惯姿态中负载着很多人们内心深层的信息。

缩着脖子，微耸肩膀，同时下巴紧紧向下贴。这个肩膀姿势表示不安、忧虑和恐惧。做出这样动作的人，通常性格内向，缺乏自信，思考的事情琐屑而繁多，十分在意他人的看法。走路的时候，似乎十分小心，并时常会做出封闭自己的动作，如将手放到外套口袋之内等。

喜欢肩膀前倾的人多半有精神上的压力和负担。他们在走路的时候，经常盯着地面，若有所思。同时，神经质、性格敏感或长期承担精神压力的人，也会有同样的表现。

当你看到一个人摆出肩膀后拉的姿势，就说明动作发出者心中充满不满和怒气，正试图压制自己。在工作上，他们不爱出风头，任劳任怨，是默默奉献的员工。但内心的压力和委屈往往不能得到宣泄，随着时间的延长心中的怒气终会发泄出来。而发泄过后，他们又会一如既往地工作。

最后，来说一下当人们将手放到他人肩膀上的时候，又有哪些象征。

表示责任的托付与权力的赋予。这一含义源自欧洲城邦时代，国王在为功臣赐爵封侯的时候，经常会抽出宝剑，轻轻地触碰受封者的肩膀，表示至高无上的权力托付。这一动作演变到现代，常常会变成日常生活中的拍抚他人肩膀的动作。例如，上司在提升你之后，往往会重重拍拍你的肩膀，意思有点像在说："权力都交给你了，这回就看你的了！"

表示鼓励和信任。生活中，人们还能看到这样的场景，即在家人或者朋友遇到感情、工作上的挫折时，一个轻触肩膀的动作能让人感到鼓舞。就像是用双手传递出的"关爱"，能给予承受者温暖和信心。当父亲为篮球场上的儿子打气，教练对球员们传授心机时，拍拍对方肩膀的动作，将会让对方感到信任和鼓舞。

表示赞赏。因为肩膀的含义可以衍生为"有担当""有能力"。因此，当长辈或上级在面对下级的成就时，常常也会利用手触摸对方的肩膀来表示对其能力的认可。若是伴随着肯定的微笑和点头示意，就更明显地表示了对承受者的肯定与赞赏。而他的动作就像是在说："好样的！干得漂亮！"

交际中接触的神奇魔力

人类是感情复杂的动物，他们既需要适当地独处，也需要同他人交流。而在交流的过程中，人们对触摸和被触摸的强烈渴望，因具有明显的生物和社会心理基础，一直都存在着。

触摸是人类与生俱来的需求。人类学家阿希礼·蒙太古曾写道："人人都需要被抚摩。"这种人类的特性可以追溯到婴幼儿时期，刚出生的婴儿，是脆弱的、易受伤害的，他们强烈地渴望来自母亲的安慰和保护。在母亲的怀抱中，母亲轻轻的抚摩，能让孩子感到安全，并安静下来。在这个过程中，母亲与孩子就是利用身体接触的形式进行了无声的交流，孩子们在渴望触摸与被触摸的过程中获得满足，并健康发展。

随着孩子的成长，他们对世界的了解和认识也是从触摸开始。通过触摸，他们认识了各式各样的事物，好奇地用触觉来感受周围的环境。等到孩子成长为成年人时，他们对触摸的体现虽然没有年幼时那么明显，但仍有着十分强烈的需求。因为触摸对于人类心里的安全幸福感很重要。

但是，成长的过程中，人与人之间的逐渐疏远和自我控制，不得不使他们压抑自己的需求，实际却愈发增加了他们对身体的触摸渴求。尤其是在遇到惊吓或者感到恐慌的时候，他人的触摸和自我抚摩将是非常必要的安抚方式。

如果你在与他人握手的同时，用左手轻轻接触对方的某些身体部位，那么，你很有可能会得到意想不到的结果。有技巧地接触对方的手肘，将会使对方达成你心愿的概率提高三成。

身体语言研究者们曾经开展过一项专门针对图书管理员的调查。就在这些图书管理员将书发送给借阅者的同时，他们常常会轻轻接触借阅者的手。当借阅者走出图书馆以后，研究人员对这些借阅者展开了跟踪调查，询问他们对图书馆服务态度的印象。那些与图书管理员发生过肢体接触的借阅者通常能够更加积极地回答研究人员提出的所有问题，而且绝大多数人都能回想起接待自己的那位图书管理员的姓名。

在英国的超市里，研究人员也开展过类似的调查。如果收银员在找钱的过程中接触到了顾客的手，那么这位顾客也会表现出类似的积极反应。其他的类似实验也得到了相同的结果，比如，那些与顾客发生过轻微肢体接触的女服务生的收入很大一部分都是从顾客那里得到的小费。饭店中，使用手肘接触法的女服务生从男性就餐者那获得的小费比那些没有采用此方法的同行的小费额高出了36个百分点。而男服务生使用这一方法后，无论他接待的是男性顾客还是女性顾客，其收入都提高了22%。

所以，当你下一次与某位素未谋面的人见面之时，你可以在握手的同时，伸出左手轻轻地碰触对方的手肘或双手，同时在嘴里重复他的名字从而确定你没有听错对方的姓名。接着，你就会发现此举不仅会让对方觉得自己很受重视，而且你还能够准确地记住对方的名字。

手肘接触法只要使用得当，不仅能够起到吸引对方的注意力，加强印象，强调本人观点的作用，而且还能增强你对他人的影响力以及他人对你的印象，从而帮助你在每个人的心目中树立起一个良好的形象。

轻轻地肢体接触之所以有如此神奇的魔力，原因有三：其一，人们都觉得，手肘属于公共空间的范畴，尚不属于个人的私隐空间；其二，在大多数国家里，人们通常都不会轻易地与陌生人发生肢体接触，所以，一旦接触，就会给对方留下一个较为深刻的印象；其三，一次轻轻的、时间不超过三秒钟的肘部接触能够在原本素不相识的两人之间建立一种瞬时的联系，拉近两人之间的距离。

有研究表明，人们日常接触频率越低，手肘接触法的效力就越大。

此外，就总体而言，女性之间发生肢体接触的可能性大约为男性的四倍。在许多地方，只有直接与手肘发生接触，才能获得上文中所提到的正面效果，除此以外，接触手肘以上或以下的身体部位都无法获得我们所预期的积极效果，有的时候甚至还会产生不良的负面效应。而且，如果接触的时间超过了三秒钟，很可能会引起对方的警觉。在这种情况下，对方会突然低下头，注视着你的手，看看你到底想做些什么，如此一来，其结果就只会适得其反了。

自我拥抱的微妙感觉

自我触摸，往往是在寻求一种自信、舒缓内心的情绪。而触摸手臂也是表达这种情绪的一种方式。只不过，它要比其他动作更具有意义。因为，当人们处于紧张、情绪低落、恐惧的状态时，潜意识引导人们最先做出的动作很可能就是触摸自己的手臂。

这点，也是从孩提时代演化而来的。每个人在小孩子的时候，每当遇到恐惧和不安，就会带着满是眼泪鼻涕的小脸，要爸爸妈妈“抱抱”，通过用手臂抱住父母和接触到父母的手臂而感到安全，借以消除恐惧，恢复自信。

所以，成年人在独立后，仍会怀念这种亲密的接触，但由于礼教和场合的局限，而无法随时随地得到父母的帮助，从而转换成自己触摸自己的手臂。也就是说，变成心理学上的“自我安慰”，通过这样的动作来给予自己假想的安全感。

不过，这时的我们往往不会将双臂交叉，紧紧抱于胸前，从而让所有的人都看到我们内心的恐惧。通常而言，女性会用一种较为隐晦的方式来替换这种过于明显的身体语言，如单臂交叉抱于胸前的姿势，即只使用一只手臂，这只手臂在身体前部弯曲后抓住另一只手臂，从而在自己与对方之间形成一道障碍，拒绝对方的进入，看起来就好像是在拥抱自己。

人们在参加一些社交活动或工作会议时，常常会因为与其他人关系生疏或缺乏自信而用这种单臂交叉的姿势使自己与其他人保持一定的距离。在严肃紧张的氛围中，如果有女性摆出了这样的姿势，那就表示她想告诉身边的人她自我感觉“良好”。这种自我拥抱式的抱臂方式，使她回想起了小时候妈妈搂住她时的那种温馨舒适的感觉。

男性自我拥抱式的交叉双臂的方式与女性略有不同：他们将自然下垂的双臂略微前移，双手在身体前方相互握住。男人们在上台领奖或发表演讲时，经常会采用这样的姿势来面向观众。我们也把这种姿势称为“护短式握臂”，因为人们往往会着力保护他们认为自己最脆弱或最易受攻击的部位，而在这种姿势里，双手的位置可以帮助男性保护自己的“重要部位”免受袭击和伤害，所以这种姿势往往能够增强男人自身的安全感。

此外，在救助站或福利署门口排队等待救济或领取社保福利的人群中，我们也常常会看到摆出同样姿势的男人们。他们的这一姿势体现出了身为弱势群体，他们内心的沮丧和不安；同时，这样的姿势也很容易勾起他人的怜悯之心，让人萌生出帮助他们的想法。

第9章 腿部：节节“腿”让，原形毕露

不说话的腿最会“说话”

在人类的进化过程中，腿部动作主要服务于两种目的：一是向前走以获得食物，二是在遇到危险时逃跑。由于人类的大脑直接关联着这两种基本目的，走向自己想要的东西和远离自己讨厌的东西，所以人们的双腿和脚部能够显示他们内心的动向。换句话说，通过观察别人的腿部，你就能知道对方到底愿不愿意跟你继续交谈。

不互相交叉或者大幅叉开的双腿展现出一种开放的姿态，或是处于支配的地位；而交叉的双腿则显示出一种保守的姿态，或是没有把握的态度。如果一个女人对面前的男人没兴趣，她就会把双臂叠放在胸前，双腿交叉，并且远离男人的身体，向男人发出“闲人免入”的身体信号。如果她对这个男人有兴趣，则会采取开放的身体姿态。

可见，双脚的摆放和位置在很多情况下能够帮助人们确定自己所面对的人是否诚实、自信或者感到紧张等，这时，往往最私密的情绪也会全部呈现在最不引人注意的脚上。

假如在交谈的过程中，某人正面对称双脚合拢，稳稳地站在地上，则此人性格较为坦诚、直率，是一个可以信任的人。

当面对你的人，在聊天时，把一只脚藏起来（把一只脚放在另一条腿的后面），就说明他此刻感到很紧张或不安，尽管只是一个无意识的动作却泄露了内心的想法，即使他表面很坦然，但在真实的心境下，他的心态并未感到轻松，甚至十分不舒服。

当双脚交叉站着的时候，说明此人需要隐瞒一些感情或者信息，所以这也是掩饰自己的方式。当身体感到不舒服时，有的人也会做出这样的动作。

无论是坐着还是站着，将脚扣在另一条腿上的动作都是表明害羞、胆小的特征。这个动作通常多为女性使用。将一只脚附贴在另一个腿上，就像是在躲避和隐藏什么，所以，强调了当事人的不安全感。

典型腿脚姿势大揭秘

不同的腿脚姿势显示不同的心理秘密，下面分别一一说明。

1. 抖动腿部

说话的时候，有人喜欢用腿或者脚尖使整个腿部颤动，有时候还用脚尖磕打脚尖或者以脚掌拍打地面。无论交谈还是在休息，都做这种动作的人都是较自私的人，凡事以自己为中心，占有欲极强。所以，他们在爱情上很容易滋生“醋意”。他们待人吝啬，但善于思考问题，经常能为他人提出一些意想不到的主意。

有时，某个人在与他人谈话的时候，会不停地抖动一只脚或者整个身体都缩坐在椅子上，晃动双脚或者用脚轻轻敲打地面，幅度较大，而眼神也看着地面，或者四处张望。这些都是在说明，这个人感到很烦躁、厌烦，甚至厌倦。因为，脚是人们逃跑时最先运动的部位，当它不断地进行晃动时，如果不是闲暇无聊，那这个人就是想要离开这里。

人们在心绪不宁的时候，身体也容易抖动。所以，当内心情绪混乱或者有很棘手的问题无法解决时，就会眉头紧皱，不由自主地抖脚。因为他们希望快点思考出问题的解决方案和策略。通常这种动作是下意识的，在生活中很普遍。

2. 拍打腿部

有时候，你可以看到某人会不断地、有节奏地拍打大腿。其实，他是想说“谈话到此结束吧，我想走了”。例如在医院，这个动作表明某人想要离开医院，但是又担心不礼貌或不合时宜而不能离开。

3. 扳动腿部

其具体动作是双腿交叉，两只手紧紧扳起其中的一条腿，这一动作被广泛地使用在各种场合。假如有人在你说话的同时，扳起腿部，这表示他对你的谈话未必认同。因为扳动的动作在身体语言中可以被解释为固执。它下意识说的话是“不要再劝我了，我的身体和想法都一样，是固定的，不会有任何改变”。

4. 抚摩腿部

当人们发现对方吸引自己的时候，就会不自觉地抚摩自己的腿部，即表示你很有魅力，我很想接触你；也表达了想对对方做出这样动作的感受。在通常的社会交往场合，这种动作并不多见，因为它的暗示意味极浓，无论是有意无意，它都暗指希望被抚摩或者抚摩别人的欲望。比如，在流行音乐会中，年轻姑娘们常会抱紧自己，如同希望被她们的偶像紧拥那样。在通常的社交会面中，这种极端的反应并不多见，但其暗示的意味依然存在。

5. 伸出右脚还是缩回来

当我们对交谈话题或者交谈对象感兴趣的时候，我们会把脚伸向前方，缩短和交谈对象之间的距离。倘若我们不感兴趣或者不想发言，我们就会缩回自己的脚；如果是坐着的话，还会把脚缩到椅子底下。

6. 两腿交缠

即一条腿置于另一条腿上，并紧紧相贴，害羞和胆小的人们经常使用这种姿势。这个动作基本上专属于女性，而且是羞怯和胆小的女性以及兼职柔术演员的标签。把一只脚的脚尖紧贴在另一条腿上，这样的姿势进一步强调了当事人的不安全感。不管女孩的上半身表现得多么放松，但此时的她就像胆小的乌龟一样，也希望自己能够躲进厚厚的壳里。如果你希望她蜕去坚硬的外壳，那就得采用温暖、友好和轻柔的方式慢慢接近她。

7. 两腿交叉而小腿保持平行

由于男性腿部和髋部的骨骼构造和女性不同，所以很难摆出这种坐姿。正因如此，这个姿势极具女性气质。这一坐姿也被男性评选为最钟爱的女性坐姿，因为一条腿紧紧地贴在另一条腿上，这样的姿势使腿部看起来显得更加健康和年轻，而且会因为极具性感而无比吸引男人。

双腿从交叉到分开的玄机

腿部的丰富心理信息，对人际关系和人们之前的亲密程度有一定的提示。例如，双腿从交叉到分开的不同变化，就隐约透露出心态的不同差异。这个过程，实际上就是人类内心从封闭到开放的转化。当人们的交谈和气氛变得更愉快时，就会舒展身体，放下对他人的戒备。

所以，如果你下次见到有人把两只脚紧紧交扣像锁在一起一样，做出锁脚动作，你就可以凭借这个姿势好好推敲一下动作发出者的真实心理状态了。锁脚属于典型封闭式动作的一种，这样的动作容易增加自己和他人之间的对立，无法协调好自身的情绪。根据观察专家们的分析，人们在压抑紧张情绪或消极情绪的时候会锁脚。例如，很多面试的人和在医院中候诊的病人具有这样的动作，这正表现了他们内心的恐慌害怕，或者对事情缺乏把握。他们想控制消极思维外流、控制感情、控制紧张情绪，于是就选择这种姿势。做出这种动作的人，往往也比较沉默寡言，轻易不会说什么的。若想化解这样的情绪，需要通过积极的言语，引导对方逐渐放松，从而打开他的脚踝。

而这个姿势其本身所表达的防御含义，通常会在女性身上体现出来，女性多采用这种姿势表达对男性的抵触。假如你遇到了一位寡言冷漠的女性，她对你毫无兴趣，甚至心生厌恶，她也会在你面前做出这样的动作；不过，如果你遇到的是一位面色红润、见人羞怯的女性，那她做出这样的动作多半是因为与你不熟悉，害怕受到陌生人的伤害。这时，你可以利用主动攀谈的方式来化解她内心的紧张，从而发起交谈。

此外，锁住脚踝还是一种在做决定时左右为难，犹豫不决的信号。如果在交谈中，看到对方将脚踝锁在一起，这就证明他在思考的过程中遇到了困难，无法立刻作出决定。一旦遇到这样的信号，你就应当向他提出一些探查性的问题，帮助他改变这种姿势，积极做出回应。实际上，从对方的角度看，这是他自我控制的一种表现，他虽然内心在犹豫，但不方便说出口，于是就会锁住脚踝，以避免自己轻易做出决定。

当然，也有人做出这样的姿势仅仅是因为感到很舒适自在，但关键是姿势有积极和消极之分。尽管你做锁脚的动作自己会感到很舒服，但是它向外界传递信号却是消极的，从而会对你的沟通和人际交流产生负面的影响。所以，我们应当尽量避免使用诸如锁脚这一类的消极身体语言。

读懂双足丰富的心理信息

鞋尖的指向可表现人际关系的亲密程度。譬如说，有A、B两人站着谈话。他们的鞋尖相对，距离不远，而且基本上在一条直线上。我们就可以从两人脚尖的指向判断出两人关系的亲密程度。如果两人的鞋尖构成一个封闭的共有势力范围，不容他人介入，你最好不要走过去打扰他们两人的谈话。

如果A、B两人鞋尖的位置成直角或60°左右的角度，那么这两人的关系不会是很深厚的，因为从A的位置只能看到B的侧脸。

前面已经说过，足部是指膝盖以下的部位，包括“胫”与“足”。它可以表现欲求、个性和人际关系。足部虽处于身体的最下端，但是在我国和西方的日常生活中，无论是坐着还是站着，足部都是容易看见的。所以足部动作所传达的信息也容易被对方看到。

摇动足部或用脚尖拍打地板所表达的意思与抖腿动作相仿，也表示焦躁、不安、不耐烦，或为了摆脱紧张感。人们为什么用足部来表达焦躁不安呢？

原因首先是，在公开的场合或容易受人注目的场所，如果一个人不愿意把内心的焦躁不安明显地表现在脸上，或者不愿意用手或身躯做出大幅度的动作，那就只有用离开他人眼睛最远的、最不显眼的部位——足部来表达。人在预感到要遭遇他人侵犯或有他人要进入自己的势力圈时，如果对此要表示拒绝或不耐烦时，往往用足尖拍打地板的动作来预告自己的心情或意向。向这样的人询问或谈问题往往会得到不愉快的结果。足部动作同腿部一样，也能传达性的含义。

男性足踝交叉的坐姿，往往表示在心理上压制自己的表面情绪，如对某人某事采取保留态度，表示警惕、防范，或表示尽量压制自己的紧张或恐惧。从事公共关系工作的人总是要设法解开这种姿势，以造成开放而亲近的气氛。

无论男女，摇晃架在另一条腿上的足部是心情轻松的表示。如果进一步用脚尖挑着拖鞋或鞋跟摇晃，这就有了较强的放纵的含义，如挑逗、诱惑等。

足部的附属物——鞋，起着延伸足部语言的作用。足部的鞋默默地表现着一个人的个性、性格与人际关系。鞋底的磨损程度与一个人的性格有关。性格外向、生活态度积极的人，其鞋尖外侧较易磨损。反之，鞋尖内侧磨损较多者，属内向性格。两侧都有磨损者，属温和型或平衡型。

脚尖朝里，有刹车作用。谁要是走路呈内“八”字形，上身就可能完全是打开的，但是在迈出了第一步以后，他就把自己封闭起来了。我们在这里看到的是一个犹豫不决的人，他处于停滞和前进的冲突之间。

如果这个人的胸脯也是缩进的，那么就可以断定，这是一个内向的、拘谨的或者是自暴自弃的人，因为他眼下还缺乏向前迈进的意志。

哪里“逃”？脚尖告诉你

在肢体行为语言的研究中，德国心理学家保罗·巴尔特斯认为，人们往往会注重对肢体行为的观察，而忽略了对肢体末梢的注意，但一个人肢体末梢的变化更能准确地透露一个人的心理。比如当一个人从背后和他人打招呼时，如果对方并没有转动脚的方向，只是略微转了一下身回应了一下，说明这个人并没有停下来准备继续交谈的意思。也就是说，当一个人的内心打算接纳对方时，他一定会作出与其心意相对的肢体行为。而在这方面，脚部的变化是最为突出和明显的。

无论是正式的社会活动中，还是在一般性交往中，一个人脚部所做出的动作更能准确地反映出他的心理意图。例如两个人正在聊天，聊得好像还很投缘，但假若一个人突然或是逐渐地将他的双脚从面对对方的这一侧移开了，就说明这个人对谈话内容发生了某种心理上的变化，或是不想再继续听下去了，或者是对方在谈话中无意说错了什么引起了他的不满。如果仔细观察就会发现，这时想离开那个人的一只脚会向一侧略微移动一下，而其脚尖也会指向他所要离开的方向。这就是一种明显的心理变化，而做出这种脚部动作的人说明在其心理上产生了逃跑的意图。可以说，了解了这些心理上的微妙变化，在职场或是生意、社交场合中，往往能够避免一些尴尬局面的出现。

另有一种脚部行为值得注意，那就是当一只脚出现了背离重心的现象，这时候表明，这个人的心情是处于兴奋或是感到舒适的状态中。这种现象在生活或工作中可以说比比皆是，例如一个人站在那里打电话时，如果他听到的是让他感到开心和高兴的事情，他就会将一只脚的脚跟着地而脚尖向上翘。也就是说，这种翘起脚尖的行为就是一种心情愉悦的表达。

还有一种不同意义的背离重心的表现，那就是起步逃跑行为的准备动作。这种行为如果发生在站立时，其表现可能会明显一些，因为当一个人在预备起跑的时候，通常都要跷起站在后面的那只脚的脚跟，脚尖点地，将重心全部转移到站在前面的那只脚上，同时与这些相伴而生的还有上身的略微前倾。在与人交往中，一旦发现对方做出了这种预备逃跑的姿势时，就说明他另外有事情要去办或是对对方的谈话失去了兴致，正打算寻找机会逃离当时的所处之地。

脚部姿势透露心理动机

在生活中，人们往往首先注意到的是他人的上半身，如眼睛、鼻子、嘴巴和肩膀等，很少有人去注意他人的下半身，尤其是他人的脚部动作。殊不知，这个被人们普遍忽视的动作背后却蕴藏着无数的信息。脚部动作最能够从侧面反映出一个人的内心世界。特别是那些说谎的人，他们的脚部姿势往往会在不经意间出卖他们。通过一些脚部姿势的细微变化，可以捕捉一个人的心理动机。

1. 双脚在一条水平线上分开的人

做出这种脚部姿势的人，通常都在公司中处于领导或上级等优势地位，他们在与下属谈话时，往往会做出这样的姿势。从这个脚部姿势便可以看出他们的自信，甚至他们的这种脚部姿势会让下属感到一种盛气凌人的气势，而这类人说话也往往是命令式的，大多不会耐心听取下属的意见，他们总是以“你应该”“你必须”等命令式的话语作为谈话的开始。

2. 把脚放在另外一只脚上的人

这种脚部姿势称为“4字形”，一般男性更容易做出这种姿势——男性往往想通过这种脚部动作向别人传达出自己处于优势地位的信息。这种人一般都非常自信且有主见，不会轻易改变自己的意愿；他们做事独断专行，遇到问题也不愿与他人商议，而是一味地凭借个人的主观意愿去行事，并总是希望别人也能按照自己的想法做事。而一些试图想要说服这类人的人，往往会产生一种挫败感，因为在这类人的潜意识里，自己就是主导整个事态发展的关键人物，其他人只要服从自己就行了。

3. 一只脚在前一只脚在后站立的人

站立时两只脚一前一后的姿势，是一个人内心深感不安、缺乏安全感的表现，通过这种方式可以缓解其内心的不安，从而增强他内心的安全感。这类人通常都是一些内心世界自我封闭的人，他们很少愿意与人吐露心声，而且在他们的内心深处，对别人存有一定的戒备心理。或许他们的这种心理与其成长的环境因素有很大的关系，在他们接受审讯时，也会习惯性地两只脚一前一后地放着。

总而言之，从一个人的脚部动作判断出来的内心信号一般都具有很高的可信度。当然，在仔细观察一个人的脚部姿势的时候，还要结合当时的环境因素的变化，这样才能做出更为准确的分析和判断，也才能够真正解读出一个人内心的真实情况。

第10章　形体动作：千姿百态的个性表演

透视体形背后的性情

美国身体语言专家莱特曼博士认为，形体语言是人们社交过程中一门重要的语言，并且可以通过形体背后的蛛丝马迹看透人心。莱特曼博士指出，虽然人的形体无法表达出人的内心想法，但人们却可以通过观察一个人的形体的变化分析出其内心的变化。因为一个人形体的变化可以真实地反映出这个人的性格和心理特征，并且可以通过形体背后所反馈出来的信息透视出他的内心世界。那么，形体背后反馈出来的哪些信息可以让人们透视出一个人的内心呢？莱特曼博士从以下几个方面进行了阐述：

1. 体形总体偏大，身体圆胖型

这类人的性格一般是开朗、乐观且拥有自信心的，他们非常喜欢且善于与人交往，也往往会主动与陌生人说话、交流，而由于他们拥有温厚的性格，因而深受周围人的欢迎和喜爱。由于他们还极富爱心和同情心，所以当别人遇到困难需要帮助的时候，会主动并尽力去帮助别人。其实，这类人还有一个显著的特点，那就是他们的忍耐性特别强，即便在生活与工作中遇到了对自己不公平的事情，也没有怨言，而是会踏踏实实地做好自己的工作。不要以为他们这样太傻，其实他们凭借这样的心理，不仅和同事的关系处得很好，老板也更愿意提拔这类人。

2. 体形纤瘦、身体苗条的类型

这类人的性格通常较为刚烈，给人的感觉也较为冷漠，而且他们的脾气也非常古怪。尤其是当别人的想法或者建议与他们的想法相冲突时，他们往往会朝别人歇斯底里地大声嚷嚷，直到对方被迫同意他们的想法和观点为止。更重要的是，这类人对物质和权力的追逐是无止境的，他们总是幻想着一夜暴富。他们非常吝啬，当别人向他们借钱时，通常是不会轻易借给别人的，即便是亲人和朋友，他们也会以种种借口拒绝。不仅如此，这类人通常还较多疑，他们往往会为一句话或者一件小事与对方大动干戈，以致这类人在别人的印象中，简直是不可理喻的，而一般熟知他们这种性格和心理的人，都不会选择再和他们深交下去。

体形显示出了一个人的整体轮廓，是一个人给对方留下良好印象的第一因素。而与人交往，首先进入对方眼中的也是一个人的体形，从一个人的体形中可以透视对方的心理。

从身高解读内心秘密

身高不仅是一种形体特征，更是一个重要的信号——通过它，可以分析出人的性格特征和内心世界。

1. 身材高大魁梧型

这类人一般非常要强，同时也有强烈的进取心。在很多时候，他们总是具有快人一步的工作精神，因为他们不甘于落人之后，且每时每刻都在激励自己要超越别人。这类人有一个最大的优点，那就是他们通常有着非常强大的自信心和耐力，当他们在做某一件事情的时候，总是会坚信自己一定能成功，并且会坚持到底。更为重要的是，他们还拥有开朗的性格，因此，即便他们所做的事情取得的结果并不理想，或者说失败了，他们也往往不会气馁。从这一点上来看，他们对待工作与生活是非常理性的。而对待事情非常理性的人，思维都十分敏捷，反应也相当机灵，当出现紧急状况时，他们还能够利用理性的思维当机立断，因此能够更好、更及时地处理危机事件。

此外，他们还总是对别人抱有很高的期望，尤其是对于他们信任和器重的人，他们希望这些人也能够和自己一样富有进取心，热情开朗地对待生活与工作，并且希望这些人和他们一样，信心十足。但是，当他们所期望的这些人在工作上出现失误时，他们便会满腹牢骚，并且指责对方，因为他们不希望看到自己寄予期望的人出现糟糕的情况。而他们在工作上本身就有着很强的纪律性，总是把工作做得一丝不苟，直到领导和下属都满意为止。他们尤其讨厌那种被别人催促着工作的人，在他们看来，被别人催促着工作会直接影响到他们对待工作的态度和积极性，甚至影响到一个人的人格魅力。而他们也不会依赖别人帮助自己完成某件事情，他们的人生格言就是通过自己的努力去完成任务。因为他们始终认为，过分地依赖别人，会给自己的成长和发展造成不利的影响。

2. 身体矮小、瘦弱型

这种人虽然看上去有种营养不良的感觉，但他们内心却非常机敏，对待事物也总有着他们独特的看法和观点。他们似乎从小便有某种天赋似的，会把常人看起来不可能完成的事情，用自己的方式方法去完成，而这与他们原本矮小瘦弱的体形形成了鲜明的对比。或许，因此有了“不能以貌取人”这样的观点。这类人还总是喜欢用科学的思维和方法去论证一些观点和事情，并且对数字相当敏感，往往精晓非常复杂的运算，而且他们在语言方面也有极高的造诣，甚至还精通好几个国家的语言，对语言的学习和领悟能力就好像与生俱来似的。

此外，这类人通常都具有强烈的好奇心。可以说，这类人的好奇心也正是引导和促使他们去解开疑问的动力，而且他们也经常把这种好奇心带到日常生活中。在工作上，他们或许不是一个好员工，因为在他们的骨子里始终都有着自己创业的欲望，给别人做事只是暂时的，这也正符合他们内心强大的性格特征。但是，对于这一类人，美国心理学家斯腾伯格指出，他们有一个非常大的缺点，那就是他们在经济上总是会想着依赖于别人的帮助。比如，他们在缺钱时，首先想到的是去向别人借，而不是通过自己的努力去获得。而在创业的时候，他们也会选择依赖别人——这类人创业多半会选择合伙创业，而不是单打独斗。

站有站相，站出多少“相”

一个人的站立姿势能传递出其个人的某些性格信息。仔细观察一个人的站姿，可以了解一个人的性格特征和行事方式。

那么，不同的站姿透露出怎样的性格特征呢？

1. 立正的站姿

这是一个非常正式的站姿，显示出一种中性的态度，不表达任何或去或留的倾向。在异性间的面谈中，女人比男人更常使用这个姿势，直立紧闭的双腿传达出“不置可否”的信号。学校的学生们在跟老师说话时经常保持立正的姿势，公司的下级跟上级汇报工作、人们见到王室成员或者雇员跟老板交谈时，也都采用这个姿势。

2. 稍息的站姿

把身体的重心放在一侧的臀部和腿上，这样就能让另一只脚伸向前方，稍作休息。在中世纪的画作里，那些身份高贵的男主人公总是保持着稍息的姿势，因为这样的站姿能够让他们展示自己精美的袜子、鞋子和裤子。这个姿势非常有助于我们判断一个人当下的打算，因为人们伸出的脚尖所指向的方向，往往就是他们内心里想要去的地方，而且，这个姿势看起来也就像是一个人正要准备迈步的样子。如果是和一群人在一起聚会，我们伸出的那只脚，总是会朝向最幽默或是最吸引我们的那个人；但是如果我们想要离开的话，那只脚就会朝向离我们最近的一个出口。

3. 双腿叉开的站姿

这是一个传达支配意味的动作，属于非常典型的男性身体语言，如同展示胯部的站姿。这个站姿会把双脚坚实地踩在地面，仿佛在清晰地告诉别人，自己毫无离开的打算。展示胯部的站姿之所以成为典型的男性姿势，是因为这个动作能够强调男性的生殖器官，而这一点使得这个站姿显得颇有男子气概。

4. 双腿交叉的站姿

双腿叉开的姿势展现出开放或者支配的态度，双腿交叉的姿势则显示了保守、顺从或是戒备的态度，因为这种姿势象征着拒绝任何人接近自己的生殖器。

双腿交叉的姿势不仅会传达出消极和戒备的情绪，它还会让一个人显得缺乏安全感，并且引发身边的其他人也相应地做出双腿交叉的姿势。

5. 剪刀形站姿

这一动作表达“不置可否”的态度，但并不打算就此离开。对于女人而言，剪刀形站姿或是单腿交叉（一条腿保持直立，另一条腿弯曲与直立的腿形成交叉）的站姿传达出了两个信息：第一，她会继续待在原地，没有离开的打算；第二，持有拒绝接近的态度。不过，如果是男人做出这样的姿势，虽然同样意味着留在原地的想法，但同时还表达出另一个意图：希望对方不要攻击自己的弱点。

细察站立者的眼神和双手

一个人站立时，眼睛、手部等部位或作出与身体姿态相适应的动作，因此，在观察一个人的站姿时，再通过观察他身体其他部分的动作，有利于更准确地把握一个人的性情和心思。

1. 收腹挺胸，目光平视

习惯采取这样站姿的人，大都比较自信，或者比较在意自己的形象。不过，人在心情愉快时，也会不自觉地采用这样的站姿。

2. 双手背向身后而立

习惯采用这种站姿的人，一般都具有很强的自信力，喜欢掌控局势，或者把自己看做是居高临下的强者。不过，如果一个人将手背向身后而立时，一只手从后面抓住另一只手的手臂，可能表明此时他正在压抑着自己的负面情绪。但这种情况，在不同的环境中所表达的意思也有所不同。在服务行业中，这种站立的姿势，一般表明“我没有威胁”的意思。

3. 两手叉腰而立

如果一个人采用这种站立姿势，表明了他的自信心和心理上的优势；如果他的双脚分开，距离大于肩宽，躯体又呈膨胀感，则意味着有潜在的进攻性；倘若同时他的脚尖拍打着地面，则暗示着领导力和权威。

4. 站立时手插入衣袋中

采用这种站立姿势，通常表明一个人不想将自己的心思外露，他可能正在暗中策划某事。一般情况下，如果一个人将双手插入衣袋的同时，还呈现出弯腰弓背的姿势，可能说明这个人在生活或工作中遇到了不顺的事情。

5. 站立时喜欢靠墙或是靠着身边的人

习惯采用这种站立姿势的人，往往缺乏独立性，做任何事都喜欢走捷径。不过，这类人通常比较直率，而且容易接纳他人。

6. 站立时并拢双脚，同时两手交叉

这类人大都欠缺进取心，而且谨小慎微，喜欢追求完美。不过，这类人通常有很强的韧性，是那种个性平静且顽强的人。

坐有坐相，坐出多少“相”

下面就让我们来看看各种具体的坐姿是怎样体现一个人的性格的。

1. 右腿搭在左腿上，两小腿靠拢，双手交叉放在腿上

这种人让人第一感觉非常和蔼可亲，很容易让人接近，其实不然，在别人找他谈话或办事时，他们总喜欢摆架子，一副爱搭不理的神情，甚至会让你觉得很尴尬，以至于你不得不反思自己曾经做出的判断。他们不仅个性冷漠，而且心机很重，对亲人、对朋友，他们总要向人炫耀他那自以为是的各种心计，很多时候都聪明反被聪明误，以致周围的人都认为他们是心理不健全的那一类人。他们没有耐心，做事总是三心二意，也不能全力以赴、脚踏实地去认真完成。

2. 左腿搭右腿，双手交叉放于大腿两侧

这类人通常有较强的自信心，坚信自己对某件事情的看法。即便与别人存在分歧，也不会轻易受到别人的影响。

他们天资聪颖，工作努力刻苦，总是能尽自己的最大努力去实现理想，遇到困难，想尽一切办法去解决，绝对不轻易向困难低头。虽然有这种“胜

不骄、败不馁”的品性，但当他们完全沉醉在成功的幸福之中时，也难免会忘记周围人的感受，甚至有得意忘形之举。

他们协调能力很强，有领导的才能和欲望，他们周围的人也都心甘情愿被他领导。不过这种人性情不专一，比较容易见异思迁，“这山看着那山高”。

3. 两膝盖并在一起，小腿随着脚跟分开成一个“八”字样，两手掌相对，放于两膝盖中间

这种人性情比较内向，容易产生害羞、胆怯、忸怩的心理。如果是女性，表明她们缺乏信心，在公共场合，多说一两句话就会脸红，因此，在社交场合，一般很难见到这种人的身影。他们感情细腻，虽不温柔，但常常会给人一种莫名其妙的感觉。

他们是保守型的代表，对时尚有一种莫名的排斥。在工作中他们习惯于用过去成功的经验做依据，因循守旧，常常有惊惶失措的感觉。不过他们对朋友的感情是相当真诚的，每当别人有求于他们的时候，只需打个电话他们就肯定会效劳。

4. 两腿及两脚跟并拢靠在一起，双手交叉放于大腿两侧

这类人为人古板，性情自我、固执，不愿轻易接受别人的意见，即便知道别人说的是对的，也愿意固执地坚持自己的观点。

他们都有完美主义倾向，凡事都想做得尽善尽美，因此干的都是一些可望而不可及的事情。他们爱夸夸其谈，而缺乏求实的精神，做事缺乏耐心，哪怕只是短短十分钟的会议，他们也会显得极度厌烦，甚至反感。所以，在现实中，他们经常遭遇失败。

他们对于爱情和婚姻也采取完美主义态度，因此都比较挑剔，自己辩解为考虑慎重，但事实不然。应该说是他们的性格决定了一切，在他们心中已经有了一个“模型”，如果和这个事先想好的“模型”有半点差距，他们都不会去争取。

5. 踝部交叉而坐

这是一种控制消极思维外流、控制感情、控制紧张情绪和恐惧心理、表示警惕或防范的人体姿势。这种人一般性格内向，外表谦逊，几乎封闭了

自己的情感世界，即便是和自己特别倾慕的爱人在一起，也不敢有半点的语言表白，更看不到一丝亲热的举动，对于感情奔放的人来说，实在是难以忍受。在工作上，这种人踏实认真，虽然工作能力欠佳，却也能够埋头为实现自己的梦想而努力。

6．敞开手脚而坐，两只手没有固定搁放处

这是一种开放式的坐姿。这种人可能具有主管一切的偏好，有指挥者的天分或支配性的性格，也可能是性格外向，不拘小节，甚至是不知天高地厚。

这种人生性好奇，喜欢追求新鲜事物，偶尔也会成为引导都市潮流的“先驱”。他们喜欢标新立异，对于普通人做的事不会满足，总是想做一些其他人不能做的事。

喜欢这种坐姿的人，最喜欢和人接触，而他们的人缘也确实很好，而且他们不在乎别人对他们的批评，始终坚持按照自己的性格生活。这是任何人都很难做到的。

7．身体尽力蜷缩、双手夹在大腿中而坐

这种人往往自卑感较重，谦逊而缺乏自信，大多属服从型性格。

8．爱侧身坐在椅子上

这种人可能只为了心里感觉舒畅，并不想刻意给他人留下什么好印象。他们往往是感情外露、不拘小节者。

落座之间，心理突现

此外，不仅坐姿可以反映出人的性格，就是落座时的动作行为、方式也可以透露一个人当时的心理状态。下面就是一些典型例子：

1．在他人面前猛然而坐

很多人都以为这是一种随随便便、不拘小节的样子，其实不然，这个举动恰恰反映出此人心神不宁或有不愿告人的心事，因此以这个动作来掩饰自己的抑制心理。

2. 坐在椅子上摇摆不定或不断抖动腿部或用脚尖拍打地面

这说明此人内心的焦躁不安、有点不耐烦，或为了摆脱某种紧张感而为之。与你并排而坐的人，如果有意识无意识地挪动身体，说明他想要与你保持一定距离，可又碍于面子不便挪动。

3. 舒适而深深地坐在椅内

这种坐姿表示他有着心理优势。所谓坐的姿势，是人类活动上的不自然状态，在心理学上常称它为“觉醒水准”的高度状态，随着紧张的解除，该“觉醒水准”也会因而降低。因此腰部是逐渐向后拉动，变成身体靠在椅背、两脚伸出的姿势。此姿势并非一旦发生何事，立即可以起立的姿势。这是认为跟对方不必过分紧张之人所采取的姿势。

4. 将椅子转过来、跨骑而坐

这种人一般自我意识比较强，总想唯我独尊，称王称霸。或者是当人们面临语言威胁时，或对他人的讲话感到厌烦时，想压下别人在谈话中的优势而做出的一种防护行为。

5. 喜欢面对着别人坐

这类人应该比较好相处，因为他们希望自己能被对方所理解。

6. 斜躺在椅子上

这说明他比坐在他旁边的人更有心理上的优越感，或者处于高于对方的地位。

7. 直挺着腰而坐

是表示对对方的恭顺，也可能表示被对方的言谈所打动，或表示欲向对方表示心理上的优势，这些要视当时情况而定。

8. 始终浅坐在椅子上

这是一种处于心理劣势的表现，且欠缺精神上的安定感，也是缺少安全感的表现。因此，对于持这种姿势而坐的客人，如果同他谈论要事，或托办什么事，还为时过早。因为他还没有定下心来。

坐姿也是有性别的

在研究坐姿的过程中，身体语言学家还发现，有些姿势是有性别的，即很多姿势男性使用的频率要远远大于女性。

骑跨椅子的姿势：生活中，我们可以看到一些男性在同他人说话的时候骑跨在椅子上。这类人通常都是支配欲望很强的人，他们倾向于控制谈话，并希望他人能够接纳自己的观点。所以，当他们发现双方的谈话没有按照他的预想进行时，就会对此次谈话产生厌烦的情绪，这时，他们潜意识中的控制欲望就会促使自己利用一些身体语言来传达信息。

由于这个动作充分地展示了胯部的姿势，通常女性是不会做出这种姿势的。这种动作也会给男性带来安全感，因为骑跨椅子，将椅子作为隔绝自己与外部不安全环境之间的屏障，就像是在保护自己。

头枕双手的姿势：这种动作是两手叉腰的坐姿版本，和两手叉腰一样，手肘向外凸出，放在脑后，然后由发出动作者向后仰，头枕住双手。通常，这个姿势出现在管理者中，一般管理者容易在自己的下属面前做出这种姿势，他们利用这样的动作表示自信和无所不知。有时，那些自我感觉高人一等，或是对某件事情的态度特别强势、自信的人，也容易做出这样的动作，仿佛在说："一切都在我的掌控之中。"

女性因为身体上的特征，一般不会做出这样的动作，毕竟绝大多数女性还是羞于展示自己的胸部，所以头枕双手的动作在女性中很少出现。

行走中的性格"风景线"

不同的站立姿势可以体现不同的个性特征，同样，不同的走路姿势也能体现出不同的个性特征。

1. 走起路来速度很快，且五指伸得笔直

这类人大都认真严肃，言出必行，只要想做什么事情，就一定努力去做，直到达成目标。这类人对自己要求非常高，能遵纪守法，为人稳重、成熟富有责任感。只是过于严肃，往往给人留下太正经的感觉。

2. 走路时速度一般，手掌自然握成拳状

这类人属于行动派，说干就干，不喜欢办事拖泥带水之人。这类人很有正义感，喜欢帮助弱者，敢于仗义执言，在人际交往中，也比较受大家的喜爱。

3. 走路时习惯将手插在口袋里

这类人大都心思细腻，比较多愁善感。他们很看重感情，也很懂感情，因此，一生中会有很多感情经历。潇洒的外表，十足地吸引着异性，而身上偶尔流露出的忧郁气质，更为他们平添一种吸引他人的魅力。

4. 走路时速度较慢，双手五指自然弯曲

这类人属于自律性极强的人，但对他人却很宽容。他们看上去有点懦弱，但实际上非常有思想、有主见，是一个能成就大事的人。他们对待爱情也是忠贞不渝的。

5. 一边走路一边回头看

我们经常可以看到一些人，他们在走路时总喜欢一边走，一边回头看，好像后面随时会出现跟他有关系的人或事一样。这类人大都具有猜忌心理，而且有着较强的嫉妒心。

6. 走路时姿态很柔弱

这类人往往精神也很衰弱，即便有着强健的体魄，但往往经不起打击。因此，在遇到不幸时，会有精神崩溃的危险。

7. 走路时身体前倾的男人

这类人通常内向温柔，谦虚，有着良好的个人修养。虽然不苟言笑，但实际上很重感情，而且不喜欢向人倾诉心事。

在生活和工作中，人们不可避免地要和各种人打交道。交往未深时，如果仅从话语中去了解一个人，显然不会获得精准的信息，因此，需要从多个方面去观察，才能对对方有一个全面细致的了解。而一个人的走路姿势，从某种意义来说，是可以透露出其个性中的一些真实信息的。因此，在人际交往中，不要疏于对这方面的观察。

由步伐识别人性

性格不同的人，走路的步伐形式是有较大差别的，因此，通过对方的步伐可以了解一个人的性格和处世方式。

一个自信的人，即使在走路的时候，也有着地点。他从不奔跑，而是步履稳健。

一个步子稳健的人，显示出来的是自信心和解决问题的能力。

注重细节的人步子较小。他们不太愿意承担风险，而是步步为营地占据自己的地盘。

挥动双臂，大步向前，同时也表明，他很难刹住脚步。他的决定，不管正确与否，都无法阻挡。如果他付出了精力，就要发挥得淋漓尽致。

从容不迫的步子是从站立的位置开始的。把摆腿提高到不影响平衡的位置，然后摆腿变成了重力腿，于是后者取代了摆腿的作用。

如果步子再小一点，从容的自信就变成了一种审慎的行走方式。认识细节才可靠的人，走路的步子是很小的。比起自信的人来，同样走一段路，他们所花的时间也许要多一些，但是，犯的错误也会相对少一点。

步子小而快的人通常性格急躁，给人风风火火的印象。不过，他们大都行动力比较强，办事效率比较高。

步子过大会影响平衡。如果摆腿的动作幅度过大，在其站稳以前，重力腿就被拔了起来，这意味着，必须继续赶路，不能止步。喜欢冒险的人，走路就是这个样子的。在他们认为正确而充满成功希望的前进道路上，拘泥于细节，在他们看来是一种障碍。

走路踢脚的人，就像把球往前踢一样，喜欢领头，或者把问题从身边踢开。

走路时习惯迈方步的男人，这类男人性格稳重，不论遇到什么事，都能保持清醒的头脑，不会被带有感情色彩的东西左右了自己的判断和分析能力。这类人洞察力很强，深谙世情。只是会经常感到压抑，活得比较累。

走路时呈现军事步伐的男人，有些人在走路时，总是迈着很齐整的步伐，双手有规则地摆动。这类男人大都具有较强的意志力，对目标专注，绝不会受到外界环境和事物的干扰。这类人能充分发挥自己的所长，因此，在事业上会取得一定的成就。不过，这类人比较“独裁”，为了达到某种目的可以牺牲任何东西。

有人说，走路慢的人，最终也能达到目的地，那么，跨步的速度说明什么呢？有些人走路速度很快，使别人很难判断，他们是朝某一个目标奔去的，还是从什么地方离开的。但是有一点是可以肯定的：以这种速度，他们是不会给任何人提供批评机会的。不过，另一方面，他们也得不到任何赞扬，所以总是感到某种不满和失意。他们达到了目标，却得罪了周围的人。

第三篇

微行为：洞察行为习性中的性情密码

每个人都有自己的个性，个性对一个人的行为有着很大的影响和决定作用。每个人的一举一动，喜好习惯，诸如抽烟、喝酒、吃饭、签名等都在告诉他人，自己是怎样的一个人。只要我们做个有心之人，善于观察周围人的细微行为，就会发现，在人们各种细微的行为习惯中，就隐藏着他的个性信息，而且他的细微动作还能显示出其内心的微妙变化，据此我们可以采取有针对性的沟通策略，提高沟通效果，改进人际关系。

第11章 管中窥豹，看习惯行为知品性

喝酒方式透露真性情

饮酒是人们在社交场合最为常见的应酬方式，它是人们沟通和联络感情以及解决问题的较好的方式。迷恋杯中物之人，有些并非纯然是为了麻醉自己而买醉，他们有的还有其原则，有所喝有所不喝。这种对酒的品牌有所讲究和坚持的现象，道出了喝酒文化外的人性问题。因此，从一个人的喝酒方式和喝酒时的表现，可以看清其性格和心理变化。

1. 从喝酒表现看

（1）喝醉酒后变得爱哭爱笑，脾气暴躁者。大都具有谨慎且神经质的性格。酒后常以半开玩笑的方式数落自己的上司或说上司闲话，其中多少含有真心话。这些人在酒醒时大多温文儒雅，酒醉时则判若两人。他们在日常生活、工作中，大多是对长辈和上司的命令言听计从，做事一丝不苟，属于认真踏实的人。正因为如此，压抑于内心的不满亦较一般人更为强烈。

（2）无论何种场合都不会喝醉的人。大都具有自我防御性格，并极力避免与人深交？这种类型的人善于隐藏自己的真情，即使喝了酒，也不愿“吐真言”。在人际关系的交往中，他们只满足于泛泛之交，没有真正的知心朋友。稍有醉意，便滔滔不绝地大放厥词，习惯以自我为中心，自吹自擂，不仅对自己的欲求不满，并有强烈的表现欲。

完全不理会他人猛灌酒者，大都属于外向型性格或极端神经质的特质，不过这种人有自知之明且懂得量力而为。相反地，会一点一滴慢慢品酒的人，大多属于内向性格。

2. 从握杯方式看

即使是拿杯子这种简单的小动作，也有细微的差异。心理学家和行为学家从每个人握杯子的方式研究发现，不同的握法显示出不同的性格和心理，而且男女有别。

容易兴奋型的女性：总爱把杯子放在手掌上，边喝边滔滔不绝地说话，反映出她们活跃好动的特点。

追求地位的女性：喜欢握住高脚杯的脚，将食指往前伸出；她们只对有钱、有势、有地位的人或事感兴趣。

为琐事繁忙的女性：喜欢玩弄各种杯子。

沉思型的女性：常用一只手紧紧握着杯子，而另一只手则漫无目的地划着杯沿。

喜欢倾听别人谈话的女性：往往紧握杯子，甚至把杯子放在大腿上，以便集中精神听人谈话。豪爽型男性：喜欢紧紧抓住酒杯，拇指会按住杯。

有主见的男性：会把杯子紧握掌中，拇指用力顶住杯子的边缘。

沉思型的男性：常常用两只手抓住酒杯。

善于伪装的男性：总是用手捂住杯，就好像他们可以用同样办法，巧妙掩盖自己的情感似的。这种类型的人从不轻易在他人面前暴露自己。

吸烟背后的微妙心理

心理学家认为，抽烟的习惯和动作，是一个人处理各种生活压力，和表达喜怒哀乐及各式感情的重要表现。因此，仔细观察一个人的抽烟习惯和动作，便可窥见其人的性格和心理。使用烟斗吸烟的人：往往比吸卷烟者更为深沉、稳重、老练，这样的人做出某项决定时，往往是经过慎重考虑的。

1. 从吸烟姿态看

吸烟时，有人姿态优雅，有人急慌慌的，有人并不急于满足烟瘾，只为了加入吸烟一族的行列。吸烟的动机各人不同，姿态也因人而异，因此可以从中窥见瘾君子的“烟品”及性格。

把大拇指放在嘴边吸烟的人：意志较为坚强，富有独立性，也较为自负，讨厌别人对他发号施令，无论什么问题，若自己不发表一点意见，就会觉得不对劲。这种人最受不了无所事事地坐在角落，最喜欢在人群中忙碌地穿梭。

敞开手指拿烟的人：这是敏感而细心的人，这种人情绪相当不稳定，非常任性，因为爱逞强，所以不太容易亲近别人，实际上却是随和又喜欢人群的人。他们平时吸烟不是这种姿势，只有在心情不佳或精神紧张时才会这么做。

用指尖夹烟的人：性格温和，做事总会为别人留有余地，对于各种问题多半抱着消极的态度。这种人心地善良，不喜欢冒险，做起事来总要选一条安全而可靠的道路走。不过，他们却很会体贴别人，尽管是区区小事，也会全神贯注地去处理。

用指腹夹烟的人：这种类型的人为人踏实，是毫不含糊且可以信任的人？表面看来和善老实，较为保守；但有时会出乎意料地大干一场。这种人对于自己的生活方式很满意，富有自信，能靠自己的力量切实地完成分内的工作。

抽烟时手掌向外的人：是属于那种跟谁都能谈得来的人，只要独处一会儿，就会忍受不了，十分喜欢和各式各样的人接触。

略扬起头以嘴角抽烟的人：对自己的工作具有信心，可能成为某项专业的专家。不过，处事过于勉强又自视过高，通常与同事格格不入，即使发生纠纷或失败，也具有突破难关的冲劲，将来有发展。

抽烟时伸直拇指顶住下巴的人：具有强烈的阳刚气，不服输。对于工作上的竞争更有热情。对困难的工作具有挑战心。前途有望，属于高级管理人员。

喜欢抿着下唇抽烟的人：这种人性格稳定具有适应性，不会引人注目。处事虽非轰轰烈烈却很少失败，能按部就班地努力前进而获得成功。此类人进公司一两年内，很少有发挥自我才能的机会，三四年后才渐渐受到上司的信赖。不过，这种人欠缺工作主动性。

毫不在意烟灰过长的人：开会中或工作中不少人会忘了弹掉烟灰，这时通常是正在思考。如果平常都是这样的抽法，多半是对自己失去信心、身体状况不佳、感到自卑的人。

啃咬烟嘴的人：这种人被称为自虐型的人，当单位发生问题后，很容易把一切责任归罪在自己身上。虽然有一定办事能力却操之过急，阻碍了个人的发展。

只是抽口湿润的人：这种人大多是情绪起伏不定、易热易冷的性格。往往会因异性问题发生纠纷，造成工作上最大的阻碍。

嘴上叼着烟工作的人：这是对自己的工作带有自信或繁忙的象征，这种动作常见于记者或律师。如果自己的能力没有受到旁人的认可，他们会强烈反抗或意志消沉。工作的失败与成功呈两极化。

抽烟抽到接近吸口的人：这种人好处心积虑、猜疑心强，极少暴露真心的孤独型。处理金钱虽不至吝啬却会遭受误解。不过，由于从思考到实践有一段颇长的距离因而常错失良机。

急速吸烟的人：这种人比较性急、易怒，对人的好恶明显。尝试各式各样的工作，比只做同一件工作更能获得成功，对两个以上的工作感兴趣。

吸烟时两眼会不停眨动的人：显示其人是一个机警、难以亲近的人。

2. 从吐烟方式看

口中喷烟，使烟浮动且以此为乐者：必定是一个好静而不喜欢动的人。

吸烟时向上吐烟者：多是积极、自信、骄傲、有主见、地位优越的表现。向上吐烟的速度越快，说明其优越感和自信心越强；朝下吐烟，则显示此人情绪消极、意志消沉、心有疑虑、信心不足，企图遮掩某件事情。向下吐烟的速度越快，则越显示他的六神无主，或阴沉、沮丧的心情非常强烈。

吸烟时不向前吐烟，而将烟从嘴角吐出者：给人一种诡秘感，显示其积极和消极两种思绪的极端状态，当然，有时也可能是出于礼貌，怕把烟吐到别人脸上而从嘴角吐出。

吸烟时从鼻孔喷烟者：往往给人一种自负的感觉。向上喷的烟越高，表明其自信、优越感或得意的心情越强烈。但如果吸烟者总是低着头用鼻孔喷烟，则表现出一种焦虑、愁苦的心理状态。

从鼻孔或嘴角两端吐烟者：对工作的热情起伏不定而身体状况也不稳

定。喜好能一决胜负的事物，但做任何事都无法顺遂己意，常因欲求不满而烦恼。

驾车习惯反映个人习性

一个人控制汽车的方式，和控制自己的方式，有许多相似之处。如果把车子视为一个人肢体的延伸，那么开车的方法，就是肢体语言的机械化身。一个人在方向盘后的举动，反映出他每天的心情与态度。

1. 按规定速度开车

对他们而言，开车不过是带他们要去的地方，而不是一种真正快乐或刺激的经验。他们守法，尽自己应尽的义务，绝不少报所得税，通常以平稳、容易控制的速度开车。他们做任何事情都是中庸的态度，即使有很大的把握，也不会骤然冒险。他们为人可靠，不马虎，可能很适合在政府机关上班。

2. 行车速度比规定速度慢

坐在方向盘后面令他们觉得害怕，觉得无法操纵一切。他们总是避免把东西放在自己手里，只要有人授权给他们，他们立刻把权限缩至最小。他们嫉妒他人不断超越他们，而他们胆小怕事的个性也令他们的家人、朋友失望。

3. 超速行驶

他们不会受制于任何人。他们很积极，而且憎恨权势。他们不允许别人为他们设限，如果有人企图这么做，他们会找出极端而且可能很危险的方法，来维护自己的独立自主。他们的父母和老师很有可能都十分严格，而这是他们发泄心中怒气的唯一方法。

4. 大声按喇叭

在现实生活中，他们喜欢尖叫、大喊、发脾气；在马路上，他们则使劲按喇叭。他们对挫折的应变能力极差，经常觉得受到别人的威胁。他们通常以一连串的高声谩骂，来表达心中的焦虑和不安，发怒的程度完全和刺激他们生气的原因不合。他们做事无效率、无能力，即使哪儿也没去，却总是显得匆匆忙忙。

5. 不换档

他们希望所有事情都安排得好好的。他们比较喜欢寻找自己的生活方式，即使有时候这么做遭遇的困难比较多，他们也很少向他人请教。没有人告诉他们该往何处去，可能常常是他们告诉别人该怎么做。他们是一位实践家，凭直觉行事而且喜欢把事情揽在自己身上。

6. 绿灯一亮，抢先往前冲

凡事比别人抢先一步是他们生存的方式，他们喜欢胜利的感觉，因为他们不想被烙上失败者的标记．他们已经学会积极，有竞争力才能够成功。只要有一条线，他们总是第一个站在线上的人。他们不是向前看，而是向后看别人离他们还有多远。

7. 绿灯亮后，最后发动车

因为这样很安全，有保障，用不着和他人争吵。没有人会伤害他们，他们让别人挤破头去拿第一。他们早已学到，只要不锋芒毕露，就不会遭人拒绝或被人伤害：他们把这个观念也用在其他地方．让他人先走，他们就不必和他们竞争了。

8. 不学开车的人

不学开车使他们置身于依赖和无助的情境中。这增加了他们的自卑感，因为他们受制于他人。在他们生活的各个领域中，他们也是习惯退居积极者的背后。他人对他们的评价驾驭着他们的一举一动。

9. 永远没有驾照的人

他们擅长告诉别人他们要怎么做，但做出来的成果，却往往与他们所说的相去甚远。不过，只要有足够的刺激，他们最后还是会把事情做完。他们把自己想象成赢家，但心中却暗自害怕会输。他们天花乱坠的言辞可能说得斩钉截铁，但他们的行为却消极得很。他们的拖延战术，不但已经变成了一种再自然不过的行为，而且已经形成了一种模式。

10. 习惯坐后座

他人的成就令他们有被威胁之感，因为他们害怕自己想贡献心力时，不为他人信任与接受。他们喜欢别人依赖他们，希望在他们作决定之前，先来问问他们的意见。他们需要一再证明自己的重要性。别人总是绕道而行，先让他们下车。

吃有吃相，观“吃”可知人

从饮食习惯看，人只要生活在这个世界上，就一天也离不开食物，食物对于人的重要是无须多说的。从一个人喜欢吃什么东西可以观察出他的性格特征，同样，从一个人以什么样的方式来吃东西，也可以观察出他的性格特征。

1. 将食物分割成若干小块，然后一点一点慢慢地吃的人

这样的人，多是比较传统和保守的，他们为人处世都比较小心和谨慎，不会轻易得罪人，在很多时候都充当好好先生，保持中立。这一类型的人由于缺少冒险精神，所以在事业上所取得的成就不是很大。他们在很多时候比较机智和圆滑，有自己的主张，不会轻易地接受他人的建议，但又不会表现得太过于明显。

2. 吃东西讲究程序化，总是一项一项地全部做到位后才坐下来慢慢吃的人

这一类型的人思想多是相当缜密的，一件事情，他们总是会花很多的时间去考虑，把前前后后，左左右右凡是可能出现的问题都想清楚，并做出了适当的应对方法以后，才会动手去做。由于挑食所致，他们的身体可能不会很强壮，但头脑和智慧却是足够用的。他们习惯于凡事先做好准备，而害怕有意外的事情突然发生，如果是这样，他们就会感到措手不及，不知该如何是好。

3. 饭量很小，吃一点就放下碗筷不吃了的人

多是比较传统和保守的。他们的一举一动都非常小心和谨慎，总是不断地努力处好与他人之间的关系。他们为避免风险，凡事喜欢墨守成规，按照旧的方法去完成。这一类型的人做事稳妥有余，但冲劲不足，所以说他们不

适合创业，只适合守业。

4. 狼吞虎咽，风卷残雪的人

这样的人大多有较旺盛的精力，他们的性情很坦率和豪爽，待人真诚、热情，做事干脆、果断，自我意识比较强，有些时候常常自以为是，而听不见他人的规劝。他们有很强的竞争心理和进取精神，绝不会轻而易举地就向谁妥协和认输，而总是要与对方拼上一拼，搏上一搏。

5. 吃东西的速度极慢，总是细嚼慢咽的人

他们在为人处世方面多是相当重视过程的，过程和结果这两者之间常常是过程会给他们带来更大的快乐和满足。他们做事周密严谨，一般时候不会打无把握之仗。他们比较挑剔，对人对己要求都比较严格，有时甚至达到苛刻、残酷的程度。

6. 吃东西不知道加以节制，看到喜欢的就一定要吃个够的人

这一类型的人，性格大多比较豪爽和耿直，他们多有很好的人际关系，具有一定的组织能力，能使自己的周围经常团结着许多人。他们不懂得也不会掩饰自己的情绪，喜怒哀乐往往全部写在脸上，让人一目了然。

7. 从来不喜欢和他人一起进餐，而乐于自己单独一个人静静地吃的人

这样的人大多性格比较孤僻，有些自命清高和孤芳自赏。他们比较坚强，做事也很稳重，具有一定的责任心，能保持言行的相对一致，做到言必信，行必果。一般来说，他们在很多时候都能让自己的上司和亲人、朋友感到满意。

刷牙刷出的性情

我们每天都会刷牙，不同刷牙姿势的人在性格上也有细微的差别，下面对此进行一下简单的介绍：

1. 从刷牙方式上看

有的人在刷牙的时候采取的是上下刷的方式，这样的人一般自主意识比较强，不喜欢受他人的限制和约束。生活的态度比较积极，即使遇到一些挫

折和磨难，也能够以一种相对比较乐观的态度去面对，所以在他人看来，这样的人是能够给别人带来欢乐的，并且是可值得依赖的。他们通常能够营造出比较和谐的人际关系。

有的人在刷牙的时候采取的是左右刷的方式，这样的刷牙方式一般来说是不太正确的，但既然已经习惯了这样，形成了习惯，可能也就感觉不出错误来了。这种人身体内多是有很多的不安分子，他们非常叛逆，但缺乏宽容心和忍耐力，经常会因一些小事而和人闹得不愉快。这样的人由于其性格注定很难营造出相对良好的人际关系。他们在人际交往中容易钻牛角尖，常常跟人家过不去。

有的人只是在早晨起来的时候才刷牙，这样的人一般来说是相对比较注意自己在他人眼中的形象的，同时他们也在朝着尽力把自己最好的那一面呈现在他人面前的方面努力。

与上一种人恰恰相反，有的人只是在晚上临睡前的时候才刷牙。这样的人多比较缺乏安全感，所以凡事总是要做得妥妥当当的，以使自己安心和放心。这样的人为人处世多比较干脆利索，没有过多庞杂的而又没有具体意义的琐事。他们多追求在最短的时间内以最小的精力来完成一件事。他们对结果不要求尽善尽美，说得过去就可以了。

有的人使用冲牙机清洁牙齿，这样的人对于接受新鲜事物的能力，一般来说是很强的，但有喜新厌旧的倾向，接受容易，放弃也比较容易。他们大多内心不安分，喜欢猎奇，追求新潮、刺激。

有的人使用电动刷牙机清洁牙齿，这样的人多是一个很懂得享受的人，他们乐于凡事不用自己动手就可以达到目的。在自身条件达到可以使自己很好地享受的，自然不必说，对于无法达到的，常通过幻想来满足。

也有的人使用牙线清洁牙齿，这样的人在为人处世方面多是谨慎小心的。他们多有很强的自信心和责任心，能够很出色地完成一件工作，而且由于他们很讲信誉，多会得到他人的信任和肯定。

还有的人采用橡皮制品的尖端来剔牙，这样人的预防意识多不是太强，他们很少会事先做一些必要的准备，以免有突然性的事情发生，而导致措手不及。但这种人往往能防微杜渐，思维周密，即使发生突发事件，他们也能很快镇定，并积极化解。这种类型的人还有一个比较突出的特点就是有很强的攻击性，敢于向某一事物进行挑战。当他们发现自己犯了某一错误以后，能够主动地去改正。

2. 从挤牙膏方式看

挤牙膏其中也有一定的学问。心理学家发现，通过挤牙膏也可以观察出一个人的性格。

有的人把牙膏盖弄得不知去向，这样人的行为并不是我们通常所认为的这个人太粗心大意了。相反，这表明了这种人有很强的进取心，还有一定的胆识和魄力。在面临比较重大的事情时，一般不会临阵退缩，做逃兵。

有的人使用牙膏时非常谨慎。通常情况下，他们会轻轻地挤压。这样人的感情多比较丰富和细腻，温柔随和，比较浪漫，不轻易发怒，能体谅和宽容别人。但作为长辈，多会对小辈表现得过分溺爱。

有的人在使用牙膏时一次会挤出很多很多，这样的人通常大手大脚，在各方面一点也不懂得节俭。

有的人在使用牙膏的时候特别节省，这样的人在生活中知道节俭，但有些保守，中规中矩，显得死板，缺乏生机。除此以外，这种人多比较理智，不会有过激行为。

有的人把牙膏用到连牙膏管都卷起来了，这样的人多是具有勤俭的美德的，轻易不肯浪费任何东西，一旦浪费了，心里就会感到特别不舒服。这样的人在生活中多是一本正经，中规中矩的。

有的人在刷牙的时候习惯于从牙膏管中间挤牙膏，这样的人追求快速准确地达成目标。目光多是不太长远，他们对现在的关注程度要远远超过未来，可以算得上是一个及时行乐者。

购物方式现生活品位

去商场、超市购物是我们每个人都经常有的一种行为。付出一定的金钱就可以得到自己想要的商品，这是一种交易。虽然都是在做同样的交易，但不同的人却有不同的方式。

1. 从购物方式上看

请别人代自己购物的人，多是时间安排得非常紧，工作和学习非常繁忙的人。在他们看来，购物算不上一件什么大事，不值得自己抽出宝贵的时间亲力亲为。他们在为人处世等各个方面多是比较传统的，会尽量使大家对自己满意。

在商品打折时选购物品的人，他们多比较实际和现实，懂得精打细算，甚至有点唯利是图。他们固执，遇事虽然会与他人协商，但最后却会顽强地坚持自己的观点不放。他们会很满足于自己占优势，而他人在无可奈何的情况下不得不放弃的感受。

看目录购物的人，多组织性、原则性强，凡事都喜欢按照一定的规律和计划完成，否则的话他们可能会感到手足无措。这一类人比较健忘，所以需要不断地有人提醒他们，在什么时间去做什么事情。他们的随机应变能力并不强，偶发的事件严重的会让他们无法接受。

全家人一同出外购物，这一类型的人多有较传统和保守的价值观，家庭在他们的心目中的地位是无可替代的，他们对家庭有着强烈的责任感和深深的依恋。家庭很可能是他们一切行为的最基本出发点，家庭直接影响着他们行为处世的习惯，而他们的家庭也是非常和睦的。在他人看来他们整天围着家庭转，生活似乎太乏味了，但他们自己却很满足于目前的这一种生活。他们感觉较有安全感，他们的生活态度是非常实在的，选购的物品多既经济又实惠。

需要的时候没有，不需要了以后购买。

这一类型的人似乎在任何一方面行动都要比别人慢一拍，但他们并不为此而恼火。他们的表现欲望很强，希望自己能够引起他人的注意，所以时常会故意要一些小伎俩。

花一整天时间用来购物，这一类型的人多比较开朗和乐观，他们常常没有理由地就会感觉心情不错。他们较有耐性，总是能够找到很多理由和借口，安慰自己，使自己坚持到最后。他们有勃勃的野心，常常会为自己设定许多远大的理想和目标，并且实现起来态度也相当积极，可是他们的那些理想和目标，从某种程度上来说并不现实，所以到最后多半无法梦想成真。但在这个过程中，他们做一些事情还是有收获的。

2. 从付款方式上看

采用什么样的付款方式，这在很大程度上和处理生活中其他的琐事有相似之处，从中也可以观察出一个人的性格。

喜欢亲自付款的人，他们大多比较传统和保守，对新鲜事物的接受能力比较差，而偏重于循规蹈矩，守着一些过时的东西，缺乏冒险精神。他们缺乏安全感，有自卑心理，但又极希望获得他人能拖多久就拖多久，这一类型的人多有占便宜的心理，比较自私，缺乏公平的观念，总是想着自己少付出或是不付出就得到尽可能多的回报。他们在一般情况下不会轻易地去关心和帮助别人，对人虽不算太冷淡，但也算不上热情。

把付款的任务推给别人，这一类型的人常无法坚持自己的原则和立场。而习惯于服从和听命于他人，被他人领导。他们的责任心并不强，常会找理由和借口为自己进行开脱。在挫折和困难面前，会胆怯、退缩。

收到账单以后就立即付款的人，多是很有魄力的，凡事说到做到，拿得起放得下，当机立断，从来不拖泥带水。他们的个性独立，为人真诚坦率，无论哪一方面，从来不希望自己欠他人的，倒是可以他人欠自己的。

采用电话付费服务的人，对新鲜事物容易接受，并懂得利用它们为自己服务，但由于对某些东西的依赖性太强，常常会使他们丧失一些自我的主动权，而受控于人。除此以外，他们对人是有很强的信任感的。

第12章　见微知著，观细节行为察心机

明察人心于秋毫之末

中国有句形容人英明的话，叫做“明察秋毫之末”。秋毫之末，比针尖还细，但有些事情本质的区别，往往存在于秋毫之末。审理案件者所面临的情况往往很复杂，虚实相间，真假难辨，这就需要审理者能做到“明察秋毫”。明察秋毫之末，辨事精微、观察详细，才能做到准确地断案。识人也是如此，要善于观察一个人的细微行为，从中发现一个人的本质特性。

下面是三种从细微之处识破人心的策略：

1．从小变化看破人心

从小小的变化，可以体察到被认知者实际心理活动，是看破人心者必须学会的能力。

在美国有个有远见的妇女做了件聪明的事情。一天这位妇女突然取出了自己多年的某银行的所有存款，几天之后，这家银行倒闭了。很多人都十分纳闷她到底是怎样猜到的。后来这位妇女说：在不久前的一次聚会上，她见到这家银行的总经理。她发现这位老板服饰讲究，连指甲都经过高级美容店精心修整。她当即感到，自己的存款有化为乌有的危险，因为一个事业心很强的男子是不会花费这么多精力和钱财来修饰自己的。这个妇女从小处识人的本领确实不同一般。

尽管是小小的变化，里面一定隐藏着使之发生变化的力，在看人上其作用力就是人的内心世界，而使内心世界发生变化的原因，又是生活的现实问题。那个妇女就学会了这一看人本领，所以她避免了损失。

2. 从小迹象看破人心

有时，事情虽然还没真正发生，迹象其实已经显露。如果不能从初期的迹象去掌握即将发生的事实，这是非常危险的。有智慧的知人识人者能从小迹象识人，只要见到一点迹象，就能判断出事情未来的发展，并对人形成整体感觉。

春秋时，秦武王派甘茂攻打韩国的宜阳，甘茂担心会遭人毁谤，于是对武王说：

“以前，曾参住在费的时候，鲁国有个叫曾参的杀了人，人家告诉曾参的母亲说：‘曾参杀人。’他的母亲说：‘我儿子才不会杀人。’继续自在地织布。不久，另一个人又告诉她说：‘曾参杀人。’他的母亲依旧在自在地织布。不久，又有第三个人向她说：‘曾参杀人。’他的母亲立刻丢下梭，离开织机逃走了。

“以曾参的贤明和他母亲的信任，有三个人接连的疑惑，他的母亲都怀疑害怕了。我去攻韩国，小人进谗言则无处容身，请主公明察。”

甘茂能够从小的迹象中觉察到事物发展的必然，可谓“深谋远虑”，“老谋深算”，充分显示出了他的聪明才智。

作为知人识人者尤其应该学习甘茂的聪明才智，从下属的小迹象而推测其未来的形态，窥一小孔而知全豹。

识别笔迹中的心思痕迹

汉字的发明是一个奇迹，而汉字的笔迹与书写者的个性之间更有着神奇的联系。这可从下述不同的角度去认识。

1. 运笔走势

运笔有力，笔力浑厚，说明书写人性格刚强，气魄宏大，并有强烈的支配别人意愿，但这种人往往过于自信或容易自满；运笔协调流利，轻重得当，说明书写人善于思索，爱动脑筋，有较强的理解分析能力，善于随机应变；如果运笔轻浮，说明书写人缺乏魄力和毅力，在生活中常常不能如愿以偿。

2. 书写是否流利

如全篇文字连笔甚多，速度极快，说明书写人充满活力，待人热心，富有感情，并且动作迅速，容易感情冲动；如全篇文字工笔慢写，笔速缓慢，说明书写人性情和蔼，富于耐心，善于思考，办事讲究准确性和条理性，不善谈吐，但往往有巧于应机发言的才能。

3. 字形架构

字体简洁明了，没有花样和怪体，说明书写人比较诚实，办事认真细致，心地善良，能关心他人。如果字体独特，伴有花体和怪体，并夹杂许多异体字和非规范字，则说明书写人有较丰富的想象力和幽默感，但爱吹毛求疵，自我表现欲强，这种人多半多愁善感，很在意外界对自己的看法。

4. 外观轮廓

全篇字体大小适中，端正工整，说明书写人平易近人，温柔审慎，行动从容不迫，遇事较为持重。如字体很长，则说明书写人活泼好动，有较强的主动性和自信心。字形很大，甚至不受纸上格线的约束，书写人往往是办事热情、锐气洋溢，并可能在许多方面有所擅长的人，但这种人缺乏精益求精的态度。字形很小，则说明书写人精力集中，有良好的注意力和控制力，办事周密谨慎，看待事物往往比较透彻。

5. 大小布局

全篇文字松散而不凌乱，书写人往往是热情大方，不拘小节的人，这种人喜欢直言不讳，善于交际并能与朋友相处，别人征询他的意见时能以诚相见，并能宽恕他人的过失。全篇字迹密集拥挤，书写人通常沉默孤僻、谨小慎微，不善交际。

6. 字体倾斜的方向

字行习惯向上倾斜，说明书写人是个欢快乐观、力求上进，并总是精神焕发、希望成功的人，这种人往往雄心勃勃，有远大的抱负，并且能以较大的热情和充沛的精力付诸实现。字行习惯向下倾斜或忽上忽下，则说明书写人喜怒无常、情绪不稳定，遇到挫折容易悲观失望。每个单字都习惯向右倾斜，说明书写人比较热情开朗，乐于助人，待人接物均能以诚相待；单字习惯向左倾斜，说明书写人分析力、判断力强，理智能支配感情，不会感情用事。

通过笔迹识别个性，除以上几种识别方法外，还须对上述各个方面进行综合筛选，剔除假象，进行科学的抽象和概括，方可求得对书写人个性特征的完整认识。另外，随着一个人的成长，笔迹会有或大或小的变化，应仔细鉴别。

信手涂鸦涂出的性情

我们每个人都有这样的经历：在闲来无聊时在一张纸或是其他的什么东西上随便地涂涂写写。有心理学家指出，这种无意识的乱涂乱写，往往能显示出一个人的性格来。因为人内心的真实感觉，正是通过涂写这个过程显露出来的。

1. 喜欢画三角形的人

理解能力和逻辑思维能力多比较强。在绝大多数时候能够保持头脑清醒，思路清晰，有很好的判断力和决断力，但缺乏耐性，容易急躁、发脾气。

2. 喜欢画圆形的人

多凡事有一定的规划和设计，喜欢按照事先的准备行事。他们多有很强的创造力和丰富的想象力。

3. 喜欢画多层折线的人

多分析能力比较强，而且思维敏捷，反应速度快。

4. 喜欢画单式折线的人

在很多时候都处在一种相对紧张的状态之中，情绪不稳定，时好时坏，让人难以捉摸，因为单式折线代表内心不安。

5. 喜欢画连续性环形图案的人

多能够将心比心，站在别人的立场为别人着想。他们在大多数情况下都对生活充满信心，而且适应能力很强，无论什么样的环境都能很快地融入其中。他们对现状感到满足。

6. 喜欢在小格子中画上交错混乱线条的人

有恒心有毅力，做什么事情都有一股不达目的誓不罢休的劲头。

7. 喜欢画波浪形曲线的人

个性随和，而且富于弹性，适应能力很强。善于自我安慰，遇事愿意往好的方面想。

8. 喜欢在一个方格内胡乱涂画不规则线条的人

说明他的情绪低落，心理压力很重，但不会产生悲观厌世的想法，对人生还抱有很大的希望，并会寻找办法，解脱自己，朝积极向上的方向努力。

9. 喜欢画不规则曲线和圆形图形的人

心胸多比较开阔，心态也比较平和，对环境的适应能力很强，但有点玩世不恭。

10. 喜欢画不定型但棱角分明图形的人

多竞争意识比较强。争强好胜，总是希望自己能够胜人一筹，而事实上，他们也在不断地为此而努力，并且可以做出巨大的付出和牺牲。

11. 喜欢画尖角的图案或紊乱的平行线的人

表明他的内心总是被愤怒和沮丧充斥着。

12. 喜欢在格子中间画人像的人

朋友很多，但敌人也不少。

13. 喜欢写字句的人

多是知识分子，想象力比较丰富，但常生活在想象当中，有点不切合实际。

14. 喜欢涂写对称图形的人

做事多比较小心谨慎，而且遵循一定的计划和规则。小小短短的线，尤其是周围有一大片空白，这些线不是相互平行，就是成直角排列。喜欢顺手画这些东西的人多是性格比较内向的。他们对这个社会和自己所处的环境充满了恐惧感，总是想方设法地逃避。他们可能也很聪明和智慧，但通常不会有什么好的想法和创意，因为他们总是被一些无形的东西局限了正常的思维和思考，从而使得自己无法进行突破和超越。至于那些使他们受到局限的东西，很大程度上完全是他们强加到自己身上的。

15. 喜欢画眼睛的人

其性格中多疑的成分占了很大的比例。这一类型的人有比较浓厚的怀旧心理。

16. 喜欢画各种不同面孔的人

多是借画画的过程发泄自己内心的某种情绪。喜欢画一张笑脸的人多是知足常乐者；皱着眉头的则恰恰相反，可能是永远也不会感到满足；苦瓜脸或是扭曲变形的脸，多代表他们的内心是非常痛苦和混乱不堪的；大眼睛则代表他们的生活态度非常乐观；一脸茫然，用一个平凡的点代表眼睛，或是一条直线代表嘴巴，则表示心里有疏离感。

17. 不断地画同一个图形的人

多有很强的获得欲望。一般来说，这一类型的人的希望变成现实的机会都比较大，因为他们有股不屈不挠的精神，一旦确定下了目标，就不会轻易地改变。他们在遭遇挫折的时候可能也会失望，但绝对不会放弃，他们会用最快的速度调整自己的心情，再去争取。他们有野心也有干劲，在什么时候都知道自己在做些什么。

18. 画花草树木以及田园景象的人

多是性情温和而又非常敏感的人。他们对形状和颜色往往具有比其他人都突出的鉴赏力。这一类型的人多在文学、艺术等方面具有相当的才华和成就。他们淡泊名利，与世无争，向往安静平和的生活。

从签名观察对方的性格

名字是一个人的身份代号。古往今来，有多少人想名垂青史，可见人们对自己名字的重视。

时至今日，人们的交际圈越来越大，交际也越来越频繁，亮出自己名字的机会越来越多，于是签名成为人们一项重要的交际内容。签名有美有丑，有大气也有小气，千姿百态，让别人不仅获得签名者的个人信息，还把他们的性格读了出来。

1. 名字写得特别大的人

表现欲望强烈，喜欢招摇；注重表面文章，总是将非常多的精力用到衣着打扮上，给人留下良好的视觉感受，但不会让人对他们念念不忘，因为他们没有办法打动他人的内心。他们总喜欢将众多的任务揽于一身，但是他们的工作成绩暴露出他们的真实面目，那就是他们能力有限，遇到困难显得软弱无能，更有甚者无法善始善终，中途退却，所以他们没有成就大事的可能。

2. 名字写得特别小的人

他们的性格与签名特别大的人截然相反，不喜欢在大庭广众抛头露面，惹人注意，既不积极用特别的外表吸引他人的注意力，也不主动向他人打招呼和表示什么。他们对自己没有足够的信心，工作上的表现虽然不是十分积极，但属于自己的工作都能集中精力来完成，没有很强的功利心，甘于平淡的生活。

3. 名字向上的人

通常都有雄心壮志。他们不畏艰辛，坚定执着地朝着自己的理想前进，积极乐观，会想尽办法战胜眼前的困难。他们喜欢荣誉和鲜花，对世间的一切享受非常热衷，这也是他们不懈努力的最终目的。他们可以成就大的事业，同样也会将灾难降临到他人的头上。

4. 名字向下的人

通常是消极的等待者或妥协者，总是一副无精打采的样子，犹如大病初愈，又好像经历了什么沉重的打击。他们自信心不足，不敢设计理想，见到他人取得荣誉虽然有时也会热血沸腾，但转眼间又去随波逐流了。

5. 名字向左的人

不喜欢按照常规办事，喜欢标新立异和追求不同凡响。如果他们喜欢某个人，就会冷酷到底；如果讨厌某个人，则会热情周到，不亲假亲。他们喜欢表现自我，在陌生人面前直言不讳，而他们认真诚恳而又不失幽默的表现往往会博得大众的喜欢。

6. 名字向右的人

积极乐观，信心十足，总是一副充满朝气、和蔼亲切的样子，在人际交往过程当中经常主动向他人靠拢，别人也会笑脸相迎，和他们愉快地交谈。

但这并不是他们成为社交高手的主要原因，他们真正高明之处是“醉翁之意不在酒”，在交往的时候表面热心参与，而实际上置身事外，对全局进行缜密的观察，别人的一举一动几乎都逃不过他们的眼睛，所有的发展变化都在他们的预料当中。

名片是个人的缩影

进入社会以后，可以表示自己身份的东西，除了身份证就是名片。有些人的名片寥寥数语就交代了事；有的人琳琅满目，似乎想在小小的一张纸片上，诉说一生所有的故事。换言之，名片其实就是一个人如何看待自己的缩影。

1. 喜欢在名片上用粗大字体印上自己姓名的人

其职业多半是政治家、社会运动者、医生、自由职业者。爱好粗大字体的人，一般是为了强调自我，凸显自己，多半从事个性刚强的行业。这种人功名心强烈，性情温和且有绅士风度；但个性也很强，其中有些人很难接近；这种人的另一个特点就是善于辞令，懂得把握分寸，同时，待人态度温和。

2. 名片上没有印上任何头衔的人

通常具有特殊的创造力，讨厌被人驾驭驱使，也不喜欢对别人发号施令。

3. 喜欢使用质地、形状和色泽怪异名片的人

大多属于爱卖弄自我，独来独往，我行我素的人。会使用这种特殊名片的人，大多能言善辩，但很少真正对人发生兴趣。他们大部分好恶分明，比较任性，喜欢就是喜欢，不喜欢也会明白表示出来。因此，这种类型的人容易遭人诽谤，缺少协调性，且依赖感很强。

4. 喜欢用轻柔质感的材质制作名片的人

多为女性。她们大多性情温和，说话文雅而浪漫，具有敏锐的审美观。不喜欢与人争吵，会主动去照顾、帮助别人，但比较缺乏坚强的意志力，而

且很容易招来别人的不满和批评。

5. 喜欢加上护膜，使名片具光滑效果的人

大部分是神经质、虚荣心强的人。外表看起来，他们显得开朗、爽快，与人交往时也很和善；但实际上这类人喜欢大言不惭、故弄玄虚，疑心病和嫉妒心都很重。

6. 名片上印有绰号或别名的人

处事小心，神经质，叛逆心强，同时具有较丰富的创造力。由于胆小怕事和神经质的关系，这种类型的人通常对自己较缺乏信心，有自卑感，遇到困难和灾祸时，往往想一逃了之，不想承担任何责任，这也是他们下意识想用别名来分散责任的原因。

7. 在名片上附记自家住址、电话的人

责任感较强，精明干练，且有独立意识。一个人如果对本职工作缺乏责任心，就不会在名片上附记住家通信处，以避免自找麻烦，使家里变成办公室。

名片交换中的识人学问

另外，从交换名片的方式也可以看出对方的性格类型。

在社会上与人交往最频繁的事情，莫过于交换名片，你可曾想过在那短兵相接的一刻，其实隐含了不少不可言说的性格暗喻。

自己比对方先拿出名片的人，通常是为了向对方表示诚意。当对方将名片拿出来时，用双手接过来，是表示慎重、尊敬、温厚；接过对方名片，自己不递名片且没有任何反应，则表示蛮横、无礼与拒绝。

一般而言，在交换名片时，会在该名片上附记时间、地点的人，是属于头脑灵活，兴趣广泛，能出主意的类型。这种类型的人细心、认真，能广交朋友。

同时持有两张名片的人，一般都有深谋远虑的谋略。他们多有创新精神，往往会有超出常规的壮举。而且除了从事本职工作之外，一般都兼有第

二职业，不但兴趣广泛且神通广大。

经常以“名片用完了”之类的话表示歉意者，对生活和事业缺乏长远计划，为人轻率。当人家把名片递过来时，却说：“很对不起，我的名片正好用完了。”这会使得对方产生不悦，对这个人产生戒备心理。

另外，不分场合、对象，就随便乱发名片的人，多半有野心，喜欢抬举自己，自我表现欲强烈。这种人会忘了何时何地把名片给了谁，因为他们习惯把名片当成宣传单使用。与人相交不够诚实。虽然他们外表看似开朗谨慎，但实际上常有言行不一的地方。

经常若无其事地掏出一大堆别人的名片来，夸耀自己和这些人交情如何的好；或抓出一大把未经整理的名片，从中东翻西找寻找自己的名片。这种带着大量别人名片外出的人，大多属于以自我为中心的类型。他们活动能力强、才佳、精力充沛；但过分注重外表。

听懂敲门声的身体语言

敲门是生活和交际中经常出现的动作细节。一般来说，我们到朋友家做客或者进入公司、客户的办公室的时候，都需要做这一动作。这也成了生活中应用得非常普遍的一个动作，通过这一动作细节，我们可以判断出很多价值的信息。

当听到一个稳健响亮，犹如泰山压顶的敲门声。我们可以判断出敲门者是一个办事沉稳的人，也是一个非常讲究礼貌的人，他的敲门声往往也表示出他一定是有非常重要的事情要说明。

当听到一个短促凌乱，响若雷鸣的敲门声，常给我们紧张的感觉，这也表明敲门者是一个急躁的人，他（她）的来访不一定非常重要，但是他（她）的表现却是非常着急的情形。

当听到一个轻软无力，细若蚊声的敲门声，开始都不一定能够引起我们的注意，这表明敲门的人是一个缺乏自信，怯懦的人，他（她）也许是刚刚入行的推销员，也许是一个想提出请求却还没想好怎样开口的人。

当听到一个轻柔沉静，却富有节奏的敲门声，给人踏实的感觉，既不让人觉得紧张也不会被忽视，这样的人一般都是很文静的人，他们的来访也许只是一般的公事。

当听到一个沉重迟缓的敲门声，会让我们感觉像干裂的木柴，或者干涸的河床，这样的人多半都是很忧郁的，所以他们会在一些细节的动作中，将他们的忧郁无形地传递给他人。

当听到一个迟缓造作，软弱无力的敲门声音，让我们觉得有些烦，这是因为敲门的人往往都是很好虚伪的人，所以在他们的动作中也会处处体现出一些矫揉造作的成分。

当听到一个热烈激昂的敲门声，会给人余音不绝的感觉，我们可以从这个声音中听出会有好事发生，因为这是一个欣喜的人传达好消息的声音。

当听到一个干涩无劲的敲门声，会让我们觉得有一潭死水在那里，这让我们的心情也有些压抑，因为门外是一个非常苦闷的人，也许他（她）是来找我们诉苦的。

当听到清响急脆的敲门声，就像卵石相击那样，我们会明显地感觉到这个人的气势，这时门外也许正站着一位非常好胜的人。

在所有的敲门声音中，干脆利落的声音就像叮咚的泉水，让我们有听觉上的享受，这样的人通常会是一个非常高雅、非常受欢迎的人。

送礼行为中的种种心意

在中国，送礼是一个延续了数千年的礼节，特别是逢年过节，送礼更是人人不可不做的事情。送礼会让人头疼和心疼，结果送礼成为人们各种品位、爱好的集合，将人的性格透露出来。经常收礼的人不妨借鉴一下下面的内容。

1. 送便宜礼物的人

追求表面现象，希望通过视觉上的假象让人相信自己是真心诚意的，其实他们的做法只是一种自欺欺人。自控能力较差，常常会心血来潮，凭借一时的性起而想干出一番轰轰烈烈的业绩来，结果花费了很多时间、精力和金钱后才发现成功和自己这种人实在是无缘。他们胸襟狭隘，经常为鸡毛蒜皮的事大动肝火；总是期望用最少的付出换来巨大的回报，但在现实中总是碰钉子。

2. 喜欢送昂贵礼物的人

认为礼品的价格越高，花的钱越多，价值就越大。他们在送礼之前，要经过认真的考虑，想对方会喜欢什么样的礼物，对方值得自己花多少钱，其实这都是主观臆断，他们根本就不打算了解对方喜欢什么样的礼物。

3. 按自己喜好选择礼物的人

最典型的特征就是以自我为中心，有很强的自私心理。凡事都按照自己的喜好进行判断，很难考虑到他人的感受。在生活和工作当中，缺乏长远的目光，只注重眼前的既得利益。值得庆幸的是他们有较强的自信心，虽然脾气得不到大众的认可，但不断进取常常使他们获得成功。

4. 选择独特礼物的人

为了能够得到一件与众不同的礼物，常常耗费大量的精力和金钱。但他们送礼不是为了讨好对方，或是让对方替自己做一些关照自己的事情，而是希望对方能够重视和尊重他们。他们喜欢在大庭广众之下使用特殊的方式显露自己，而且不怕经受打击，具有很强的表现欲望。他们野心勃勃，在别人支持的情况下往往能取得成功。

5. 自己制作礼物的人

有丰富的想象力和创造力，能够制作出令人满意的礼品来，而且非常自信自己制作的礼品能博得对方的喜欢。他们善良勤劳，喜欢和人一齐分享劳动后的快乐和成功。但他们有些传统和保守，特别看中家庭和亲情，富有同情心，在条件允许的情况下周围的人都能得到他们无私的帮助，所以他们常常被人记起。

6. 送幽默礼物的人

如果送一只电动狗，必定会发出鸡的尖叫声，他们选择的礼物通常能给人带来快乐和惊喜。他们热情大方，随和而又善良，富有智慧，而且敏感，能窥探到他人的内心深处。但是他们不善于表达自己的感情，别人在接受了他们的快乐一面后，还要面对他们严肃的一面。

第13章　爱恨有因，察喜好行为明性情

8种色彩，8种人性

心理学家指出，人们绝少同时意识到颜色及形状。有些人会先注意到颜色，对色彩感觉敏锐；另外一些人则容易被形状、构图、线条吸引。这个心理上的选择原则被我们广泛应用在日常生活上。

1．偏好红色的人

在性格上活泼、大胆、新潮，对流行资讯感应敏锐，是容易感情用事的人。有强烈的感情需求，希望获得伴侣慰藉。缺点是：浮夸、吹嘘，注重外表修饰，有追求物质欲望的倾向。

2．偏好绿色的人

在性格上为人严谨、守本分，做事稳重，是值得信任的坚实派人物。感性方面较缺乏，经常不苟言笑，有耐性及实践能力，坚忍、认真，凡事按部就班，金钱使用也颇有规划性，能在稳定中发展事业。

3．偏好黄色的人

个性积极，喜爱冒险，乐观，爽朗，喜欢结交朋友，是达观、乐天的社交派人物。如果是女性的话，对爱情积极、主动，与异性交谈常有嗲声嗲气的语气，非常懂得善用撒娇的好处。

4．偏好蓝色的人

个性态度明朗、诚实，处事方式偏向中庸，既不躁进也不退缩，做事颇富弹性，具回旋空间。

5．偏好紫色的人

谨言慎行，喜怒不形于色，属于大内高手型。许多内心的想法都深藏着，不愿表达出来。姿态优雅，富神秘气质，不善于交际手腕，给人冷漠、高傲的印象。喜欢思索，很会压抑、控制自己的情感。

6. 偏好黑色的人

个性与紫色略为相似，但心态上更为阴郁些，孤独、自闭，希望保有独特的空间。

7. 偏好白色的人

个性爽朗直接、单纯，任何一个人只要穿上白色的衣服，都给人一种洁净、清新的印象。喜欢白色的人向往单纯、柏拉图式的生活，有隐藏本性的倾向。

8. 偏好灰色的人

缺乏毅力，性格怯懦、胆小，凡事依赖他人，没有自己的主见，耳根子软，容易受别人影响，改变已经决定或承诺的事情。

人们对不同色彩的偏好，也透露潜在的性格倾向。自己偏好的颜色常会反映在日常服饰或用品上。因此，借由某人平日爱穿戴哪一个色系的衣服、饰品，我们可以大略了解其性格。

从食物爱好看人性格爱好

一般人的身体状况，通常由其饮食习惯决定，譬如肥胖的人多半喜吃甜食，肠胃不好的人容易紧张，这些都是基本常识。而一个人的个性又与其健康状况息息相关，因此从饮食习惯去归纳一个人的个性，确实有一定的可信度。

1. 喜欢吃蒸制食品的人

性格比较内向，不轻易动怒，心里经常陷入犹豫、动摇的挣扎中，但很少流露出来。

2. 喜欢吃冷食的人

个性比较坚强，且不愿表现自己，给人不容易亲近的感觉。不过，这种人对大自然有浓厚兴趣。

3. 喜欢吃清淡食物的人

不太注重人际交往，不善于与人接近，情愿单独行事，性格倾向沉静而内向。

4. 喜欢吃甜食的人

个性属于热情开朗、平易近人．但有些软弱、胆小。

5. 喜欢吃辛辣食物的人

善于思考，遇事有主见，吃软不吃硬，爱挑别人的毛病。

6. 喜欢吃炖煮食物的人

性情温柔，和任何人都谈得来，富于幻想，但对于幻想的事物能否实现，则一点也不计较。

7. 喜欢吃烧烤食物的人

上进心较强，较能专心致志，性情急躁，爱出主意，但又缺乏当机立断的勇气。

8. 喜欢吃酱菜的人

比较稳重，善于埋头苦干，做事有计划；缺点是，不太看重人与人之间的感情。

9. 不喜欢吃酱菜的人

没有架子，平易近人，有钻研精神，能吃苦耐劳，但兴趣易因挫折而放弃。

10. 喜欢吃油炸食物的人

富于冒险，容易触景伤情，时有大干一番事业的愿望；但稍受挫折就会灰心丧气，偶尔好乱发脾气。

11. 喜欢吃大量肉食的人

多数有支配性的性格，领袖欲强，活动性高且有进取精神。一般来说，特别嗜吃肉食的人，也是社交圈中比较活跃的人，特别容易与别人合得来。

对所吃的食物不加以选择，常常是来者不拒，这样的人大多亲切而随和，在各个方面都不拘小节，更不会为一些鸡毛蒜皮的小事而计较。他们的头脑一般来说是比较聪明的，很有才华，而且精力相对旺盛，能够同时应付几件事情而做到游刃有余。

看饮酒品种可知为人

从一个人选择酒的品种类型，可以大致看出一个人的品位、性格和为人。

1. 迷信特定商标、品牌者

大都隐藏着不满的欲望或内心的创伤。有的人更不顾自己的身份和社会地位，消费一些对其来说属于奢侈品的东西。尤其是在公众场合抽洋烟、喝洋酒的人，他们的内心深处往往隐藏着强烈的表现欲，希望或幻想自己身处比目前的社会地位更高的层次，让自己看起来比实际情况好，这种类型的人大多具有歇斯底里的性格。

2. 喜欢饮威士忌的人

这种人适应性强，能充分采纳旁人的意见。出人头地的愿望非常强，只要有机会即渴望从中赚大钱或期待上司的认可。对待女性非常重视礼仪并表现亲切。会明确地表达自己的心意。不过，饮用法有以下的不同。

（1）喜欢喝稀释的威士忌的人

这是最普通的男性性格，渴望能充分把自己的观念传达给对方，适应力非常强。

（2）喜欢加冰块喝的人

无法确切地用词语或表情传达自己的心意。仔细观察周围的情况，易被他人意见所左右。但是，在公司里通常是平步青云。平常会掩饰自己的感情。

（3）喜欢喝纯威士忌的人

具男性气概、冒险心强，讨厌受形式束缚，对强权势力带有叛逆性。富有创造力、独创性又具正义感。外表上对女性表示冷淡的态度，内心却是温柔的。

3. 喜欢饮中国白酒的人

有些人偏爱烈性白酒，如果餐桌上没有白酒则索然无味，喜爱白酒者一般喜欢社交而又乐善好施。也有好好先生的一面，极在意对方的感受，易受吹捧，受人所托无法拒绝。对女性尤其亲切，即使失败也不在意。在公司或职场中由于关照部属而深受爱戴，却很难获得上司的认可。在混乱的局面中会发挥卓越的能力。这种男性多半为了认同自己而愿为对自己的能力有极大期待的人奉献心力。虽然失败多却也有大成就。

4. 喜欢饮洋酒的人

现在，饮洋酒的人越来越多。商店到处都有洋酒的陈列。用餐必定有洋酒，或约会中必喝洋酒的男性极具个性。这类男性多数追求豪华的生活，喜爱从事光鲜的工作，在服饰等方面也较挑剔。他们中有许多人有国外生活经验，也有些人则是崇尚新潮。

5. 喜欢饮鸡尾酒的人

喜好带点甜味的鸡尾酒者很少有豪饮型。与其说是喝鸡尾酒，不如说是享受那种气氛，或渴望与女性对谈。如果辣味而非调味的鸡尾酒（如马丁尼酒），是具有男性气概的表现，在工作上能充分发挥自己个性与才能，值得信赖。同时具有责任感，举止行动有分寸。喝甘甜的鸡尾酒是不太喜爱酒精的男性，或渴望邀约女性享受饮酒的气氛，或期待借酒精缓和对方的情绪。如果向女性劝喝酒精度高或较为特殊的鸡尾酒，乃是暗自期待利用酒精，使女性无法做冷静的判断。跳舞前劝女方饮鸡尾酒的男性，通常希望和该女性有更深一层的交往。

6. 喜欢饮啤酒的人

喝啤酒是表现轻松愉快的心情，渴望从苦闷的环境中获得解放。

约会时喝啤酒的男性，通常想要表现最原始、最自然的自己。如果向同行的女性劝喝啤酒，是渴望对方和自己有同样的心情，或内心期待愉快的交谈。既不矫揉做作也不爱慕虚荣，可称为安全型。

如果喝特别指定品牌的啤酒，这种男性可要警戒。有些人会选择和其公司系统相关的啤酒，而有些人也会在啤酒的品牌上表现个人的特性。事实上各品牌的啤酒味道相差无几，特别指定品牌只是心理上的作用。

选购外国啤酒的人性格上和洋酒派类似：特别喜好德国啤酒的男性，只是想向女性标榜自己异于一般男性。喜好黑啤酒的男性，通常对强壮的体魄向往不已。

看吸烟类型能知性格

从一个人的抽烟动作能看出其心理和个性，而且从一个人对烟的品种的选择上也可辩明其心理和性情。

1．喜欢抽雪茄的人

性情强悍、豪放、敢作敢当。

2．爱用名贵烟盒但里面却放廉价香烟的人

多半是虚荣心重又不切实际者。

3．女性吸烟者

多是“反女性”的女性，这种举动，不自觉地表达了一种企图脱离女身的愿望。

4．抽烟必选高级品牌者

说明此人好胜心强，或者想说明自己是有钱人。又或者，实际上没钱，骨子里却非常渴望成为有钱的人。

5．抽烟不择种类者

此人尚无烟癖，抽烟只是为了调剂生活而已。这种人比较容易适应各种环境，随遇而安，但自主性和原则性较弱。

6．喜欢吸无过滤嘴香烟

大多诚实可信，为人处世比较脚踏实地，人格魅力很突出。他们是很现实的人，不会把时间和精力花费在一些没有意义的事情上面。他们会以一种非常积极和乐观的精神为自己寻找创造快乐，然后享受。但对于某件事不尽如人意的结果，他们也会感到深深的懊恼。

7．没有在国外生活的历史，却对外国烟情有独钟者

对这一类型的人最好的解释就是这个人表现欲望和虚荣心比较强，爱出风头以吸引别人的目光。他们追求完美，对自己要求特别严格。

车型喜好揭示个人喜好

车子能使我们快速地到达某一地点。对车子不同的选择，除了能够反映出车主经济实力的差别外，更可以看出对方品位，以及折射出对方各自不同的性格特征。

1. 从对车的种类喜好上看

喜欢进口车的人：一般来说，这类人对大部分国产车的品质，都抱持怀疑态度。爱国主义之类的宣传号召很难打动他，他们根本不可能为了国家而牺牲自己的利益。

喜欢吉普车的人：吉普车使人能够探访许多交通工具无法到达的地区。他们把所有人抛在车后一团团的灰尘中，打算替自己开条路。吉普车就像他们一样不但能吃苦耐劳，而且原本就是为了吃苦耐劳而存在的。他们不需要空调，不需要美观的烤漆，不需要动力方向盘或电动刹车。他们所需要的是，在被太阳烤干的嘴边吸一根万宝路香烟。

喜欢豪华车的人：他们可能很有钱，也可能很穷，不过他们喜欢看起来很有钱。他们希望表现出与众不同，具有影响力，从他们衣服的剪裁和房子的大小，也可以看出这点倾向。然而，他们心中成功的感觉，多半来自于他人的赞美，而不是真正发自内心的自我肯定。看到别人开劳斯莱斯，可以让他们一整天都不舒服。

喜欢敞篷车的人：他们不想与世隔绝。当然，他们希望这世界也能进入他们的车里，有风轻轻吹过发梢，有阳光亲吻他们的脸，他们喜欢敞篷车带给他们的那份逍遥自在和男性气概的形象。

喜欢双门车的人：别人一进入他们车子的后座，就成了他们真正的俘虏，没有出入方便的逃生门。双门车对于有控制欲的人来说，的确具有某种特殊的吸引力。他们控制了旁人的生命，而且只要自己轻松舒适，并不在乎别人。

喜欢四门车的人：每个人都有属于自己的出入口，可以自由进出他们的车子，因为他们讨厌被人催促的感觉。他们给每个人一个出口，表示尊重他人选择的权利，即使对方选择离开他们，他们还是同样尊重对方的决定。然而，就因为他们不企图控制别人、限制别人，别人反而愿意搭他们的车。

喜欢省油车的人：随着油价飞涨，大多数人都希望自己的交通工具能够经济省油。所以，如果他们选择这一类的汽车，必定是个脚踏实地的人，而且非常现实。对他们而言，童年那种放纵自己的日子已经过去了，现在必须穿着得体，举止优雅。他们最关心的不是如何获取身份地位，而是保有目前已经拥有的身份地位。

2. 从对车身颜色的喜好上看

据心理学家的研究表明，一个人对车的颜色的喜爱在一定程度上也可反映出他的性格。

喜欢红色的人：具有较强的事业心，对自己充满自信、对人热情，喜爱开快车。

喜欢黑色和白色的人：属于工作热情高，万事追求完美的境界。喜欢蓝色的人：干事冷静，具有较强的分析能力。

喜欢黄色的人：乐观、好交际、朋友众多。

喜欢中绿、中银色的人：处事中庸、行事稳当、性格坚强。

从读书偏爱看性格

在心理学家眼里，读书不仅能增加一个人的知识和修养，还能在某种程度上反映出一个人的性格和心理。从一个人喜爱看的书，可以分析出其性格心理如下：

1. 喜欢阅读财经杂志的人

不喜欢安于现状，不甘寂寞，而且有知难而进的勇气，争强好胜，不愿屈从，最喜欢超越别人；崇尚权威，渴望荣誉，努力寻找发达的时机，为自己的人生谱写出光辉灿烂的一笔。

2. 喜欢读时装杂志的人

追求时尚，非常在意自己的外貌，十分顾及面子，在日常生活中会尽力改变自己在别人心目中的形象。出手大方，以掌握最新服装信息和流行趋势为乐事，以显示自己在此领域内的水平和能力；时间和精力都花费在了外表上，忽略了内在修养。

3. 喜欢读言情小说的人

非常注重感情，能够随着故事情节的发展而同小说人物一起悲欢。他们对事物有很强的洞察能力，自信和豁达；吃一堑、长一智，很快会恢复元气，有成就事业的可能。这种人以女性居多。

4. 喜欢看武侠小说的人

富于幻想，追求浪漫，心底深处有某种压抑很深的英雄情结，总是希望自己能出人头地；感情丰富，有时过于细腻，反而不受女性喜爱；个别人性格偏执，倔强，但不影响其引人注意的特性。此种性格的人男性朋友较多。

5. 喜欢读历史书籍的人

创造力丰富，讲究实际，不喜欢胡扯闲谈，把时间都用在有建设性的工作上面，讨厌无意义的社交活动。古为今用，他们能够从历史事件当中汲取对自己人生有意义的东西；具有很强的分辨能力，深受周围人的赞赏。喜欢看传记的人。具有强烈的好奇心，谨慎小心，野心勃勃。他们善于衡量利弊得失，统筹全局，不打没有把握的仗，条件不成熟决不会越雷池一步。

6. 喜欢看通俗读物的人

喜欢看街头小报、期刊杂志。他们热情善良，直爽可爱，善于使用巧妙而又幽默的话语活跃气氛。他们有着非常强的收集和创造能力，趣味性的话题总是张口就来，经常成为办公室或社交场合中颇受欢迎的人物。

7. 喜欢看漫画书的人

一般都喜欢游戏，童心未泯，性格开朗，容易接近；无拘无束，喜欢自由自在，不想把生活看得太复杂；对别人不加防备，往往在吃亏上当后才发觉自己是那么的幼稚，能够吃一堑、长一智。

8. 喜欢读侦探小说的人

喜欢挑战思想上的困难，富于幻想和创造，想象力也很丰富；善于解决难题，面对困难能够从不同的角度进行分析，尝试解决，知难而进，喜欢挑战别人不敢碰的难题。

9. 喜欢看恐怖小说的人

简单的生活让他们感觉太乏味，渴望用刺激和冒险激活自己的脑细胞。他们有懒惰的性格，不喜欢思考，所以很难从周围获取乐趣和欢愉，同时对身边的人不感兴趣，所以不太合群，独处一隅的时间较多。

10. 喜欢读科幻小说的人

富有幻想力和创造力，常常被科学技术所迷惑和吸引，喜欢为将来拟定计划，但不讲究实际，缺乏持之以恒的精神；总是为他人喝彩，很少打造自己的辉煌，经常在幻想当中过日子。

11. 喜欢看传记的人

属于好奇心重、谨慎、野心大的性格。他们在做出决定之前，一定会研究各种选择的利弊得失及可行性，绝不会贸然行事。

12. 喜欢浏览报纸及新闻性杂志的人（特别是那些喜欢看时事文章的人）

多属于意志坚强的现实主义者，且善于接受各种新思想。

13. 喜欢读圣经的人

诚实而勤奋，是尊重掌握权力的人，同时也很容易原谅别人。

14. 喜欢读妇女杂志的女性

上进心强，渴望自己成为女强人，希望事事都表现得很出色。

从音乐偏好看人性

很多人和音乐结下了不解之缘，他们有的把音乐当成知己，把自己最深的感触向音乐倾诉；有的人把音乐当成毕生理想来追求，坚持不懈；也有的人把音乐当成导师，借用音乐的震撼来激发自己的活力和动力。我们也习惯称喜好相同音乐的人为“知音”，所谓知音难寻，指的就是每个人喜爱的音乐都不尽相同，而知音之所以可以相知相惜，就在于其个性想法相当。由此可知，通过分析喜爱音乐的种类也可以窥探到人的某些性格。

1. 喜欢交响乐的人

信心十足，踌躇满志，凡事只想积极的一面，所以能够迅速和他人打成一片，但对别人盲目相信往往导致吃亏和受损失；喜欢显露自我，处处显示自己的不平凡，希望上流社会能有自己一席之地，有不务实的缺点。

2. 喜欢听凄美歌曲的人

多愁善感，心地善良，体恤他人。歌曲如他们生命历程中的灯塔，指引他们前进的方向，他们人生中的大起大落，音乐常常起了推波助澜的作用。

3. 喜欢歌剧的人

思想传统保守，容易情绪化，易出现偏激行为。他们清楚自己的这个弱点，所以总是极力控制自己，避免不愉快产生。有很强的责任感，对自己的一举一动认真负责，力求以一个完美的形象出现在大众面前，处处要求尽善尽美。

4. 喜欢摇滚乐的人

害怕孤独，不能忍受寂寞，喜动不喜静，爱好体育运动；愤世嫉俗，对社会有不满情绪，经常把持不住自己，有时候会出现不愉快的事情，但他们并不在意；非常喜欢到处张扬，能引人注目，但不会给人留下深刻的印象；能够将爱好作为强有力的指导，借用摇滚巨星的光环使自己在世俗当中趋于平静，找到心灵上的慰藉；喜欢团体，将音乐作为满足各种欲望的工具。

5. 喜欢进行曲的人

墨守成规，不求变迁，满足现状，力求臻至完美，对自己要求甚高，不允许所做的事出现半点差错，而现实中的不完美常常使他们动摇、失望甚至遍体鳞伤。

6. 喜欢乡村音乐的人

成熟老练，轻易不会做出令自己后悔或有损利益的事情。他们细心而又敏感，喜欢关注社会问题，能够与遭受欺凌的弱小同呼吸。他们追求安静和怡然，不喜欢大城市的纷繁与喧闹，喜欢过一种完全由大自然控制的田园生活，并为此不遗余力。

7. 喜欢打击乐的人

大多率直天真、耿直爽快，对生活充满了希望，并精心设计自己的未来；为人处世以和为贵，不挑剔，同时也喜欢谈笑风生，具有很强的社交能力，能够得到大多数人的欢迎。

8. 喜欢流行音乐的人

属于平凡的随波逐流类型，在恋爱和人际交往过程当中，远离复杂的思虑，家人或爱人会为他们解决人生中诸多的问题，他们随时准备被感情俘虏；深层次的自省和强烈的感情是最不能忍受的，力图通过听音乐保持轻松和自在。

9. 喜欢古典音乐的人

理性较强，比较自省，能够用理智约束情感；从音乐中汲取相当多的人生感悟，结果常常形单影只，因为很少有人能与他们的思想和感情产生共鸣。

10. 爱好爵士乐的人

性格当中感性成分占的比例较大，大多喜欢宁静而富有情调的夜生活，很多事情都是凭一时头脑发热而去涉及，往往脱离客观实际。不喜欢受到约束，我行我素，总是有一些荒唐的幻想；追求新奇，讨厌一成不变，五光十色的夜生活常常令他们流连忘返；生活与理想相差太远，常常会感到一种莫名的恐惧与难以化解的矛盾。但他们外表虽然放荡不羁，对别人却十分关怀体贴，知道处处为他人着想。

从消闲嗜好看性格与心理

据专家分析，不同的休闲嗜好显示不同的性格与心理。

1. 选择游泳

这种人可能需要一个躲避每天沉重生活压力的地方，而水中便是最理想的“避难所”。

2. 选择露营

这项活动能满足人的某种原始欲望，无论是年轻人抑或是成年人，露营能有机会与大自然对抗。

3. 选择散步

喜欢散步的人必定是个充满自信、爱独立的人，会利用散步的时间想出解决问题的方法；同时，此种人兴趣广泛，比别人更能处理人生的难题。

4. 选择爬山

虽然爱好户外活动，但却并非是一个富于幻想的人，他充满活力. 愿意对自己的人生负起责任，而且往往表现得很出色。

5. 选择钓鱼

个性冷静而善谋略，耐性是这种人的特长，而且希望获得报酬，愿意长时间耐心地等待。无论做任何事情，都主张以谈判方式进行，但不崇尚暴力。即使他对任何人有什么不满，也不会形之于外，只会藏在自己心底深处。

喜欢骑自行车，他比慢跑的人更懂得经济运动学，因为他晓得如何以同样的能量走更远的路；此外，他还可以坐下来运动大腿。爱好骑自行车的他，不像爱慢跑的人那么死板，他会经常设定不同路线（慢跑的人通常都顺着同一条路线跑）。

喜欢做瑜伽，瑜伽与外在身体及内在器官的流畅性有关，尤其和脊椎顺畅与否更是关系密切。喜爱练习瑜伽的他，深刻体会到呼吸是控制自己生命的一种方法，也了解冥想和体力的发挥是同样重要的。在一般情况下，倒立有助于拓展视野，使他对事情的看法更透彻圆融。边做事边运动正如他在除草时做弯膝盖的动作。煮菜时伸手去拿香料，或在扫灰尘时做运动，那他是一个想像力丰富的人，是一个会让现实的工作变得有挑战性、值得去做的天才。他可能不太喜欢做家事，但他没有抱怨，反而把做家事的过程，转变为一种自我修养、自我改进的训练。别人想使他觉得厌烦、无聊，恐怕是一件很难的事；不过，如果他想使别人觉得厌烦、无聊，倒是易如反掌。

不运动。如果他知道自己的身材已经完全走样了，恐怕会心脏病发作。即使到这个时候，他仍然相信医学科技，可以像以前一样把他修理得完好如新。危机的降临是突如其来的，他实在不擅长训练自己，只好强迫他人来训练他。所以，他虽然不慢跑，但却是第一个跑去看医生的人。

第四篇

微形象：探寻服饰表象遮掩的真容

在人际交往中，初次见面时，对方的仪表、风度、着装所给我们的形象往往形成日后交往时的依据。一个人的形象不仅体现在表情、形体语言上，也体现在衣着装扮、服饰佩戴等细节部位，它们是展现个人风姿和特色的媒介，向他人无声地传递自己的社会地位、个性、职业、教养等信息，透过对方的穿着细节可以了解其内心思想和品性气质。

以人为镜，反观自己，我们也应当注重从细节上修饰自己的形象，以创造良性互动的双赢沟通局面。

第14章　衣着：穿着代表我的心

撩开衣着里的性格面纱

“衣服是文化的表征，衣服是思想的形象。”大文豪郭沫若先生曾这样说过。现实生活中确实如此，通过一个人的穿着能看出一个人的个性与品格。随着社会的进步与发展，当代人的穿着打扮也相应复杂多样了。当下人最主张显示个性，所以衣服的款式与色调越来越丰富，也越来越能张扬个性、体现个性。公关专家认为，不同的个性就有不同的穿着打扮，我们只要留心观察，也会从各式各样的服饰中窥探一个人的秘密，了解他的心理状况、审美特色，从而进一步把握其性格特征。

1. 经常穿大方、朴素衣服的人

性格比较沉着、稳重；为人真诚厚道，工作、学习很认真，办事原则性强，具有高度的责任心；工作起来踏实能干，比较含蓄，不爱张扬；遇事沉着冷静，理智处理。这类人的不足是：太过于本分，没有创新能力，缺少魄力。

2. 经常穿单一色调衣服的人

大多比较正直、刚强；理性思维较强，感性思维较弱。

3. 经常穿淡颜色衣服的人

个性比较开朗、活泼；谈吐能力较好，擅长交际。

4. 经常穿深颜色衣服的人

不太爱说话，性格比较稳重，显得很有城府，很老练；遇事冷静，深谋远虑，一般人很难与他耍心计。

5. 经常穿五颜六色、款式独特衣服的人

虚荣心比较强，爱成为外人注目的焦点，爱表现、个性张扬；但太趋于流俗，缺少优雅的成分。这类人特别任性，不听他人的意见，有独断专行的特点。他们爱自作聪明，其实很愚蠢，往往把事情搞得更糟糕。

6. 经常穿过于高档华丽的衣服的人

也是有很强的虚荣心，并且自我显示欲、金钱欲很强，是金钱主义的典型物质崇拜者。

7. 经常穿流行时装的人

他们的衣服跟着时尚走，流行什么就穿什么，毫无自己的主见，也没有自己明确的审美观。这类人情绪波动大，多具有朝秦暮楚的个性，很不守本分。

经常根据自己的喜好选择服装与款式、不受外界干扰的人

独立性比较强，有超人的判断力与决策力；并具有很强的自主性与毅力，一旦制定了自己的目标，就努力完成，不达目的誓不罢休。

8. 经常穿同一款式衣服的人

性格大多比较直率、爽朗，对自己有很强的自信心。这类人态度端正、是非分明；做事认真负责，大胆果断，显得非常干脆利落；对人很讲义气，很遵守诺言；但有时候有清高自傲的特点。这类人自我意识比较浓，立场很难改变。

9. 经常改换衣服的人

以女性居多。她们的衣服特别多，一天能换好几次。这类人爱炫耀，爱张扬，特别挑剔；待人不够真诚，做事是个完美主义者。

10. 喜欢穿无袖汗衫的人

他们的性格比较奔放、放荡不羁；但对人十分随和、亲切。这类人目标不大，爱只顾眼前利益，有享乐主义色彩；做事率性而为，不墨守成规，我行我素，喜欢突破、创新；自主意识比较强，常常以个人的好恶来评判一切。你如果损害了他们的正当利益，他们毫不手软，会讨回公道，决不姑息。

11. 经常穿长袖衣服的人

个性比较传统守旧，为人处世喜欢循规蹈矩；对新事物持排斥态度，没

有创新精神。这类人热衷于争名逐利，把自己的人生理想定得很高；但是能吃苦耐劳，适应能力比较强，即使在很艰苦的条件下照样能干出一番事业，所以很受人尊重。这类人爱当领导，喜欢夸奖，很注重自己在他人心目中的形象. 言谈举止都很讲究，衣着很严肃，很庄重。

12. 经常穿宽松自然衣服的人

多是内向型的。他们自我意识特别强，常常以自我为中心，比较孤僻，不愿与别人共处，爱独来独往。这类人大多很孤独，有时也想和别人交往，但总不能接受别人的缺点与不足，最终还是成为孤独者；做事也缺乏信心与魄力，但比较聪明，对事情有比较独特的见解。

13. 经常穿紧身衣服的人

虽然喜欢穿有约束的衣服，但性格是很开放不拘的；最不愿意受约束，常有叛逆心理，但力量微弱，容易被世俗的势力打倒，想超脱又做不到。这类人做事比较干净利落，生活很检点；如果是女性则很温柔，富有同情心。

14. 穿着马虎的人

穿衣服很不讲究，马虎邋遢。这类人缺乏机密性与逻辑性，但很有实力。他们富有积极性，对工作认真负责，待人热情，从事某项工作说到做到，有始有终；缺点是不喜欢别人指出自己的缺点，好面子心理很重。你一旦在面子上与他过不去，就会对你有报复心理。所以，你要谨慎地与这类人打交道，因为他们心胸比较狭窄。

衣饰颜色是会说话的色彩语言

色彩在服装的外观上有着难以言喻的魅力，它不仅能表现服装的质感，更能表现出一个人的个性和风度，是一个人整体形象中最具情感特征的部分。所以，从一个人喜爱的颜色上多少可以看出他具有什么样的性格特征。下面为你一一道来。

1. 选择黑色衣服的人

从表面上看可能会给别人留下神秘、高贵以及专业的印象。这类人，多是不善于社交的人，他们无非是用黑色来掩饰自己内心的不安或恐惧。

2. 选择蓝色衣服的人

蓝色是一种穿着相当普通的色彩，这类人比较喜欢宁静，无忧无虑，善于控制感情，很有责任心。同时富有见识，判断力强。个性也比较固执，不达目的绝不罢休。他们不擅长交际，所以只和志同道合的朋友自组一个小团体。固执己见，对旁人的意见缺乏采纳的雅量。

3. 选择深蓝色衣服的人

深蓝色是由冷静又感性的蓝色加黑色所形成的一种色彩，它既保留了黑色所具有的坚毅与神秘的特质，又增添了蓝色的韧性和毅力，造就了深蓝色既具有知性又具有管理的特质。喜欢穿深蓝色衣服的人应该是一位优秀的决策者。这样的人凡事都会缜密思考，比较容易成就事业，以男性居多。这些男性多半喜欢自立门户，为自己打工，但是不太喜欢接受别人的批评和建议。

4. 选择白色衣服的人

白色是一个纯净、没有任何杂质的色彩。选择白色服装的人，是一个比较追求完美的人，但又有实际的一面。这种人内心比较寂寞，渴望引起别人的注意和关心甚至爱慕。他们不太喜欢别人没有理由的客套，所以在外人的眼里，他们是那种既爱又怕，既做作又喜欢钻牛角尖的人。

5. 选择黄色衣服的人

黄色是一个心灵能量的颜色，它可以加速理想的实现，并能启发新的创意，但因为一般人不懂得如何挑选适合自己的黄色而给人一种愚蠢的印象。一个选择黄色衣服的人，通常是有着自己独特的见解和想法，富有高度的创作力及好奇心的人。他们心情欢畅、性格外向、精力充沛、做事自信、潇洒自如，说话也无所畏惧，不担心别人会怎么想。这类人具有冒险、追求刺激和新鲜的特征，无法忍受一成不变。

6. 选择绿色衣服的人

绿色是生机盎然的色彩，它代表生命的诞生和延续。喜欢绿色衣服的人个性谦虚平实，善于克制自己，不爱与人争论，心绪不易烦乱，很少有焦虑不安或忧愁之感。和善、可亲是这类人最大的特色，而且他们对于自己不喜欢的人也不会刻意地排斥或疏远。这类人道德感强烈，个性直爽，而且是聊天的理想对象。

7. 选择紫色衣服的人

紫色是一种既高贵又有点傲气的颜色，是由红和蓝结合而产生的色彩，它包含了精神和肉体的定义，是控制情绪的最佳辅助品。喜欢穿紫色衣服的人，是一个观察力和领悟力都极高的人。这类人性格比较内向，多愁善感，常常感到焦虑不安，但能够驾驭和控制内心感情的忧虑和苦恼。这类人一般具有不错的文化素质和涵养，往往以艺术工作者居多。但是常穿紫色衣服的人又有些自视清高，对非同一领域或和他不是一个档次的人或事情，往往会表现出不屑的态度，容易让周围的人觉得他们有矫揉造作之嫌。

8. 选择棕色衣服的人

棕色给人稳重但稍嫌压抑的感觉。这类人有强烈的基本欲望，他们个性拘谨，自我价值观很强烈，很害怕因为外来因素的介入而必须改变自己。但在外表及处理事情的态度上，却给人一种很大的信赖感。对于人与人之间的利害关系分得很清楚，容易给别人一种冷漠的倾向，但其耿直的个性又颇值得人信赖。

9. 选择灰色衣服的人

许多人都知道，“非黑即灰”在流行时尚界已经是一个千古不变的准则。其实，选择灰色衣服的人通常会是一个不容易相信别人的人，他们凡事一定会处理得非常完善才认为是大功告成，否则宁可不做。通常他们不会把事情随便交给别人，要取得他们的信任是一件非常困难的事情。

10. 选择红色衣服的人

红色使人精神振奋，但过度的红又会使人精神紧张、脾气暴躁。这类人大都是精力旺盛的行动派，不管花多少力气或代价也要满足自己的好奇心和欲望，会对自己专注的和感兴趣的事情投入百分之百的热情。但这类人往往缺乏耐性，一遇到挫折便会迅速地丧失原有的热情，情绪变化相当大。他们心直口快，说话做事不假思索，从不考虑别人的感受，也不在乎可能产生的后果，而且他们没有承担过错的能力和自我反省的勇气，习惯把责任归咎到别人或外在不可抗拒的因素中。

11．选择橙色衣服的人

橙色是一个高亮度的颜色，是繁荣与骄傲的象征，是自然的颜色，给人一种温暖的感觉。穿橙色衣服的人拥有开朗的笑容和充沛的活力，常常成为人群中的焦点，人缘奇佳，但往往也会因为不轻易得罪人使自己显得没有原则。他们害怕孤独，喜欢热闹，个性天真敏感。选择橙色的人通常都非常热爱大自然，并且喜欢户外活动。这类人做事优柔寡断又善变，使身边的人感觉他们轻浮而不稳重。

12．选择咖啡色衣服的人

咖啡色给人一种稳定和安全的感觉，虽然让人觉得老气，但却有一种表里如一的权威感。喜欢咖啡色衣服的人，外表冷静、内心热情。他们会习惯脚踏实地地去做每一件事情，纵使遇到挫折也是有苦自己咽，绝不让别人看到自己脆弱的一面，在情感的表达上多少让人感觉有点木讷。

13．选择茶色衣服的人

茶色是深沉而朴素的颜色。喜欢这个颜色的人，服装嗜好也偏爱不华丽但富有韵味的款式；很在乎事物内层的精神性表现，其存在并非引人注目，但是内在却具有良好的潜质；诚实又富有责任感，很容易被别人接纳。但是，有时会因为太过孜孜不倦而显得有些不知变通。

14．选择粉色衣服的人

粉色是红和白的结合，带有白和红的两种性格特点，可以说是感性与理性结合，知识与天真并存。选择粉色衣服的人多是单纯天真的幻想家，有着纯洁如白纸般的心境，成天活在自己编织出来的世界里。他们比较感性，处世温和，常常想让自己呈现出年轻、有朝气的感觉，甚至希望在旁人眼中是高贵的形象，散发着一股让人看到就很舒服的魅力，但却有强烈的逃避现实的倾向。

衣饰颜色是一种会说话的“色彩语言”，它传递人的心理状态、意向、性格、爱好、兴趣及身份等多方面的信息。掌握这种“语言”将会为你更加准确地看透对方增加一个更大的砝码。

窥帽可知个性之一斑

帽子不仅有御寒遮阳的功能，它还是一种增加美观、给人树立某种形象的装饰物。世界各地都在生产各式各样的帽子，出入任何一家娱乐场所、大型酒楼餐馆，都会看到“衣帽间”的牌子，这说明帽子对于一个人来说，有着十分重要的用途，它可以帮人们建立某种形象，使其个性在众人面前得以展现。观察一个人所戴的帽子，可以大致了解一个人的个性，收到窥一斑而见全豹之效。

1. 选择戴礼帽的人

希望让自己在他人面前表现得沉稳和成熟，展现自己的绅士风度。在他人面前，他们的服装会搭配得很得体，且十分整洁，即使是炎热的天气也会坚持穿皮鞋。这类人一般内心清高，自命不凡，颇有野心，因此在任何行业中都属于那种力争当主管的人物。

2. 选择圆顶毡帽的人

大多兴趣广泛，但很少表达自己的看法，容易服从他人的观点，是典型的中庸派，不想得罪任何人。这类人性情忠实肯干，执著而认真，认为只有勤劳的付出才有丰厚的收获，所以瞧不起那些不劳而获的人，绝不贪小便宜，对不义之财不沾手。

3. 戴旅游帽的人

会利用它来装点自己，凸显个性和气质，或者也会用它来掩饰自己的某些不满意的缺陷。由此看出，他们善于掩饰自己的缺点，真正了解他的人少之又少，因为一般人看到的只是其修饰过的一面。

4. 选择戴彩色帽子的人

通常也是搭配中的高手，他们会在不同的场合，配合不同颜色的衣服来佩戴帽子。这类人天生喜欢颜色鲜艳的物品，对流行的物件非常敏感。帽子对他们来说，时尚装饰的意义大过其本身功能。他们的生活多姿多彩，懂得享受和尝试人生中的各种乐趣。且精力旺盛，时刻都准备着做些什么，所以具有一颗不安分、容易躁动不安的心。但当各种活动都告一段落，喧闹散场，灯照离席时，他们也开始被空虚感包围，陷入情绪的低谷。

领带中飘逸的无声细语

在穿着西装的时候，每个男性都会搭配符合自己品味的领带，就像女性会选择相应的丝巾点缀衣装一样。而就是这样一件辅助饰物，也能将男性的行事原则和人品秉性完全展露出来。美国学者指出，领带也是男性展现个性的一种方法，他们是保守、权威，还是严肃，都可以从他们的领带中有所察觉。仔细观察一个男人所佩戴的领带，能够了解他的个性风格。

首先，我们可以从领带的搭配中见到端倪。

利用绿色领带搭配黄色衬衫：此类人是富有青春活力和朝气的人。他们做事喜欢干脆利落，对事业和金钱的欲望颇强，并对自己充满信心。不过，有时会鲁莽冲动，自控能力不强。

利用黄色领带搭配绿色衬衫：这类人具有艺术气质，他们性情柔顺，与世无争，对待他人温和而礼貌。喜欢按照自己的理想规划人生，并愿意付诸实践。相信辛勤的付出就会有丰厚的回报，因此从不担心生活会出现经济拮据的情况。

利用蓝色领带搭配白色衬衫：一般将这两个颜色结合在一起的人，具有少年老成的气质。他们对待工作非常专注，事业心强。有时容易出现急功近利的表现。不过外在气质仍给人事业有成的表象，并风度翩翩。

利用多色领带搭配浅蓝色衬衫：选择这类搭配的人，通常有热衷名利的倾向，他们容易受到诱惑，看到缤纷五彩的世界容易心猿意马。所以在爱情中，往往是见异思迁，在事业上容易因为物质上的贪欲而受到影响。

此外，从打领结的习惯中我们也能发现透露个性的蛛丝马迹。

领带结小而紧：喜欢这样打领带的人，如果身材矮小，则说明他们想凭借这样的领带让自己显得更“高大”“干练”；如果是正常身材，则说明他们气量狭窄，这种人紧张而疑心重，时刻处于警惕他人的状态，不允许他人显示出对自己的任何轻视和怠慢，否则会深深怀恨。谨言慎行的性格，让他们孤僻而自我，热衷于物质享受可却对他人非常吝啬，所以朋友较少。不过这正中他们下怀，因为如此可以防止闲杂人等来干扰自己的生活。

领带结松而大：这类人不在意外表，讨厌矫揉造作，是能将领带打到真正风度翩翩的境地的一类人。他们不喜欢拘束，是自由而浪漫的代表。性格积极向上，乐于主动与他人交往，在社交中如鱼得水、游刃有余，并深得异性青睐。

领带结适中：这样的人在打领结时一丝不苟，务必将之摆弄得恰到好处，说明这类人无论外在如何，都是非常注意自己身份举止的，可谓是彬彬有礼的绅士。他们在社交中注重言谈，且安分守己，带给人以和谐的美感。在工作中这类人也是十分敬业、勤奋上进的。

丝袜是女人的第二层皮肤

作为女人钟爱的装饰，丝袜是不可或缺的必备品。因为它们质地薄，就像是女人的第二层皮肤，装扮着女士们的美腿，令双腿看起来纤长有致、光滑细嫩；在天气冷的时候，还有些许抵御风寒的功能。再普通的女孩，也愿意花上几十元甚至上百元来购买。殊不知，这用来装扮的丝袜也能暴露出人的性格。由于选择丝袜的态度各不相同，所以也就显示出了主人性格的差异。

1. 穿着颜色鲜艳如红、绿、紫、黄和蓝等丝袜的人

通常倾向于要将衣服和丝袜搭配到“绝处”。她们重视本身的仪容，讲究色彩的搭配。适应能力强，能够打通很多人际关系，因此别人会认为她们很圆滑复杂。在工作上，比较适应公共关系之类的工作。不过这类人尽管经常与人交谈，却很少讲出其内心感受，也因此容易失去与人密切沟通的机会。

2. 选择连裤袜的，是喜欢跟着潮流走的人

跟随众人的喜好，是她们经常做的事情。通常，她们很重视人际关系，所以有可能在事业上受到他人的提携。因情绪较温和、稳定，所以与她们相处也很容易。她们很重视家庭，也时刻需要家庭的温暖和呵护。

3. 选择带袜的人

多为希望展现出自己与众不同的一面，追求性感、时尚的穿着风格。她

们的朋友也多是时尚的弄潮儿，所以在穿着打扮上，这类人算得上是有经验的高手。通常，因为具有极强的创新设计能力，这类人不会选择刻板的写字楼工作，而向往去做与时尚潮流相关的工作，不过通常缺乏耐心。

4. 那些鄙弃地摊货，一向在商场里购买上百元一双的优质丝袜的人

通常重视物质享受，对自己很慷慨。如果是经常穿，一方面说明经济富裕，另一方面则说明有挥霍消费的倾向。这类人喜欢结交上流人士，并希望能让自己也潜移默化地受到高贵气质的影响。不过若是仅仅为了装扮需要而偶尔购买一双两双，则说明她们在追求物质生活享受的同时也是很实际的居家者。

5. 选择购买十几元一打的普通丝袜的人

多是人群中的简约者。她们往往有重量不重质的倾向，忽略了生活品质的享受。在生活中，寻找伴侣的时候，通常是抱着需要结婚的态度去结婚，并很重视未来的配偶是否有良好的经济基础。在选择职业的时候，这类人常常以“收入”定乾坤，然后才考虑兴趣、前途及对社会的贡献等。

以“鞋”取人亦有道

自古罗马时代起，人们就开始用鞋来标志一个人的身份。出身高贵或者受过良好教育的人幼时就会受到这样的教育——鞋不仅仅单纯起到保护脚的作用，它更是一个人身份的象征。在英国，人们更是常常以“鞋”取人，因为，他们认为鞋是一个人真实情况的展现。所以，在观察他人时，不要认为鞋是微不足道的，它一样会让形象大受影响。

同样，从一双鞋中，还可以看出这个人的性情。对于很多人来说，鞋是判断一个人品性的检测器。

那些始终穿同一款鞋，钟情于一种品牌的人，思想独立，很重视自己的感受，不愿受他人的左右。他们清楚自己的喜好，从不违心做任何选择。做事谨慎小心，只在深思熟虑后做决定，并会竭尽全力去完成。他们重视家庭和朋友，是较为忠诚和专一的人。

喜欢运动鞋的，也喜欢轻松舒适的生活环境，一般是持积极乐观态度的人，他们待人亲切和善，是令人感到轻松和愉快的朋友。但生活规律性不强，较随便。

钟情普通的没有鞋带的鞋的人，可谓鞋如其人：一样普通，没有任何特别，穿着中规中矩，思想传统保守。他们的意识随从大众，表现欲望不强烈，但非常追求整洁。

有些人喜欢时髦鞋子，追着时尚同步流行，这类人是永远不会被落下的时尚群体。正由于有着对时尚的敏感度，他们很容易接受新鲜事物，表现欲和虚荣心也强。不过，有不切实际的倾向，时常不考虑时尚的东西是否与自己相符合。做事缺少周全考虑，容易顾此失彼。

绝大多数女性都喜欢高跟鞋，尽管她们明知道高跟鞋对自己身体有损伤，但爱美的天性仍使之愿意尝试。这样的人，希望能引起他人的注意，认为高跟鞋可以让自己的身材更完美，走路的姿态更优雅，因此是表现欲望极强的人。

除了考虑身高的因素，喜欢穿坡跟鞋的人也多是女性。她们脚踏实地，思想独立。通常受过较好的教育，因此注重内在而不注重形式。大多为人低调，崇尚自然，不爱慕虚荣，讨厌矫揉造作。爱情上，崇尚浪漫和激情，但绝不会随意玩弄他人感情，无论是对人还是待己都非常负责。

喜欢拖鞋的是最随意的一群人，喜欢在毫无压力的状态下，追求自己的感受，很懂得享受生活。喜欢顺其自然，做任何事情时都不会苛求勉强，且不会为了任何人去轻易改变自己。

喜欢露出脚趾的鞋子的，这种人不在乎愿意暴露自己的脚部，因此多是外向的人，思想较前卫和先进，性情直率和爽朗，身上总是具有朝气和自由的特征。善于与人结交，是个说到做到、拿得起放得下的洒脱人。

至于那些喜欢靴子的通常自信心不强，多是看中了靴子对脚部的掩盖比一般的鞋要多的特点，所以这是他们追求安全感的一种特殊表现，而标新立异的靴子也能给他们带来一定的自信。不难发现，这类人时刻对外界环境都保持着警惕，懂得在适当的场合和时机将自己不显山不露水地掩蔽起来。

淡抹浓妆遮不住真性情

西方人说“化妆品是上帝赐给女性最宝贵的礼物”。大多数女性在工作中、约会时，都会选择化妆。无论是出于礼节还是装饰自己，化妆都是女性必不可少的。它可以让五官中具有自信魅力的地方显得更突出，并隐藏那些不满意的缺陷。而从身体语言的角度来看，化妆，则体现了一个人心中不同的欲望。不同风格的妆容，又展现了每个人的特殊性格。

有的人喜欢淡妆，此类人大多没有太强的表现欲望，希望最好谁也别注意她们。她们只要求能过得去，简单地涂抹一下使自己不至于特别难看就行。她们大多属于聪明和智慧的类型，不会将时间和精力都耗费在梳妆台前；往往有着自己的想法与思考，而且敢打敢拼，所以较多人能获得成功。

与之相反，有的人则喜欢浓妆。女性在约会的时候，或是工作上有重要的提案要进行的时候，画的妆应该比平常要浓，可以说是充满干劲的“决胜负彩妆”。根据心理学家研究，画比平常浓的彩妆，会提高自信心与满足感，变得活跃、具有攻击性，也变得较具社交性。决胜负彩妆似乎真的具有效果，不过，奇怪的是，画这种妆同时也会变得情绪不安，这是因为“和平常的自己不同”。

具体到妆容的细节上，最容易影响别人印象的是脸孔，眼睛扮演了重要的角色，而唇部也会给人十分深刻的印象。现在全世界几乎有一半的女性每天都会用口红，她们中许多人甚至会感到不涂口红如同没穿好衣服一样别扭。你是否知道，使用过一段时间的口红形状能反映使用者的性格。不信，你打开口红软筒，看看女人的口红呈什么形状。

小小的光头形：说明口红的女主人坚毅果断、精力充沛、办事目的性十分明确。这种女性有幽默感，但同时又认真、敏感。她随时准备帮助周围的人们，通常有许多朋友。

口红呈内凹形：说明女主人兴趣广泛，多才多艺，以至于有时遇事难以决断，往往为了一点点小事也会大发脾气。

使用口红抹掉一边剩下另一边：说明女主人喜爱搬弄是非，耍点小诡计。此外，她们热情，但易激动。喜欢旅游和体验新事物也是她们的一大特点。

浅盘形：其暗示虽难以置信，但却是事实，口红形状越扁平，该女性越富有浪漫色彩。此外，她是一个理智的女人，可以信赖的女友，总能给你提出切合实际的建议。这样的女性记忆力惊人。

使用过呈半圆形：这种女性深知自己想要什么。她有文化品位，富有审美情趣，常给人一种孤僻冷漠的感觉，但如果深入了解后你会发现，她善良和温柔。不过，谁要是欺负她，她会设法报复的。

口红的浓淡不仅代表整体的妆容的浓淡，也能透露女性的心理信息，据研究发现，人们还能通过女性在化妆过程中特别在意的部分，来透析她们的性格。

有些人更注重眼部修饰。在女性化妆的过程中，眼睛一向是不可忽视的部位。如果女性非常注意眼部的修饰，则说明她们性情浪漫，因为眼睛是五官中最容易显露自己情感的。所以，她们对感情都非常投入，有时甚至不顾一切，即使对方不能接受自己也会表明心迹。

如果女性重视唇部的保护，并喜欢使用口红等化妆品，则是想突显自己的性感。因为加强嘴唇的形状，将让人感到充满魅力。在潜意识里，她们具有魅惑男性的意味，所以在恋爱中，她们一般是较为积极的一方，擅长发挥女性柔媚的特质，懂得掌控异性的策略。

而那些能做到每日进行彻底地基础护理，拥有水嫩肌肤的女性，一般给人年轻和纯净的感觉。就像她们会仔细护理肌肤一样，对待爱情具有很强的洁癖感和正义感，一旦付出就一心一意。不过，这类女性虽专一但难免具有强烈的独占欲和极强的妒忌心，从而会给恋人造成束缚感。

第15章　饰物：点点缀缀都是性情

小饰品中自有语言乾坤

常言道："清水出芙蓉，天然去雕饰。"自然之美固然让人沉醉，但除此以外，一些人为的创造，更会在自然的基础之上增添几分美丽。佩戴饰品就是点缀外表，提升形象的一种很好的方式。

在现代社会，无论男女，身上都会有一些凸显个性的小饰品——戒指、耳环、手提包、手机、帽子等。这些充满个人风格和情调的物件，常常被主人用于寄托不同的情绪。观察它们，也就等于是在窥察主人的性情秘密，由此，饰品的选择也成了身体语言的一种特殊体现。

一个人选择什么样的饰物装饰自己，也就是在选择增添怎样的个性化特征。喜欢为服饰搭配珠宝的人，一般用珠宝来点缀服装，并不是想突出自己的个性。他们重视整体造型多过凸显首饰，希望能完成一种完美和谐的搭配。他们通常是完美主义者，凡事追求完美，但自我表现的欲望不强，更希望能积极地融入周围的世界，与他人打成一片。

平常喜欢佩戴珠宝的人，很注意自己的形象和生活的质量，会时常用不同的珠宝首饰来改善心情，获得一种高雅的感觉。但如果喜欢佩戴体积大、坠多、灿烂醒目的珠宝，说明此人喜欢在人前招摇和卖弄，他们喜欢吸引别人的目光，也常常能成为众人的焦点。不过他们大多数热情乐观，喜欢幻想，并时常能带动他人的情绪。如果喜欢佩戴体积小、不太显眼的珍宝首饰，则这类人多谦虚而又高雅，内心平静，性情温和，在任何事情面前都追求顺其自然。行事较为低调，不想引起他人的注意。

喜欢佩戴手镯的人，一般都是有活力、朝气、精力充沛的人。若是佩戴华丽的时尚手镯，则是潮流先锋的领头人，对时尚的东西非常敏感；若是喜欢玉质的手镯，则是温柔聪慧，思想较为传统的女性。总体看，戴手镯的人是有追求、有理想的人。他们通常知道自己喜欢什么，想要什么，并会尽最大努力去主动争取，即使遇到迷茫的时刻也不会放弃。

喜欢搭配胸针的人讲究穿着，重视服装的整洁和搭配，在衣服上通常会别上一枚精致的胸针。此类人高雅而不失灵活，会用精巧的装饰提升整个人的气质。所以他们非常重视自己在他人心中的形象，希望能时刻引起他人的关注。在为人处事上谨慎周全，不贸然做出任何决定。他们性情有些多疑，信任自己多过信任他人，即使是最好的朋友，也有一定的保留。

有一些人选择的饰品多具有民族特色，对每个民族的服饰都充满浓厚的兴趣。这样的人一般个性鲜明，好奇心强，善于思考，对民族和传统习俗非常感兴趣。他们思维敏捷，但不盲从于主流，喜欢独自思考，常常对事物发表独特的见解和看法。

十指连心，戒指达意

手是人们交往中经常需要展示的部分，因此在手上佩戴的饰物通常比其他饰品更具意义。而戒指作为最典型的手上饰品，能给人带来不同的装饰作用，也无形中投射出某种性格。且将戒指佩戴在手上，首先就说明了它具有某种较为重要的意义。

1. 喜欢将戒指佩戴在食指上的人

多为女性，有让人关注自己手部动作的意向，但通常是喋喋不休的人，较为挑剔，一旦谈论起某事就喜欢大发感慨，甚至不讳言自己的秘密。这类人表现力丰富，大多没有什么心机。

2. 将戒指戴在小指上的人

也以女性居多。这类人具有独立的个性，追求自由和内心的无拘无束。但做事易见异思迁，缺乏定性。

3. 戴显眼的大戒指的人

通常还是女性，尤其是戴在中指上，显得较为大胆。实际上说明这类人具有强烈的自我显示欲，希望吸引异性的注意，成为众人瞩目的焦点。注意外在的打扮，服装上很讲究。喜欢与人攀谈，作风大胆，但自尊心强。喜欢冒险，但有时性情顽固，不喜欢受人指使。

4. 戴小枚戒指的人

生活态度积极，具有较丰富的想象力和创造力，只是偶尔会脱离实际。他们喜欢同他人交换对生活的看法，擅长沟通，知道该如何恰当地表现自己。

5. 对手工戒指情有独钟的人

通常性情较为独特和复杂。他们穿着方式独树一帜，时刻希望他人认识和注意自己。每次搭配服装都会费尽心思，一向对自己的穿着充满自信。

6. 佩戴标示生辰戒指的人

是内心容易感到孤独和脆弱的人，渴望他人了解和关注自己，很想同他人打成一片，所以也非常愿意了解他人，并给予对方一定的关注。

7. 佩戴自己的结婚戒指的人

一般是对配偶很满意，对婚姻较为投入，希望并愿意让他人知道自己是已婚人士，对家庭很重视。但若戒指过于奢华和硕大，则说明这人自我膨胀感和表现欲望很强烈，是个追求物欲的人，也希望财富会给他带来尊重及上流阶层才有的高规格特殊待遇。

8. 佩戴作为纪念戒指的人

喜欢回忆。他们缺乏归属感，渴望通过戴纪念戒指在心灵上与回忆保持一点联系。他们喜欢成为人群中的一员，热衷于参加集会，希望能得到更多人的关怀与肯定，以寻找到自己在生活中的位置，享受被诸多人熟悉的感觉。

9. 从来不带戒指的人

喜欢干净自然，他们一般独来独往，不喜欢杂乱和烦扰。在生活中，总是力求自然舒适。不喜欢交际迎合，认为在表面做功夫的人非常讨人嫌。所以，他们常会显得孤独、沉默，且难免给人以清高自许的感觉。

环珮玎珰，心神摇曳

身体语言学家指出，不同性格的女性会选择佩戴不同的耳环，例如活泼好动的女性，通常会选择小巧、呈几何图案的明快型耳环；而温顺柔和的女性，则爱富于曲线美或流线型的耳环。之所以不同性格的人对不同形状的耳环有特别的喜好，是因为她们希望借此寻求一种内心世界与外在美的协调一致。于是，形状和质地各异的耳环，也留下了研究人们性格的蛛丝马迹。

1．从佩戴耳环的形状看

佩戴心形耳环的人：一般性情体贴，浪漫多情，富于女人味，待人接物细致入微，对朋友大方热情，乐于帮助别人。具有很强的社交能力，且因为女人味十足而广受欢迎。对爱情忠诚执著，追求完美的结局。

佩戴圆形款式耳环的人：多为女性，较为传统，家庭观念强，性格热情、亲切，平易近人，对异性具有一定的依赖，喜欢小鸟依人的感觉。

喜欢椭圆形耳环的女性：一般具有较强的独立性和创造性，在事业和生活上与众不同，且具有一定的实力，能取得相应成就。

佩戴长方形或者方形款式耳环的女性：做事情一般井井有条，为人沉稳有原则，严肃而认真，是理智型的人。她们具有较坚强的性格，洞察力强，精力充沛。

佩戴橄榄形耳环的女性：通常性情外向开朗，喜欢接受挑战，喜欢标新立异，不容易被人左右。且一般事业心较强，工作非常专注，颇具野心。

喜欢佩戴手工做的耳环或者极具艺术色彩的耳环的人：有与众不同的天赋，具备创造才能和艺术细胞。这类人如能向文艺或戏剧方面发展，将会有所成。

佩戴小型十字架或者其他宗教意味耳环的人：具有一定的实力，但从不夸耀，较为实际和自信，对自身素质也十分满意。

愿意佩戴家传耳环而鲜少购买现代耳环的女性：一般内心传统而保守，十分顾恋家庭，忠于家人且会同等对待自己的挚友。

2．从佩戴耳环的质地看

同时，美国心理学家还指出，不同质地的耳环也反映了不同的个性信息

（前提是个人体质对不同材料的耳环并不过敏）。

喜欢戴金耳环的人：性格外向、自信、对人热情友善，但偶尔在他人面前会感到紧张和拘束。内心深处其实较为在意自己的举止，试图约束自己。

佩戴银质耳环的人：为人低调而追求淡雅，一向讲究秩序，做事喜欢按照事先制订好的规则，有循规蹈矩的倾向，容易让人感到毫无新意。

如佩戴的宝石耳环全是冒牌的人：这类人爱慕虚荣，好面子，对外貌非常在意，希望能在众人心中留下高雅、富有的印象。但在生活上要求颇多，十分挑剔，喜欢精品，哪怕是假的也在所不惜。

眼镜在交流中的妙用

心理学家通过研究发现，几乎人们所用的每一件东西，都有助于他们做出许多表明自己情绪或性格特征的姿势。而那些善于“察言观色”的人，正是通过观察一个人在使用某件物品所做出的各种动作来洞察别人的内心世界的。

人们用各种物品做出的动作可谓是多种多样，戴眼镜也不例外。其中，人们用眼镜做出的动作中，最常见的是将一只眼镜腿放进自己的嘴里，这其实是为了重温在婴儿时期吮吸母乳时所获得的安全感。

除了故意把眼镜腿儿放进嘴里这一姿势外，还有很多与眼镜有关的身体语言也能反映一个人的思想情绪或性格特征。很多时候，在商务或社交活动中戴上一副眼镜，往往会给人受过良好教育、聪明、勤奋、真诚的印象，尤其是当你的眼镜框越重时，给人的这种印象会越强烈，不管你是男性还是女性，这可能是因为很多成功人士所戴的眼镜通常都有较重的边框吧。所以，在很多商务场合中，眼镜通常是身份的象征。如果你戴眼镜的话，可能有时候你会觉得自己在通过望远镜看生活。但是，别人会觉得你是一个勤奋、聪敏的人，尤其是你在与对方第一次见面时。

但是，如果你戴的是深色或是镜片过大的眼镜，那么你看上去就没有那么聪明了。因为深色眼镜或是镜片过大的眼镜会使一个人看上去很严肃、很古板，甚至还会给人一种老气横秋的感觉。

眼镜作用可谓多矣，既可以用来辅助眼睛观物看路，也可以用来彰显一个人的身份地位，还可以用来遮阳。除了这些作用外，眼镜还有一个重要作用——帮助一个人在某些时候拖延时间。利用眼镜来拖延时间在很多商务场合中十分常见，其中屡试不爽的姿势就是故意将眼镜腿放在嘴边，以此来拖延作出决定的时间。除了这种常见的姿势外，那些戴眼镜的人还会采用另一种伎俩来获得更多的思考时间，即故意不断地将眼镜摘下，然后慢条斯理地在那里擦拭镜片。

如果你是个戴眼镜的人，眼镜是可以成为你和别人成功交流的道具，即说话时摘下眼镜，倾听时再戴上眼镜。这样做看似很麻烦，其实不然。这样做能够帮助你让对方感到放松，更好地控制交流。因为，在你的引导下，听话者很快就会明白当你把眼镜摘下的时候，就是你说话的时候，当你再戴上眼镜的时候，就是轮到他说话的时候了。这样，你们的交流能不顺畅吗？

眼镜和化妆是很多女性增强自己魅力、吸引别人注意的重要手段，尤其对于那些职场女性来说更是如此，如果她们在化妆的同时，再戴上一副眼镜，往往会给对方极为深刻的印象。

对于近视眼来说，隐形眼镜的发明真可谓是一大福音，因为隐形眼镜不仅能使人的鼻梁变轻松，还能让人的瞳孔看起来更大，更湿润，因为它能反射光线，还会使人看上去更加温和、性感，这在社交场合中是很有益的。

炎炎夏日，不管从美学角度，还是健康角度，墨镜都变得炙手可热。并且爱美的人士还有了新的发明，把墨镜戴在头上用作装饰，这会使人看起来好像在头上添了两只有神的大眼睛一般，其效果就像是婴儿的大眼睛或者是拥有大眼睛的玩具一样，会给人留下轻松、年轻和“帅气”的印象，让人产生好感。

不过，墨镜由于总会让人看不清墨镜下的眼睛，进而让人对戴墨镜的人产生多疑、秘密和不安的印象，尤其在开会时，某个人如果留给别人如此的印象，则一定不是什么好事情。

手提包：个性的代言

手提包在生活中与很多人形影不离，除去可以装东西的原始基本功能，它还能装饰主人的外表，传达不同的个性信息。且由于其款式诸多，对人性格的彰显也有不同的作用。可以说，选择什么样风格的手提包的人，同样就拥有着自己与众不同的性格。

那些经常使用公文包的人，如果不是出于工作需要，那么就是为人保守。待人真诚，对待家庭忠诚，是这种人最大的优点，不过他们往往对自己要求过高，有时较为苛刻。这类人办事小心谨慎，严肃认真。在工作上成熟稳重，能得到上司赏识和重用；在生活中踏实可靠，朋友虽不多但都是情谊深厚的老朋友。

此外，一个人公文包的尺寸与他对自己地位的认知有着密切关系。那些提着庞大而鼓鼓囊囊的公文包的人，总是要处理大量的工作，甚至下班后还要把工作带回家，因为他们是没有个人时间的可怜的经理。而小巧的公文包则会告诉你，它的主人只关心最核心的工作内容，因为主人的地位比经理更高。

另外，请记住，最好习惯于用左手拿公文包，这样当你与别人握手时，就可以从容地伸出右手，而不至于慌慌张张。如果你是一位女性，请永远不要同时拿着公文包和手提袋，这样别人会认为你不够职业化，做事缺乏条理。而且还需要记住一点，不要让公文包成为你和他人之间的一道屏障。

喜欢大型提包的人，一般性格多追求自由，心胸开阔，外向开朗，很容易和他人建立友善的关系。生活态度较为散漫，缺乏必要的责任感，没有定性，不注意同他人关系的维护，所以也很容易失去朋友。

通常使用休闲包的人，性情较为随意，其工作也有一定的自由度和伸缩性。这类人对待生活的态度非常轻松，不会过分苛求自己，积极乐观，懂得享受生活，能良好地安排公私事务，做到劳逸结合，从而保证在轻松地环境里将事情做好。

通常，年纪轻轻涉世不深的女孩子，会选择小巧精致的包包，这类包包一般装不了多少东西，仅能起到点缀自己的作用。但如果是过了年纪的人还热衷于用这样的包，则说明她对人生的态度很乐观，对未来充满期待。

一般使用双肩式背包的人，多为学生或者年龄不大，他们个性鲜明，精力充沛，热情活泼，时刻都充满希望。在生活中喜欢结交与自己性情相似的朋友，具有一定的交友圈子，并尊重那些比自己年长，事业有成的人。在工作上，对任何项目都跃跃欲试，尽管有时会略有不足，但很少受到指责，因为其敬业精神让上司感到满意。会经常为自己树立远大的理想，并激励自己不断努力。

某人如果不断更换新的挎包，一个比一个品质高档且花样不时翻新，说明他是个推崇物质享受的人。缺少理财的观念，花钱大手大脚。在工作中，这种人总喜欢做一些想要表现自己与众不同的事情，但却往往画蛇添足。人际上多纷争，因为他们容易从物质的角度去判断人，所以多酒肉朋友而少真心知己。

小巧玲珑的手机，包罗万象的心机

小小的手机，却能让人们更迅速、便捷地沟通。与此同时，在身体语言中，手机的不同款式也向别人透露了其拥有者的诸多秘密。

喜欢黑色滑盖手机的人：通常很积极，对未来会做很好的规划跟努力。配合时尚的黑色滑盖手机，稍加修饰即显得很优雅、高尚、有品位。在旁人的眼中，其一举一动以及所用的手机都会表现出是一个不平凡的人物。对待任何事情都自我分明，自我意识极强，同时向往一种破坏的快感。选择黑色滑盖手机的多是事业型女人，且感情比较专一。

追捧和使用流行机型的人：一般为人真诚善良、善于发现他人优点，也能包容他人不足，所以很容易亲近。在情感上，这类人从小到大都不乏桃花，但很难深入发展，因为他不了解别人需要什么，也没有想过要思考，而是自顾自地投入。所以虽然投入不少，但总难有满意的结果。

那些使用简单便携普通机型的人：通常朋友较多，易于接触，且朋友遍天下也为他创造了不少的机遇。不过他们容易从众，容易自我迷失，不知道自己真正想要的是什么。在感情上，他们虽然很投入但原则性不强，且不相信自己的分析能力，所以经常处于左右为难的境地中，意志不够坚定。这类人得在朋友和家人的帮助和支持下，才能顺利恋爱。

经常使用金属机型的人：大多生活适应能力很强，如果能遇到好的机遇，将会在事业上有较好的发展。但是这样的人通常缺乏坚强的意志，容易半途而废。在生活中，表面看来他与任何人都能相处得很好，但实际上他从不表露自己独特的个性，也不想让他人了解，把自己藏得很深。一旦碰上感情问题，更不容易敞开心扉，所以他的感情世界是孤独的。

有些手机具有防水防震功能，使用这种运动型手机的人：阳光味十足，性格开朗，热爱生活和运动，人缘很好，身边经常有很多同自己有共同特征的朋友。在感情上，虽然外表看起来有点花心，但内心追求的仍是那种唯一的爱情，如果碰到了对的人，其义无反顾、一往情深则是非常打动人的。

还有一类人，对于他们来说，机型并不重要，重要的是实用、方便，是天生的工作狂，认为只有工作着，才感到自己生活着。这类人最大的优点在于敬业，但是过分敬业也让他生活得非常辛苦，不过他们自己应该是乐在其中的。生活中，非常注重家庭，尽管恋爱方面缺乏技巧，较为被动，但一旦结婚就是个非常具有责任感的人。总而言之，在这种人的观念里，家庭和工作都是生活的基石，他们会竭尽全力保持两者的平衡。

解析手表款式中的心理特征

在现代社会中，手表的功能已不再仅限于查看时间，人们佩戴手表更多的是看中它的装饰功能。而且，手表的款式以及功能特征，能在很大程度上反映出一个人对生活的态度。一个人所佩戴的手表的功能和款式与他的性格有着密切的关系，通过观察一个人所佩戴的手表，就能从中推断出他具有怎样的心理特征。

1. 喜欢佩戴新型电子表的人

往往与众不同，性格独立，不喜欢被人约束，喜欢自由自在的生活，而且会坚持按照自己的想法做事。这类人很难向他人表露自己的内心，所以几乎没有人可以了解他们。在他人眼里，他们具有神秘感，而且他们也很享受这种神秘感，喜欢给人捉摸不透的感觉。

2. 喜欢佩戴古典手表的人

通常能高瞻远瞩，深谋远虑，会为了达到最后的目的而牺牲眼前的利益。心思细密，聪慧敏捷，思想境界很高，而且很成熟，能够看到事物的本质。他们性格包容，重情重义，能够与亲朋同甘共苦。这类人具有很强的意志力，从不向困难挫折低头，具有战胜困难的耐心。他们举止优雅，喜欢追求浪漫的生活，他们不喜欢面对自己无法掌控的东西，与异性交往会努力维系稳定长久的感情。

3. 喜欢佩戴没有数字的表的人

一般很善于表达，但是却不喜欢将所有的事情解释得明明白白。对于他们来说，抽象的概念要比真实存在的事物要重要很多。他们对自己的智慧充满自信，往往追求智力上的挑战，并喜欢益智游戏和具有思考力度的问题。面对那些让人头痛的问题，别人往往缴械投降，而他们却对此兴致勃勃，愿意花上很长的时间去寻求解决之道，直至问题解决。

4. 喜欢佩戴由设计师专门为自己特制的手表的人

往往很注重自己的外在形象，甚至会为了让别人对自己产生好感而去改变自己。他们会渲染一些事情来满足自己的表现欲，并吸引他人的目光。他们也喜欢将手表与服饰搭配，向他人宣示自己不凡的品味。他们常常想让别人觉得自己时间宝贵，从而避免他人的打扰，但事实上，他们并非没有足够的时间去支配，这种刻意的声张很可能被他人认为是一种故作姿态。虽然他们很重视自己的形象，但他们低调的奢华也常常会被一些人认为是不懂时尚、不懂流行的一种表现。

5. 喜欢佩戴上发条表的人

一般性格独立，任何事情都喜欢亲力亲为，喜欢做那些立刻就能看到成效的工作，很在乎那种通过自己劳动而取得的成就感。他们认为，只有付出努力的成功才是真正的成功，否则他们会觉得缺乏价值和意义。另外，他们也不喜欢过多得到他人的关心与帮助。

6. 喜欢佩戴闹钟型手表的人

对自己要求严格，总是给自己很大的压力，让自己一刻也不会松懈。这类人虽然不是很保守，但是他们习惯按规矩办事，他们所取得的成功往往是他们通过详细的计划而实现的。这类人具有很强的责任心，勇于担当，也十分注重培养自己的这一方面的能力，因此具有一定的领导才能。这类人的日历表上往往排满了大大小小的事情，这就像他们的生活动力一样，否则他们很可能会不知所措。他们总会用直接有效的方式取得成功，所以总是将自己绷得很紧，但如果不懂得适时放松，可能会影响身心健康。

7. 喜欢佩戴液晶显示屏手表的人

通常生活很节俭，懂得精打细算。他们思想简单，喜欢简捷地处理事情，对于抽象的事物没有丝毫概念。他们处事态度认真严谨，不会随便地对待任何事情。

8. 不喜欢佩戴手表的人

这类人大多有着独立的性格，他们十分痛恨被人掌控，只有自己决定好的事情才会去做。但是，由于过于独立，太注重自我，所以很多时候会受到他人的冷落。另外，他们的适应能力很强，能够随机应变地解决问题。

佩戴不同类型的手表反映出不同的性格特征。如果在生活中能够留意他人佩戴手表的款式，你就会对对方有一个更准确或者全新的认识。

男人的腰带，会说话的品位

随着社会的发展，人们生活水平快速提高，追求时尚的观念可谓无孔不入。有些时装的设计，渐渐往细节上着眼，所以腰带的装饰功能也日益凸显。在选择腰带方面，许多人也颇费心思。然而，只要是费心思选择的东西，必然反映着某种价值取向和心态。

1. 束腰带的人想引起他人注意

束腰带是正常的着装需求，当然也不排除有的人束腰带却是为了引起别人的注意，希望借此改变周围的人对自己的那种漫不经心的态度。

2. 不束腰带的人本分

男人着装很少不束腰带的，当然，穿着休闲装则要另当别论了。其实，不束腰带也是一种选择。做出这种选择，要么是怕引起他人过多的注意而保持本分，要么是不愿意受到束缚，一般以知识女性居多。

3. 经典男士选择的皮带复古简洁

经典的皮带就如现在的流行风一样，是复古和简洁的，是经典的搭配。如讲点的黑色皮带与银白色的环扣组合，显示出男人简洁与明朗的本色。

4. 时尚男士选择的皮带彰显豪迈

奔放、充满活力的男人魅力是所向披靡、不可抵挡的，他们的目光自然会投向那些彰显豪迈个性的饰物上。粗线条的牛仔皮带、皮革编织腰带等都体现出了他们非同寻常的男子汉气概。

5. 浪漫男士选择的皮带颜色丰富

男人的皮带不会像女人的皮带那样经常富于变化，它的变化是微妙细致的。浪漫的男士所佩戴的颜色会稍微丰富一些，在细枝末节处也会有些点缀。纤细的款型和淡彩的颜色搭配，与浪漫的男人一拍即合。

6. 喜欢独特形状腰带的人不满现状

独特性状的腰带包括多种质地、款式和颜色，看上去感觉有点怪。通常情况下，佩戴这种腰带的人对眼前的现状多少有点不满，而奇形怪状的腰带无疑是一种心情的释放。

对于许多女性来说，皮带是可有可无的，多属于锦上添花；但对于男士而言，倘若没有，那简直有点难以想象。至于对那些稍微注意着装打扮讲究的人，只有一条皮带是很少见的。也许将来会有那么一天，皮带会和领带一样，在一定程度上代表男人的身份、品位和个性。

第16章　好形象为人际沟通加分

第一印象决定成败

人在初次交往中给对方留下的印象很深刻，人们会自觉地依据第一印象去评价某人或某物，今后与人、物打交道的过程中的印象都被用来验证第一印象。第一印象既可助某人或某事成功，也可令某人某事失败。

人生是由无数个“第一次”组成的。在生活和工作中，由于各种各样的机会和需要，我们必须和陌生人说话。有些人十分善于与他人交谈，即使对方是初次见面或不善言辞的人，他们也能和其聊得十分愉快，这是因为他们对于身边的事物和谈话对象仔细观察，由此决定自己的说话策略。

人与人的交往是很奇妙的。从未曾见过面的人一见面有可能一见钟情，又有可能彼此都很反感。

对方喜欢你，可能是因为你留给他的第一印象很好；对方讨厌你，可能是你留给他的第一印象太糟。

这就是所谓的首因效应。首因效应，也叫做“第一印象效应”，是指最初接触到的信息所形成的印象对我们以后的行为活动和评价的影响。

我们都知道：

悬疑小说家喜欢在小说的开头，设置诸多的悬念，安排离奇的情节。

电影导演喜欢在影片开头时运用特技，呈现人间罕见的奇观。

推销员喜欢把名片弄得花里胡哨，甚至印上本人的彩色相片。

仔细想想，他们都是吸引他人注意力的专家。他们这样做，就是为了利用首因效应，通过制造一个良好的第一印象，在第一时间打动了顾客的心，让顾客心甘情愿地买单。

小说一开头就很吸引人，读者会认为，这个故事很精彩，值得买回家阅读。

影片一开头就运用特技，观众会想，大制作果真不同凡响，值得掏钱进电影院观看。

推销员一见面就拿出有特色的名片，顾客会想，这个推销员与众不同，不妨与其聊聊。

如果一部小说或影片，内容原本很好，却以平淡无奇的方式开头；如果一名推销员，一开头就给人以老套的感觉，结果会怎样？不用说，结果通常会比较糟糕：小说卖不掉；影片不吸引人，开演不久就走掉了一批观众；推销员还没来得及介绍产品，就已经被人拒之门外。

在现实生活中，自觉地利用首因效应可以帮助我们顺利地进行人际交往。

一生中，我们会遇到很多重要的第一次，也就会有很多需要重视的第一印象。比如，求职，第一次去见面试官；求人办事，第一次登门拜访；参加工作，第一次见单位同事；找对象，第一次与对方约会，这些第一次都很重要。从小的方面来看，关系到求职能否成功、事情能否办成；从大的方面来看，关系到事业能否如愿，婚姻能否美满。

因此，在现实交往中，力争给对方留下好的第一印象。

给人留下完美的第一印象

在社会交往中，人们留给他人的第一印象对自己有着不可估量的影响。第一印象对于人们的影响有多大，一位作家就曾说过，对于第一次见面不喜欢的人，他绝不会见第二次。

既然第一印象的影响如此巨大，那么我们应该如何让自己留给他人的第一印象变得更加完美，从而获得更多的关注、信任，为自己的人生赢得更多的机会呢？

一些职业设计师和心理学家为了帮助人们建立良好的第一印象，给出了以下几条建议：

（1）初次与人见面时，花点时间在穿着打扮上，注意一下自己的仪表。做几个深呼吸，消除紧张感，从而给人从容淡定的初印象。

（2）微笑面对他人。微笑是最好的语言，它能快速消解彼此的陌生感，使双方更容易轻松交谈。因此，与人初次见面时，要面带自然的微笑。

（3）研究表明，展现你对他人的兴趣，会让你更有魅力。在与人见面前，要弄清楚对方的名字。初次相见，就能开口叫出对方的名字，这会让对方非常高兴，你也会因此给人留下良好的印象。

（4）用眼神沟通。第一次见面，对方是位女性时，切忌直勾勾地盯着对方，那会让人对你产生误解。与人交流时，要平视对方，也就是用眼神说话，这样会让对方感觉到你的强大。但眼神不能朝向侧前方，那会让人觉得你流露出的是不屑一顾的神态。

（5）杜绝无用动作。交谈过程中，不要有什么小动作，要集中注意力。如果在与对方交流时，不断出现各种小动作，如整理衣服、摆弄头发等，会让人感觉你对人缺少起码的尊重。

（6）在与人交流时，要表现出积极的态度。态度很重要，因为它直接影响着你所释放的信息。如果你的态度是积极的，即便在焦急紧张的情况下，你的态度也会给周围人带来好的影响。

（7）一定要注意自己姿势。站着时要直立，这会让你看起来很自信；坐着时不要把手放在胸前，或者翘起二郎腿；与对方握手时也有一定的讲究，一次强有力的握手会给对方留下好的印象。

在初次与人见面时，要从多方面考虑，每一个环节都要注意到。人们常说，细节决定成败，而能否给他人留下完美的第一印象，正是由诸多细节决定的。完美的第一印象，在交友、相亲、找工作等诸多方面都对我们都有着深刻的影响，它可能会因为你的大意和随便，让你失去本不该失去的机会。因此，想要赢得人生中的各种机会，在与人第一次会面时，做足充分的准备十分有必要。

清爽的形象为你加分

大家都了解第一印象的重要性，而研究发现，50%以上的第一印象是由你的外表造成的。你的外表是否清爽整齐，是让身边的人决定你是否可信的重要条件，也是别人决定如何对待你的首要条件。

心理学家做过一个试验：分别让一位戴金丝眼镜、手持文件夹的青年学者，一位打扮入时的漂亮女郎，一位挎着菜篮子、脸色疲惫的中年妇女，一位留着怪异头发、穿着邋遢的男青年在公路边搭车，结果显示，漂亮女郎、青年学者的搭车成功率很高，中年妇女稍微困难一些，那个男青年就很难搭到车。

这个故事说明：不同的仪表代表了不同的人，随之就会有不同的际遇。这不仅仅是以貌取人的问题。

媒体策划专家有一句名言：要给人好印象，你只需要 7 秒钟。通过大量的分析，研究者们得以成功描绘出影响第一印象形成的因素：第一印象的形成有一半以上内容与外表有关。不仅是一张漂亮的脸蛋就够了，还包括体态、气质、神情和衣着的细微差异；大约40%的内容与声音有关。音调、语气、语速、节奏都将影响第一印象的形成；只有少于10%的内容与言语举止有关。

并不是所有人都可以长得美若天仙或是英俊非凡，但每个人都可以做到干净整洁。油性皮肤者一定要注意脸部和头发的干净清爽，干性皮肤者则要避免脸上出现令人不快的皮屑，然后就是衣着是否整洁得体。你的衣服表明你是哪一类人物，它们代表着你的个性。一个和你会面的人往往不自觉地依据你的衣着来判断你的为人，所以有句话叫“人靠衣装”。

服饰只有与穿戴者的气质、个性、身份、年龄、职业以及穿戴的环境、时间协调一致时，才能真正达到美的境界。得体的穿着讲究和人本身的身材年龄性格和谐，同时也讲究和场合的和谐，在不出错的基础上再讲究搭配的技巧。平时应该多浏览一些时尚杂志或网站，根据自己生活和工作的需要，有技巧地打扮自己，让自己赏心悦目。

好形象应当善始善终

谁都知道，一件事情，总是可以分为不同的阶段：初段——发生，中段——发展，最后——结尾。通常我们对最初阶段和最后阶段的印象最深。但是人们往往虎头蛇尾，只重视“首因效应”，忽视“结尾效应”。在学习与人际交往中，“结尾效应”与“首因效应”同样重要。

日本有一位很知名的政客，他有一个习惯，如果接受了某团体的请愿，便不会送客；但如果不接受，就会客客气气地把客人送到门口，而且一一握手道别。

他这样做的目的是什么呢？是为了让那些没有达到目的的人不埋怨他。结果也如他所愿，那些请愿未得到接受的人，不但没有埋怨，反而会因受到他的礼遇而满怀感激地离去。

从心理学角度来讲，他的做法很有道理，他运用的是“结尾效应”。

因为这个效果，一连串的事件的不同阶段，被接受的印象很有差异，最初和最后印象深刻，这就是所谓“首因效应”与“结尾效应”。

绝大多数人都知道首因效应。知道与人初次见面时，第一印象很重要。因此，如果是找工作去面试，我们会理发、整装、化妆，以求给人留下良好的第一印象；如果是第一次与某人见面，我们通常会面带微笑，彬彬有礼，让彼此的关系有一个好的开始。

“结尾效应”是指交往中最后一次见面或最后一瞬给人留下的印象，这个印象在对方的脑海中也会存留很长时间，不但鲜明，且能左右整体印象。

如果你在与人初会的过程中，犯下了某种错误，或是表现平平的话，可以在分手之前，做一个良好的表现，以改变对方对你原来的印象。只要你的表现得体，不管原先的表现如何，都可以获得补救，甚至留下永生难忘的印象。

日本政客所擅长的，便是这种高明的攻心术。他送客，就是要让客人忘掉原来的失望，转而觉得荣幸。

然而，由于人们对“结尾效应”缺乏认识，或者不够重视，导致事情虎头蛇尾、功亏一篑的事例不胜枚举。

某公司的一位业务主管，负责某类产品的配件加工业务。一次，他代表公司前往某大公司洽谈一笔大的外包业务。对公司而言，该业务很重要。因为大企业的外包业务量大且稳定，也就是说，如果能拿下这笔业务，公司可以获得一笔很大很稳定的收入。

为此，这位主管投入了大量的时间与精力用于前期准备。

也许是准备工作做得很周到，双方刚刚接触，对方就表示了明显的好感。有了好的开头，洽谈工作进展也很顺利，最后一天，还留有一些细节问题需要进一步协商。结果，仅用了半天时间，便协商好了。

对方要求再给几天时间，以向上级汇报，再做最后决定。主管认为，可能是大企业惯例比较严密，就没有多想。

但是，两三天过去了，一周过去了，对方还没有动静。主管实在忍不住，打电话询问对方的一名代表，对方代表告诉他，事情可能有变故。他请求对方解释一下原因，对方拒绝了。可他不甘心，当他第三次打电话过去，对方告诉他，问题出在最后那天他穿的那件西装上。

原来，他那天穿的西服的袖口，少了一颗纽扣。要知道，对方外包的可不是别的，而是精密仪器的零配件！

也许，最后一天洽谈，他太过兴奋而忘了仔细检查自己的衣着；也许是潜意识里，他认为大局已定，不需要再小心翼翼。

总之，最后一天，一个小小的疏忽让他失去了一大笔订单，也许还有更多。

这似乎应验了人们常说的那句话：“好头不如好尾”。与人打交道，我们不仅要在最初表现很好，最后阶段也要表现好，分手时更要特别注意，做到有始有终。

此外，如果给对方的第一印象不够好，或者在双方的交往中曾遇到了不快，更应该巧妙地运用“结尾效应”，在最后时刻，挽回局面，达成谅解，给对方留下好印象。

多见面，有事没事混个脸熟

有一位著名的心理学家查荣茨做过这样一个实验：先向被试验者出示一些照片，有的出现了20多次，有的出现了10多次，有的只出现了一两次，然后请被试验者评价对照片的喜爱程度。结果发现，被试验者更喜欢那些看过很多次的熟悉照片，而非那些只看过几次的新鲜照片，也就是说，看的次数增加了喜欢的程度。

这种对越熟悉的东西就越喜欢的现象，心理学上称为“多看效应”。

人的心既坚强又柔弱，是一个很奇妙的存在体。有些感情因素，比如喜欢，会在不知不觉的接触中产生。接触频率，或者说见面次数越多，越会喜欢。

有社会心理学家为了证明这个效应，曾做过一个实验：在一所大学的女生宿舍楼里，他们随机找了几个寝室，发给她们不同口味的饮料，然后要求这几个寝室的女生，可以以品尝饮料为理由，在这些寝室间互相走动，但见面时不得交谈。一段时间后，心理学家评价她们之间熟悉和喜欢的程度。结果发现：见面的次数越多，相互喜欢的程度就越大；见面的次数很少或根本没有，相互喜欢的程度也较低。

闭上眼睛，仔细回想一下，我们对有些人的印象一般，但是随着经常的接触，是不是会越看越顺眼，甚至会越来越喜欢？

有些人我们第一次可能觉得她不漂亮、不温柔，不是自己喜欢的类型。但是天天见，时间长了，是不是也会越看越觉得她很漂亮、可爱呢？

聪聪、小华和明明三个人在高中念同一个班，彼此都是很好的朋友。但是高考之后，聪聪和小华都考在了同一所大学读书，而明明则考到了另一座城市的一所大学里上学。聪聪和小华几乎每个星期都会碰面四五次，有时是相约一起出去玩，有时是一起吃个饭，有时是在校园巧遇。明明在新学校也结识了许多自己的新朋友，和聪聪、小华则是只在寒暑假才在家乡见面，一起开心地玩几天。结果很显然，尽管他们三人还是好朋友，但是不知不觉中，聪聪和小华的关系更加亲密，而与明明则有些莫名其妙的生疏。

可见，若想增强人际吸引，就要留心提高自己在别人面前的熟悉度。

当一个男生喜欢一个女生的时候，就可以时不时地故意制造见面的机会。假如她经常去某个教室上自习，你就故意也在那个时间点去那个教室上自习，“嗨，这么巧，你也来这上自习呀”，并想尽办法坐的离她近点儿。

试想，你每天都这样见到她，在她旁边学习，就有机会了，所谓“近水楼台先得月”，你再时不时地和她探讨下问题，送她回家或寝室。她会对你的印象越来越深，很可能会不知不觉地就喜欢上你。

假如你想得到领导的重视和赏识，你就有必要经常向领导汇报工作。工作一开始，就要先汇报，工作进行到一定阶段，要按时汇报，进行到一定程度，要及时汇报，工作完成，要立即汇报。这样，经常性地汇报，与领导接触的机会就多了，见面的次数也多了，让领导了解你的机会也多了，与领导越熟悉，领导越有可能喜欢你，这样，提拔你的可能性就大了。成不成，混个脸熟，机会总要大些。

如果我们想与某人建立良好的关系，就不妨多找机会和他见面。

记住并叫出对方的姓名

一位学者曾经说过：“一种既简单但又最重要的增加亲密感的方法，就是牢记别人的姓名，并且在下一次见面时喊出他的姓名。”

姓名是人的标志，人们出于自尊，总是最珍爱它，同时也希望别人能尊重它。如果你与曾打过交道的人再次见面，能一下叫出对方的名字，对方一定会感到非常亲切，对你的好感也油然而生；而如果只是觉得“眼熟”，再次向对方请教“贵姓”，双方一定觉得非常尴尬。

一个美国人有一次在巴黎开了一门公开演讲的课程，发出复印的信件给所有住在该地的美国人。那些法国打字员显然不太熟悉英文，在打个别名字的时候出了错。有一个人——巴黎一家大的美国银行的经理，写了一封不客气的信给这位老师，指出自己的名字被拼错了。

记住每个人的名字，是尊重一个人的开始，也是增加亲密感的重要一步。

两个多年未见的朋友在街头邂逅，一方能够脱口而出对方的名字，必能使对方兴奋不已；即使只有一面之交的人，再次偶然相遇，清楚地记得对方名字，必能使其对你刮目相看。

拿破仑以前十有八九会遗忘别人的姓名，这使他的属下和朋友十分反感。后来他把每一个相识的人的名字写在纸上，全神贯注地闭门默记。如此一来，尽管再繁忙的公务缠身，他都能随口说出别人的姓名，得到众人的敬佩和爱戴。

钢铁大王安德鲁·卡内基是一个非常善于利用人们对自己姓名重视的心理来与人相处的企业家。

卡内基孩提时代在苏格兰的时候，有一次抓到一只兔子，那是一只母兔。他很快发现了一整窝的小兔子，但没有东西喂它们。于是他想了一个很妙的办法。他对附近的那些孩子们说，如果他们找到足够的苜蓿和蒲公英，喂饱那些兔子，他就以他们的名字来替那些兔子命名。这个方法太灵验了，结果许多孩子争着去为他寻找兔粮。

好多年之后，他在商业界仍然利用同样的方法，赚了好多好多的钱。例如，他希望把钢铁轨道卖给宾夕法尼亚铁路公司，而艾格·汤姆森正担任该公司的董事长。因此，卡内基在匹兹堡建立了一座巨大的钢铁工厂，取名为“艾格·汤姆森钢铁工厂”。

当卡内基和乔治普尔门为卧车生意而互相竞争的时候，这位钢铁大王又想起了那个兔子的经验。

当时卡内基控制的中央交通公司，正在跟普尔门所控制的那家公司争夺联合太平洋铁路公司的生意，你争我夺，大杀其价，以致毫无利润可言。卡内基和普尔门都到纽约去见联合太平洋的董事会。有一天晚上，在圣尼可斯饭店碰头了，卡内基说：“晚安，普尔门先生，我们争得你死我活岂不是在出自己的洋相吗？如果合作你看怎么样？”

“你这句话怎么讲？”普尔门想知道。于是卡内基把他心中的话说出来——把他们两家公司合并起来。他把合作而不互相竞争的好处说得天花乱坠。普尔门注意地倾听着，但是他并没有完全接受。最后他问：“这个新公司要叫什么呢？”卡内基立即说：“普尔门皇宫卧车公司，当然。”

普尔门的目光一亮。“到我的房间来，”他说，“我们来讨论一番。”这次的讨论改写了一页工业史。

安德鲁·卡内基这种记住以及重视朋友和商业人士名字的方式，是他领导才能的秘密之一。他以能够叫出他许多员工的名字为傲，他很得意地说，当他亲任主管的时候，他的钢铁厂未曾发生过罢工事件。

记住他人的姓名，在政治上与商业界和社交上的重要性几乎一样。一名政治家所要学习的第一课是：“记住选民的名字就是政治才能，记不住就是心不在焉。”

罗斯福开始竞选总统前的几个月中，其助手吉姆一天要写数百封信，分发给美国西部、西北部各州的熟人、朋友。而后，他乘上火车，在19天的旅途中，走遍美国20个州，行程12000公里。他除了火车外，还用其他交通工具，像轻便马车、汽车、轮船等。吉姆每到一个城镇，都去找熟人进行一次极诚恳的谈话，接着再开始下一段的行程。当他回到东部时，立即给在各城镇的朋友每人一封信，请他们把曾经谈过话的客人名单寄来给他。那些不计其数的名单上的人，他们都得到吉姆亲密而极礼貌的复函。

吉姆早就发现，一般人对自己的姓名最感兴趣。把一个人的名字记住，很自然地叫出来，你便对他含有微妙的恭维、赞赏的意味。反过来讲，把那人的姓名忘记，或是叫错了，不但使对方难堪，而且对你自己也是一种很大的损害。

很多人不记得别人的名字，只因为他们认为没有必要下工夫和精力去记别人的名字，如果问他们为什么，他们肯定会为自己找借口，说自己很忙。

一般人大概不会比罗斯福更忙，可是他甚至会把一个技工的名字牢牢地记下来。罗斯福总统知道一种最简单、最明显，而又是最重要的获得好感的方法，那就是：记住对方的姓名，使别人感到自己很重要。

第五篇

微笑容：窥破笑中的心灵密语

笑的形式千变万化，所表达的情绪也丰富多变。每一种笑容背后都隐藏着一种情绪，在不同的情境下，相同的笑容又会表现出不同的含义。即使是笑容这种通常令人感到欣慰的表情，也有不合时宜的时候，所以要依照实际情况把握自己的笑容，同时从观察对方笑容的类型来揣测对方的情绪，从而更好地与之进行交流。

第17章 微笑背后语意深

笑中蕴涵的情绪与性格

笑容是人们日常交际中出现最频繁的表情，也是最能够实现交流目的的一种身体语言。虽然笑容并不像言语那样具有明确的表达力，但是通过笑容的形式，人们可以更准确地分析笑容背后隐藏的更多信息。

一个人出现各种不同类型的笑的时候，其内心所表达出的情绪是不同的。不同笑容对应着人的不同内心情感或情绪。

1. 笑声轻柔而普通的人

性格稳重，明白事理，理解能力强，事事为他人着想，善于协调人们之间的关系，是人群中的和事佬。

2. 笑声干涩者的人

笑声断断续续，听起来十分干涩乏味，甚至有些冷漠。说明此类人理智、精明，常常能洞察人心，但比较现实。

3. 笑声音调高且有些刺耳的人

此类人具有冒险精神，精力十分充沛且感情较为细腻、丰富，生活态度积极乐观。

开怀大笑者在笑的时候，张大嘴巴，会露出牙龈。此类人性格坦率热情，凡事决断迅速，不拖泥带水，为人仗义，人缘很好，但是感情十分脆弱。

4. 笑中带泪者

往往是因为其笑声较为狂肆，以至于泪水夺眶而出。说明此类人同情心强，态度积极进取，人情味极浓，热心助人，甚至能牺牲自己向别人伸出援助之手。

5. 喜欢悄悄笑的人

心思一般都十分缜密，容易害羞，属于内向的性格，做事总是比较客观，喜欢以旁观者的身份去看待周围的事物。这种人很善于伪装自己，一般不会轻易流露出自己内心的真实情感。

6. 笑不出声的人

大多比较感性，性格低沉，个人的情绪化较大，容易受到外界事物的感染。但是在外表上看，具有这种性格的人又往往会流露出一种亲切、温和的样子。

7. 喜欢用手遮住笑容的人

多为女性（这种人多为内向性格的人），虽然她们往往表现出一副温柔的面孔，但是在为人行事上，却极少会向除她自己之外的人，包括她的亲人，透露自己的真实信息。她们有着很深的城府，几乎天生便对所有的事物都持怀疑的态度，绝不会轻易相信任何人。但是具有这种性格的人有着一个致命的缺点——她们从不会相信任何人，所以内心所承受的压力通常要比其他人大很多，这导致她们常常会出现注意力不集中的情况。

透析各种常见的笑

日常生活中，能看到很多人脸上都浮现着笑容，这些表情含义各异，给人以不同的感觉，展现了不同的情感态度。以下是对那些我们在日常生活中常见的几种笑的形式的总结与分析。

相信许多人都会很乐意与那些经常开口大笑的人打交道。因为人在开口大笑时，嘴巴张开，下巴低垂，嘴角上扬，能带给人一种很开心的感觉。不少演员和政客都十分钟爱这种笑容，而且喜欢利用它在观众当中营造一种快乐的氛围，勾起他们想笑的欲望，或是为自己赢得更多选票。

斜瞄式微笑是指微笑时双唇紧闭，同时还低下头，歪向一侧，并且斜着眼睛向上望。大多数时候，这一笑容见于女性身上，她们喜欢在异性面前露出这种略腼腆害羞的笑容，以期望引发男性体内的保护欲，使男性不由自主地想呵护她。这种既俏皮又有些腼腆的微笑在很多女性眼中是很友善，易相处的表现。所以，这种笑容往往能摒除他人的戒备心理，达到笼络人心、讨人喜欢的目的。已故的戴安娜王妃就是用这样的笑容征服了英国，同时也让女人喜欢上她，成为名副其实的“英伦玫瑰”。

许多男、女演员当被要求微笑的时候，就能立刻表现出一个优雅的笑容，但这种笑容就像人们在照相的时候被要求微笑一样，由于是故意表现出来的，所以显得呆板、缺乏表现力，从而演化成为一种凝固式的、机械的微笑。

有一种闪电式的微笑，就是在一张非常平静的脸上，笑容一闪而过，随后便没有踪迹。相比之下，我们时常能看到，两个朋友在无意中相遇后，脸上的笑容一直会持续到他们分手之后。而闪电式的微笑只是刚做出微笑的样子，即立刻消失，一般时间不会长过一秒钟。通常人们认为，这是一种故意的冷落和敷衍对方的表现。其实，这只是一个人的真实心境和社会表现发生了抵触，他并不是发自内心地想笑，所以没有顾全自己的动作。

双唇紧闭且向后拉伸，形成一条直线，完全看不见双唇后的牙齿，这就是抿着嘴唇笑。它内在含义的是，微笑者心中有不愿告知你的秘密，或是不想与对方分享自己的想法或观点。一般女性在遇到自己不喜欢的人而又不想让对方难堪的时候，通常会露出这样的笑容。尽管他们试图用这种委婉的方式让男士自觉后退，但似乎完全不起效果。

在一张扭曲的笑脸上，其左边眉毛上扬，与此同时，由于左侧颧肌收缩，其左边脸颊上便会浮现出一种看似为微笑的表情。可奇怪的是，其右边的眉毛却因眼轮匝肌的收缩而向下沉，嘴角和整个右侧脸颊也因此微微下移，露出了一种完全矛盾的表情。这就是歪嘴笑，它是西方人的专利，其所传递的信息也只有一个——挖苦讽刺。

经常暗笑的人容易患得患失，这类人把个人得失看得很重，得到了又紧握手中生怕丢掉。做什么事都非常谨慎，甚至超额完成任务，对胜利常表现出势在必得的信心。同时，由于强烈的自我保护心理，使得这类人有些斤斤计较，注意眼前的利益而失去一些难得的机遇。

笑声遮掩不住真性情

不同类型的笑声能够传递一个人的真性情。

1. “吃吃”笑

笑起来发出“吃吃”声的人，多是能够严格要求自己的。他们的想象力比较丰富，创造性也很强，常常会有一些惊人的举动。而且他们很有幽默感，这是聪明和智慧的一种自然流露。

2. “哈哈”笑

笑起来发出“哈哈”声的人，性格开朗，愿意与人相处，同时别人也愿意与其相处。“哈哈”的笑声表示身体状况极佳，体力和精神相当充沛，让人觉得很豪爽。但有的人看起来豪爽，其内心充满自卑感，想以大笑来隐藏，这种人不愿意让人看见其内心。有时“哈哈”的笑声带有一种威严感，使人心生敬畏。

3. “咯咯”笑

这种笑声是情不自禁的，有这样笑声的人性格乐观，爱讲笑话，常常是聚会中的主角。

4. “呵呵”笑

笑声“呵呵”的人不保守，性格开放，善于冒险，能够抓住机会。由于这种人能给他人带来快乐，因而受人欢迎。

5. “嘿嘿”笑

这种笑声的人对他人带有批评或轻蔑的心态，或者内心感到不安和烦恼，希望借此压抑对方以使自己获得快感。

6. “嘻嘻”笑

这是少女型的笑声，这种笑声的人好奇心强，渴望博得周围异性的好感，比较情绪化。

7. 鼻笑

从鼻子里发出的笑声，不让别人注意。这种人很在意别人的感觉，而别人也喜欢其细心细致的一面。

笑中含蜜饯，笑里能藏刀

笑是一种开心的表情，也是对人表现友好和赞许的举动，但并不是所有的笑都是友好的，有的笑则是出于嘲讽，或是深藏着不可告人的秘密，甚至是有一定恶意的。

1. 谄媚的笑

这类人深谙处世之道，或者是能力一般，以笑迎人。无论在什么场合，这类人总是唯唯诺诺。从心理学角度看，这类人不会把握自己，呈现出一种自我否定的状态，不相信自身的能力。

2. 嘲笑

爱嘲笑别人的人，常有一些不错的主意，却只是作壁上观，对别人的拙劣表现或无能抱有讥讽和嘲弄。这类人往往得理不饶人，说话尖酸，对人要求苛刻。在工作上只会指手画脚，缺乏实干精神。

3. 冷笑

爱冷笑的人有严重的对抗心理，嫉妒心强，对别人的成就不屑一顾甚至疏远，强烈的虚荣心使得这类人不能容忍别人比自己强和得到认可。

4. 奸笑

这种笑容令人生畏，这类人通常是阴险狡诈的，自私心理严重，对物质有强烈的占有欲。

5. 皮笑肉不笑

是一种假装的笑容，是一个人为了敷衍别人的笑话或者是假装表示认同对方的言行时所露出的表情。当人们要隐藏自己的真实情绪，而不想让交流对象觉得自己冷漠时，就会努力用笑容表示应和，这种笑容表现出来会很勉强，于是就出现了这种皮笑肉不笑的表情。

另外，说谎者的脸上通常就会出现这种笑容，而且会比正常的笑容持续更长的时间，这是说谎人心虚的表现。

不同的笑法，不同的性格

笑是人类最美丽的动作，也是最能观察对方情绪的一个动作。不同的人有着不同的笑法。

1. 狂笑

嘴角猛向上方翘。这类人精于社交，性情温和，能让对方感到亲切，具有冒险精神和积极的作风，乐于助人。最适合做秘书工作，善于处理繁杂事务，越繁杂反而越觉得有趣。

2. 开口大笑

嘴角略平。这类人的性格粗犷，不拘小节，行为大方。但缺乏一定的耐心，一遇到困难，就知难而退，容易让人产生做事虎头蛇尾的误解。这种人可能会在经商方面有所建树。

3. 轻微笑

嘴角稍下垂。这类人性格内向，不善言语，与人交流存在一定的困难，但注意细节，喜欢对对方言语进行分析，唯一不足的就是做事时常半途而废，也因此难达愿望。但他们在手工艺、缝纫等技能方面很拿手，外语亦佳。

4. 眯眼笑

笑时嘴角向下，几乎不开口。这类人的性格倔强固执，对周围人不够坦诚，有时明知其事但假装不知而不与人语，也往往因为这个而吃亏。性情不算和气，一旦不悦即大发脾气。他们多才多艺，有理想、抱负，但不愿与人合作行事。

5. 娇笑

这类人喜欢从现实角度出发，在感情和婚姻上，几乎把对方的能力、学识等所有指标当做不可或缺的条件。在事业上则缺乏主见，即使有自己的想法也缺乏自信心而随波逐流。

6. 浅笑

浅笑的人给人一种优雅的感觉，这类人很少参加社交活动，属于自我封闭的类型。由于闭目塞听，不免思维狭窄，容易否定自己，甚至自暴自弃。但无论怎样，始终会保持儒雅的风度。

7. 偷笑

小心翼翼地偷着笑的人，他们大多是内向型的人，性格中传统、保守的成分居多。而与此同时，他们在为人处世时又会显得有些腼腆，但是他们对他人的要求往往很高。如果达不到要求，常常会影响到自己的心情，不过他们和朋友却是可以患难与共的。

8. 爽朗的笑

开怀大笑，笑声非常爽朗的人，多是坦率、真诚而又热情的。他们是行动主义者，一件事情决定要做，马上就会付诸行动，非常果断和迅速，绝对不会拖泥带水。这一类型的人，虽然表面上看起来很坚强，但他们的内心却是极其脆弱的。

9. 捧腹大笑

捧腹大笑的人多心胸开阔，当别人取得成就以后，他们有的只是真心的祝愿，而很少产生嫉妒心理。在别人犯了错以后，他们也会给予最大限度的宽容和谅解。他们比较有幽默感，总是能够让周围人感受到他们所带来的快乐。同时他们还极富有爱心和同情心，在自己能力许可的范围之内，对他人会给予适当的帮助。他们不嫌贫爱富、欺软怕硬，比较正直。

看你假笑到几时

大家都知道，笑可分为真笑和假笑，但绝大多数人都无法准确地区分真笑与假笑，而且只要看见有人冲我们微笑，我们大都会有一种满足感，而从来不会去思考这笑容究竟是真还是假。由于微笑具有让人放松戒备，消除敌意的作用，所以大多数人常常错误地把它当成撒谎者的专利。

相关研究表明，当人们刻意由谎言掩盖事实真相的时候，大多数人（尤其是男性）的表情都会比平时更加严肃。这是因为撒谎者大都意识到了这样一个事实：大多数人都会把微笑和谎言联系在一起，所以他们会有意识地克制自己，尽量不露出笑容。撒谎者的笑容出现速度比发自内心的真笑要快，而且持续的时间也更长，看上去就好像是戴着一个笑眯眯的面具。

当你施展假笑时，由于我们的左右两个半脑都希望能使笑容看起来显得更加真实，所以在意识的控制之下，我们的左侧脸庞与右侧脸庞的表情并不完全相同，其中一侧的表情会显得更加夸张。控制面部表情的神经元大都集中在右半脑的大脑皮层中，而这部分大脑只能向我们的左半身发送指令。结果，当我们刻意地想在脸上堆满笑容的时候，左侧脸部的笑容就会比右侧脸部的更加明显。

可如果是发自肺腑的真心微笑，由于无须刻意的假装，所以我们的左右两个半脑向身体两侧所发送的指令就是对称的，而两侧脸庞的笑容也就不会有任何区别了。

此外，自然的笑容会让人的眼睛四周产生细纹，而在一张不真诚的笑脸上，细纹只会出现在嘴的四周。因为开心而发出的笑容不仅会使双唇后扯，嘴角上提，而且还会同时带动眼部周围肌肉的收缩，而敷衍或虚假的笑容则只能引起双唇四周肌肉的收缩。

只要你肯下工夫练习，用不了多长时间，你便能分辨出真笑和假笑。有一种方法可以推进你的学习进程，即根据你周围的人对彼此的感觉，观察他们打招呼的方式。例如，假设你知道你的一位业务伙伴喜欢A君但不喜欢B君，而两个人都受邀参加这位伙伴举行的聚会，那么注意观察一下他在门口接待这两个人时的表情，你一定能立刻找出这两种笑的区别。

一旦你掌握了微笑晴雨表，你便能酌情处理与他们的关系。你还可以通过观察别人脸上的笑，估算对方对你的想法和建议的态度。得到真笑的想法值得进一步开发和跟进，而得到假笑的建议则应重新评估，或被暂时搁置。

这种微笑晴雨表适用于朋友、配偶、同事、孩子，甚至是老板，它能够适时反映人们交流过程中的各种感觉。

第18章 三分沟通，七分微笑

今天，你微笑了没有

微笑，是人类最美好的动作。在真诚的笑容中，散发着温暖、自信、幸福等感受，让生活充满了喜悦和幸运。平凡的生活里，一抹微笑就是一道阳光，它不仅能够照亮自我阴暗的心空，还能温暖周围潮湿的心灵！当我们在一个个长夜里反思白天的得失时，或许我们最应当问自己的一句话就是“今天，你微笑了没有”。

在双方互动的过程中，微笑如同直通人心的世界语，它能深深地打动另一颗冷漠的心灵，让人们敞开心胸，更好地沟通。微笑能创造命运的奇迹，它的确是一种艺术，而且是成功的艺术。

发自内心的微笑，会自然调动人的五官：眼睛略眯起、有神，眉毛上扬并稍弯，鼻翼张开，脸肌收拢，嘴角上翘，唇不露齿，做到眼到、眉到、鼻到、肌到、嘴到，才会亲切可人，打动人心。微笑在于它是含笑于面部，“含”给人以回味、深刻、包容感。

微笑最深层的含义就是表达幸福与快乐。当某人感到发自内心的幸福时，面部就会焕发出愉悦的光彩。这一动作流露出一个人内心世界的快乐，展示给人以迷人的力量。

微笑还能为人们树立良好的形象。对于遇到的人，我们不会认为一个板着脸的人比一个拥有微笑的脸的人形象更好。任何人都愿意与面带笑容的人打交道。就像中国古语说的：“笑口常开，财源滚滚来。”若是一个有身份、有地位的人，微笑更能为他增加形象魅力。

在经济学家眼里，微笑是一笔巨大的财富；在心理学家眼里，微笑是最能说服人的心理武器；在服务行业，微笑是服务人员最正宗的脸谱。

微笑架起人际沟通的桥梁

中央电视台曾经做了一期关于面对陌生人微笑的节目，节目给了我们很大的启示。主持人始终是面带微笑地面对每一个来来往往的过路人。看陌生人对她面带微笑的不同反应。我们能感受到她那发自内心的微笑，是这般迷人、这般甜美、这般让人心动，没什么理由不向她微笑。向陌生人投去会心的一笑，陌生人一开始没什么反应，当她向第五位大妈微笑时，大妈向她回了一个微笑，大妈的微笑也是发自内心的，是真诚的微笑。又走过来一位优雅的女士，看到主持人真心的微笑时愉快地回应着甜美的微笑。当主持人面对农民朋友微笑时立刻得到了微笑回报。

大家的微笑都是发自内心的，是一种无声交流的。微笑连接起了陌生人心与心的交流，因此，微笑是最能打动人的。

微笑是人类特有的动作，通常被认为是一种展示幸福与开心的信号。这一动作形成于人类幼年时期。虽然我们都是哭着来到这个世界的，不过，5周以后我们就学会了微笑；而4~5个月之后，我们就会用大笑来表示自己的情感。婴儿们也很快就知道，哭泣可以吸引我们的注意，而微笑则会让我们留在他的身边。

猴子与猿的幼子可以攀附在母亲身体上，而人类的孩子需要其他的什么有助于让他们与母亲接近，因为他们无法攀附在母亲身上，他们必须以某种方式使母亲愿意亲近自己。于是，他们施之以迷人的微笑。

在进化理论中，微笑是害怕的表情，也是向两侧拉动嘴唇的唯一面部动作。但这一特有的表情发生了微妙的变化，从“我害怕”“我不具有进攻性”变成了“我是友好的”。在这一过程中，动作的外形也发生了轻微的变化，从而避免友好的面容与害怕的面容之间相混淆，也就是在向两侧拉动嘴唇的同时，上扬嘴角。如果我们不能充分扬起嘴角，所呈现的就是一个僵硬的神经兮兮的微笑。

在我们的脑海里，破译微笑密码的能力与帮助我们获得生存的权利似乎是风马牛不相及的两件事。不过，对我们的祖先而言，事情就另当别论了。从本质上来说，微笑其实是在向对方传递一种表示谦恭、顺从的信号。所以，每当有陌生人接近时，我们的祖先就是凭借这一信号来判断来者是敌还是友。

用微笑打通陌生人之间的隔阂

我们利用微笑告诉其他人，自己不会给他们带来任何伤害，希望他们能够从私人的角度接受自己。

我们要学会拥有以鼻梁为中心线、左右表情相同均匀的、天真无邪的美丽笑容，即婴儿般的笑容。当成人露出接近婴儿时的那种笑容，那才是发自内心的笑。这种笑容会使初次见面的人如沐春风，它也会使对方自然地展露笑容。

所以，让我们充分地发挥微笑的神奇魅力吧，它能把爱传达给对方，使对方快乐；能除去两个有误会的人心中的芥蒂，建立信赖感；能使工作顺利进行，可以打破尴尬气氛；能吸引他人，建立自信，使人青春、健康。更重要的是，能洞察对方的心理状态。

微笑传递无害和友善，真诚的微笑让两个初次见面的人不再紧张，也向彼此传递了友善的信息，就像是说“我是你的朋友，我不会伤害你”，希望对方从私人角度接受自己。于是，陌生不适的氛围将被打破，人们打开了心扉，更容易结识更多的朋友。

卡耐基说：“笑容能照亮所有看到它的人，像穿过乌云的太阳，带给人们温暖。”

一个刚学会保持微笑的年轻人说：“当我开始坚持对同事微笑时，起初大家非常迷惑、惊异，后来就是欣喜、赞许，两个月来，我得到的快乐比过去一年中得到的满足感与成就感还要多。现在，我已养成了微笑的习惯，而且我发现人人都对我微笑，过去冷若冰霜的人，现在也热情友好起来。”

面对陌生人时，有时我们甚至什么都不用做，只是对着他微笑，就能在瞬间缩短你和他（她）之间的距离。微笑是有自信心的表现，是对自己的魅力和能力抱有积极的态度。微笑可以表现出温馨、亲切的表情，能给对方留下美好的心理感受，从而形成融洽的交往氛围。面对不同的场合、不同的情况，如果能用微笑来接纳对方，可以反映出你良好的修养和挚诚的胸怀。

发挥微笑的神奇魅力

最是说不尽，微笑的魅力。微笑能让人动情，其最显著的特征就是它的感染力。当你向某人微笑时，无论真假，对方都会自然地回馈给你一个甜美的微笑。

英国伦敦学院的鲁斯·坎贝尔教授认为，我们的大脑里有一种“反射神经元”。它不仅可以促使大脑识别面部表情和动作，而且还能够向面部肌肉发出指令，做出与所见表情相似的面部动作。换言之，无论是否意识到这一动作的发生，我们将会自动地在脸上复制出见到的任何表情。

心理学家也分析过，当人们看到一张笑脸的时候，我们的大脑神经会接受到指令，用微笑来回馈对方。瑞典大学的伍夫·丁伯格教授通过实验表明，潜意识下，我们会对微笑的脸做出同样的反映。实验中，丁伯格教授让120名志愿者观看一些画有开心和愤怒表情的图片，并且记录下他们面部肌肉的各种动作，然后借助于仪器，最终获得了各种由肌肉纤维所发出的电子信号。根据要求，志愿者对他们所见到的图片做出皱眉、微笑或面无表情等各种面部动作。结果发现，志愿者们很容易跟图片做出同样的表情。虽然志愿者们都竭尽全力想控制住自己面对这些图片时所产生的自然反应，但是面部肌肉的动作却难以抑制。

所以，当你看到某人对你微笑时，即使你极力克制，也会有向对方做出微笑姿势的冲动。这也就解释了为何微笑会具有如此大的魔力，为何你需要常常以笑脸示人，即使是在不情愿的情况下也不例外。因为你的笑容将会直接影响他人对你的看法，并且决定对方回应你的方式。科学研究证实，你笑得越多，其他人对你的态度就会越友好。

很多英美政客都懂得利用微笑来树立自己的最佳形象，甚至他们还发现了“最有魅力的笑容”，即“杜彻内微笑”，而人们只有在最真诚的时候，才会发出这种微笑。相反，如果不会利用微笑，人们则会对这个大人物产生隔阂。

没有人喜欢看到一张愁云满面、阴云密布的脸。当你向他人露出笑容的同时，对方通常都会回以一个同样灿烂的笑脸。如此一来，出于因果效应的作用，双方心中便都会自然生出一种对对方的好感。可见，只有微笑的脸，才会有快乐的种子，才能带来轻松和愉悦。

真诚的微笑能征服任何人

微笑是一种财富，它可以让人创造出更多的价值。世界著名的希尔顿饭店，曾经有一段时间门庭冷落，鲜有顾客光临，原因是饭店工作人员的脸上都是冷冰冰的，没有一丝笑容。后来，经过彻底的改变，员工们用真诚的微笑迎接每一位顾客，最终使得希尔顿饭店跻身世界知名饭店的行列。希尔顿是这样，零售业巨头沃尔玛也同样是这样，他们都有“三米微笑”的工作原则——在三米之内，他们就开始了与顾客的眼神交流，并微笑着问：“您需要什么帮助吗？”可以毫不夸张地说，希尔顿和沃尔玛的世界地位，是与他们的真诚微笑分不开的。

微笑是一种征服别人的武器，它拥有超强的魔力。美国总统奥巴马不但用自己的微笑征服了自己的政治对手，还征服了美国人民。他的微笑被人们亲切地称为“奥氏微笑”。

以上所说的都是真诚的微笑所带来的有益效果，除此之外，可以说，微笑还是对别人的一种安慰，传递给别人的一种喜悦，展示给别人的一种浪漫。但是实际生活中，不是所有的微笑都是真诚的，通过仔细观察就能发现，在一些人的微笑中，你只看到他们的嘴唇动了动，眼神中不是没有表情，就是透露着冷漠，而且他们的脸部肌肉僵硬得就像是一块千年不化的冰。

曼彻斯特都市大学心理学系的戴维·霍姆斯博士通过研究发现：真诚的微笑需要动用脸部尤其是眼睛周围的多块肌肉，这有助于加强感染力，同时，微笑也有反馈效应。如果“深度”微笑，多会取得积极反馈；“淡淡”笑意多得不到回应。所谓“深度”微笑就是指“奥氏微笑”，即脸上布满雕刻般的皱纹，露出洁白的牙齿；“淡淡”微笑，则是指那种除了嘴角动一动，脸上再没有其他什么表情的微笑。婴儿之所以讨人喜欢，很重要的一个原因，就是因为他们频繁而纤尘不染的发自内心的笑（社会调查统计显示，婴儿平均每天会笑600次）。

世界上最美的笑就是从内心的最深处所表现出来的真诚笑容，如婴儿般天真无邪，散发出诱人的魅力，令人如浴春风，无法抗拒。婴儿的笑容，说多美就有多美。他们的笑容纯真得令人心旷神怡，令人迷惑。婴儿之多，无以计数，但谁看过他们挖苦的、蔑视的、龌龊的、邪气的笑？

因此，在社交中，只要仔细观察对方的微笑，就能发现他们的真诚度，从而做出正确的选择，同时也不至于被虚假的微笑迷惑了双眼。

送给女性的微笑建议

波士顿大学的马文·海切特和玛丽安·拉·弗朗斯进行了一项研究。这项研究表明，无论是在社交还是在职场交往中，女性微笑的频率远高于男性，而这也就在无形中使微笑的女性在面对不苟言笑的男性时居于弱势或下属的地位。

有的人认为，正是因为女性笑得更多，所以长久以来她们才会一直被置于男性之下的从属地位。不过，相关研究显示，早在出生八周之时，女婴笑的次数就远远多于男婴。所以，微笑这一特征很可能是天生的，而非后天培养所致。最合理的解释可能是，在人类进化的过程中，女性多扮演安抚者或抚育者的角色，而微笑正好与这一类角色的特性和功能相吻合。不过，这并不代表女性就无法像男性那样威风凛凛，具备至高无上的权威性，只不过过多的微笑会让女性看起来显得更加柔弱恭顺而使其权威性略打折扣而已。

女性之所以会笑得更多，大概是由其大脑所决定的，她们通常用它来安抚比自己强壮的男性。社会心理学家发现，在社会交往中女性微笑的时间占总活动时间的87%，而男性的比例则只有67%；而且面对异性的笑脸，女性回之以微笑的可能性比男性高出了26个百分点。

曾经有专家开展了一项实验，要求257名实验参与者在看过了15张表情各异的女性照片之后，对照片中人物的魅力进行评判。所给照片中人物的表情各异，有的很开心，有的很悲伤，还有一些则面无表情。实验结果显示，表情沮丧的女性的魅力评分最低。照片中，女性如果面无微笑，就会被认为是不高兴的标志；而同样情况之下，男性则会被看做是权利的象征。

因此，这里要送给女性朋友的关于如何微笑的建议就是：在与处于优势支配地位的男性交往的过程中，应当尽量减少微笑的次数，或者根据对方的微笑频率来调整自己的微笑次数。

同时，提醒诸位男性朋友注意：在你们与异性的谈话过程中，如果想让自己的话听起来更具说服力，就需要随时谨记：无论何时何地，都要多多微笑。

训练微笑的几点技巧

用微笑来打通陌生人之间的隔阂，是销售之神原一平用自己的亲身体会总结出来的制胜法宝。他在推销的过程中发现，笑容是传达爱意给对方的捷径；笑具有传染性，笑容可以引起对方笑并使对方愉快；可以轻易地消除两人之间的陌生感甚至隔阂，使对方门扉大开；笑容是建立信赖关系的第一步，它会创造出心灵之友；笑容可以激发工作热情，创造工作成绩；笑容可以消除自己的自卑感，弥补自己的不足；如能将各种笑容拥为己有，了如指掌，就能洞察对方的心灵；笑容能增进健康，增强活动能力。

原一平认为，婴儿般天真无邪的笑容最具魅力。于是，他就花费了很长时间练习笑，直到他在镜中看到自己的笑容与婴儿的相差不多时才罢休。当他带着这样的微笑再去推销保险时，没有一个人拒绝他。

保持一个微笑的表情、谦和的面孔，是表示自己真诚、守礼的重要途径，更是有效沟通的桥梁，是人际关系的磁石。

我们也可以像原一平一样，通过训练有意识地改变自己：

首先，放松面部肌肉，然后使嘴角微微向上翘起，让嘴唇略呈弧形。最后，在不牵动鼻子、不发出笑声、不露出牙齿，尤其是不露出牙龈的前提下，轻轻一笑。

其次，对着镜子练习。使眉、眼、面部肌肉、口形在笑时和谐统一。

再次，闭上眼睛，调动感情，并发挥想象力，或回忆美好的过去或展望美好的未来，使微笑源自内心，有感而发。

最后，按照要求，当众练习，使微笑规范、自然、大方，克服羞涩和胆怯的心理，也可以请观众评议后再对不足进行纠正。

微笑不花费什么，却可以赢得一切。让我们用这世界上最简单、最美丽的语言赢得他人的信任，给工作注入活力，给同伴带来欢乐……

第六篇

微语言：顺着声音走入人心

言为心声，说话反映了一个人的心理品性、行为态度。说话体现一个人的思想性格不仅在于内容，还在于语调、语速、语气等细节方面，更在于身体姿态、眼神等不经意的动作中。细心观察一个人的说话方式、用语习惯、身体动作，可以窥探出一个人的性格特征及情绪变化，从而抓住机会，在恰当时机说出自己想说的话，赢得对方的好感和认可，增进交流，巩固关系。

第19章 捕捉语气中的真实心理

锣鼓听音，听话听声

美国著名的心理学家华生·约翰·布鲁德斯曾经说过：“不要小看一个人说话声音的高低，这其中可能蕴涵了很多不为人知的秘密。而只有懂得认真分析，才能揭开这个人隐藏在背后的心理秘密。”布鲁德斯经过多年研究认为，人说话声音的高低与其内心的心理状态有必然的联系。通常情况下，那些充满自信的人说话声音会非常洪亮，而缺乏自信或者底气不足的人会压低说话的声音。另外，当一些人试图掩饰自己内心的紧张时，说话声音就会从高降到低；而如果一些人企图隐瞒一些事情，通过说话声音也可以体现出来。

常言道，锣鼓听音，听话听声。通过人们发出的不同声音，说出的不同话语，可以透视一个人的心理和性格。

一般来说，喜欢大吼大叫的人通常支配欲比较强，这一类人擅长单方面贯彻自己的意志，喜欢以自我为中心，且控制欲极强。

那些嗓门大且总是喋喋不休的人，性格一般比较外向，似乎是为了使对方听懂他的话，所以说话的语调比较明快，也比较希望自己能成为焦点。这类人一般比较重视人际关系，擅长外交。而当自己的想法或建议被对方所接纳，达到“情投意合”的境地时，这类人的声音就会变得更大，而且声调里会充满自信。不过，这一类人往往会把自己的想法强加给别人——他们总是将自己的想法明确地说出来，并希望别人接受。

而另一类说话声音特别小的人，大都是性格比较内向的人，他们往往较压抑自己的感情，一般不会轻易吐露自己内心的想法。

闻声识人的4大窍门

除了声音的大小，还可以通过辨别一个人的声调来判定对方的性格与心理。如果从面部表情、动作、言语等方面无法掌控对方的心态，就可以选择从声调上去揣摩这个人的情绪变化。

1．高亢而尖锐的声调

如果一个人在交谈的过程中声调突然飙高，就说明他此时有些心虚，借提高声调来掩饰内心的慌乱；但如果一个人的声调是习惯性的高亢尖锐，反映的则是他自身的性格特征。通常情况下，这样的人比较敏感，对外部环境的刺激反应强烈。而从性格上看，他们比较富有想象力与幻想力，艺术细胞丰富，比较固执，不会轻易向别人低头认输，说起话来也是滔滔不绝。应对这类人，没有必要当面反驳，可以表现出谦虚的态度，让对方在心理上得到满足。

对女性而言，发出这种声调说明她们特别容易情绪化，为人也较爱憎分明。她们如果执着于某一件事，往往不会顾及其他，而且一般情况下，她们也会为一点小事而伤感情或勃然大怒；对男性而言，发出这种声调多属于狂热分子，只不过他们容易狂热也容易疲倦。

2．温和而沉稳的声调

那些声音温和沉稳的人，一般属于慢条斯理温和类型的人。他们一般富有同情心，不会坐视受困者于不顾。或许刚开始与他们相识时很难同他们进行交流，但是他们却是忠实可靠的人。

而如果是女性，音质柔和、声调低则表明她们的性格多属内向，她们的情绪会受到周围大环境的影响，但同时也渴望表达自己的观点。与这一类人交往时，应该让她们尽情地抒发自己的观点。声调温和沉稳的男性看上去很老实，但其实他们也有较为顽固的一面，他们往往会固执己见，不会讨好奉承别人，也绝不会受别人意见的影响。

3. 沙哑的声调

声调沙哑的人，具有极强的攻击性。这样的人如果是公司的领导者，他会凭着自己的力量拓展势力，在公司团队里率先领导他人，而且具有愈挫愈勇的势头，并全力以赴。

对于具有这种声调特质的女性而言，她们的外表看似柔，但却具有强烈的性格。对任何人都亲切有礼，一般不会显露出自己的真性情，因此给人一种神秘感。她们可能在同性之间不受欢迎，却很容易受到异性的赏识。此外，她们对服装的品味要求很高，也往往具有音乐、绘画等方面的才赋。想要同这一类人打交道，最好不要将自己的想法强加于她们。具有这种声调的男性，往往是耐力十足的人。虽然他们对自己认定的事情会充满干劲，但这类人最大的缺点是他们容易自以为是，会对一些看似不重要的事情掉以轻心，从而遭受不必要的损失。

4. 粗而沉的声调

发出这种粗而沉声调的人，具有乐善好施、喜好当领导者的个性，他们很活跃，不会安守本分。如果是女性拥有这种声调，她们在同性之间有很好的人缘，也很容易获得别人的信任，因为她们比较容易相处；而如果是男性，所从事的行业常常是实业家或政治家。但是，这类人的感情比较脆弱，可他们又有强烈的正义感，因此要谨慎处理和他们的关系。

从一个人说话声调的高低中，能够读懂这个人内心世界的变化情况。因而，在与别人交谈时，也可以通过声调来分析出与自己交谈的人的心态，以便彼此的交谈始终处于愉快的状态中。

洞察语速中的心理变化

从一个人说话速度的快慢中可以察觉到这个人心里的所思所想。一个心理健康且感情细腻的人在不同场合或不同环境中会表现出不同的说话速度。在日常工作或生活中，每个人或许都会有自己独特的说话方式和说话速度。比如有些人天生就是性情缓慢之人，说话吞吞吐吐，不急不躁，就算再着急的事情，他也一样会用自己习以为常的缓慢语速来叙述给别人听；可有些人的脾气却非常急，说话速度能快到让人听不清他们在讲些什么，而别人也根本没有插嘴的机会。

不过，现实中大多数人的说话速度是介于两者之间的，这部分人采用中等的语速与人交流。总之，语速是每个人长期以来形成的固有性格特性所致。大多数情况下，说话速度缓慢的人大多比较厚道老实且性格属于内向类型，甚至还会给人木讷的感觉；而说话速度快的人，往往是比较精明的人，且热情外向，偏向于张扬的性格。

而在现实中，人们可以较深刻地感受到说话速度中传递出的人的心理特征。也就是说，人们可以从一个人说话速度的快慢中判断出这个人的心里最真实的想法。比如一个人平常与人沟通时口若悬河、伶牙俐齿，而当他们面对某个人或某件事情时，却变得反应迟钝，甚至是吞吞吐吐，那么这个时候就可以判定这个人一定是隐瞒了什么事，或者做错了什么事情。

一个男子可以在朋友面前谈笑自如，并保持很快的说话速度，可是一旦面对面和自己喜欢的女士沟通时，他往往就会变得不知所措，甚至不知道要说什么，有时即使有话要说也会含含糊糊，语速时快时慢。而这样的信号所传递出的心理特征就是：他喜欢这名女士。

一个平常说话吞吞吐吐、慢慢悠悠的人，面对别人对自己指责的言语时，如果他采用了快速的说话速度并大声进行反驳，那么这就表明别人对他的话语是无端的诽谤，而他用快速的说话速度表明的正是他抗击无端诽谤的决心；但如果这个人吞吞吐吐，半天说不出反驳的话语，那么别人的指责可能就是事实，他由于心虚，缺少底气，才半天说不出反驳的话语；而当一个平时说话语速很快的人，或者说话语速一般的人，突然放慢了语速时，就一定是他想要强调什么，想引起别人的注意。

语速可以很微妙地反映出一个人说话时的心理状态，因而，只要你留意他的语速变化，你就捕抓到他的内心变化。

捕捉语气背后的心理信息

在人们的日常交流中，语言沟通是主要途径，而语气在其中有着非常重要的作用。心理学家研究指出，人们在谈话过程中总会在无意间加入自己的语气，而这种无意识的行为会在一定程度上助推行为人的情感表达。比如：在融洽的谈话过程中，语气的加入可以让谈话气氛更加融洽；而如果是火药味十足的谈话，语气的加入很可能使交谈双方陷入冲突。

语气往往是情绪波动的真实外在体现。行为人如果对语气和心理活动之间的关系有足够了解，不仅可以避免使用不当语气，还可以通过对方的语气准确捕捉其心理信息，了解对方所思所想，为自己做出合理的言行寻求依据，以求最终达到理想的交流效果。

以下提供几个具体的语气类型分析：

1. 肯定的语气

使用肯定语气进行交流的人是非常自信的，他们对于自己的观点和行为都十分笃定。即使有人对他们产生质疑甚至反对，他们也认为这只是暂时的，相信通过自己的努力，最终一定可以赢得大家的认可。另外，这类人也具有一定的客观分析能力，对自身和外部环境的了解都能做到准确到位。因此，这类人在现实生活中总是可以潇洒自如、信心满满。而最为难得的是，当这类人面对成功和推崇的时候，他们同样是理性并且客观的，正如他们在面对非议、质疑、反对和失败的时候一样沉稳。

2. 吞吐、低缓的语气

总是使用这种语气与人交流的人恐怕在第一印象中就已经给人不好的感觉，这类人的性格多数比较软弱，缺乏自信。在这类人看来，外部环境给他们造成了极大的压力，也许是因为种种沉重的负担，也许是因为身边人的优秀，他们根本没有可能在这种环境中显露自己。

3. 委婉、细弱的语气

钟情于这种语气的人性格中自恋的成分多一点，即使他们本身丑陋，或者才智平庸，他们自己也绝对不会这么看，也根本不会这么想。如果作为一名女子，这样的语气是无可厚非的，而且很可能是一种高素质和高修养的体现，尽显她们的柔美和温婉。但是在相关课题的研究过程中，心理学家发现，为数不少的男性说起话来同样像性格温柔的女性一样，这就说明行为人的价值定位和人生追求出现了一定的偏差。这类人在具体的工作生活中，关注自己的程度也会大大多于别人和整个外部世界，如果情况严重，这很可能是一个自闭甚至略带神经质的人。

4. 暧昧的语气

心理学家提示，暧昧的语气绝不仅限于恋人和亲人之间，很多人的暧昧语气是习惯性的。也就是说，他们无论面对什么人，无论在什么场合都会不加选择地在交谈过程中加入暧昧语气。暧昧语气可以在交流过程中消除隔阂，增进双方的感情，尤其是可以增进陌生交流者之间的信任和好感。但心理学家警示人们，暧昧的语气除了具有谄媚、讨好、没立场、无是非观念等负面影响之外，还表明这类人不愿承担风险和责任。他们努力营造融洽的交际关系，是因为可以将风险和责任平摊给每一个人，而当不良后果产生时，这类人往往是逃得最快的。

5. 盛气凌人的语气

盛气凌人的语气中虚张声势的成分会比较多一点，因为这实际上是一种畸形的自信，是一种建立在不自信基础上的抗争。当然，这种气势有时候也会起到一点积极作用，甚至在一定程度上达到了行为人的预期目的。而他们在实际中取得的胜利也是需要建立在对全盘的了解和掌控之上，他们需要具备扎实的功底，对自己和对手进行充分了解，并且对事情的发展规律与规则进行深度透析，然后谋而后动。所以，虚张声势无异于铤而走险、孤注一掷甚至以命相搏，即使最终成功，也是饮鸩止渴。

6. 条件语气

所谓条件语气，就是在交流过程中习惯性地加入“如果”“假如”“假设”等条件词语的人，这类人的性格中最明显的特性就是不切实际。他们会在自己的头脑中将事情想象得几近完美，即使是一个细节甚至是旁枝末节也不会放过。不过，这类人的所有设想都是脱离实际的。他们可以将事情在纸上演化得合乎情理，完全在逻辑之内，但一旦应用于实际，他们的失败就在顷刻之间。此外，这类人面对困难和失败的能力也有所欠缺，他们很少从自身找原因，而总将责任归咎于别人或环境等客观因素。不过，从另一个角度来看，如果这类人从事一些书面上的工作，他们的价值还是可以得到实现的。

7. 信任性的语气

在行为人的成长过程中，长辈和领导往往会给出一些目标，如果行为人未能按期完成，就会伴随着一定的责备甚至惩罚。殊不知，这种促进成长的方式并不适用于每一个人，对于那些自我约束力强的人来讲，这种方式会产生适得其反的效果。很明显，目标引导方式可以使行为人的成长速度加快，但与此同时，也会给行为人带来压力。

因此，在行为人的成长过程中，指导者应该为行为人留出一定的自主成长空间，并对其发展给出一些指引。其中，最主要的一点就是要对行为人抱有信任感。

调控语气，沟通更顺畅

心理学家对人说话的语气和不同语气所对应的不同性格特征作了一些观察，他们发现，一个人说话时的语气不仅体现出他当时的情绪和心理状态，还关系到他一定的性格特征。比如性格沉稳的人，在任何一种情绪和心理作用下，语气都不会有太大变化，而性情多变的人却不同。性情多变的人说话时的语气，正如他阴晴不定的脸色和情绪，开心的时候，感叹、祈使语气居多，且语调明朗活泼；沮丧时则多怀疑语气，说话有气无力。

在现实生活中，语气的杀伤力并不比一把手枪的杀伤力弱——只是，手枪直接造成人员伤亡，语气则“借刀杀人”。与人交谈时，对方说话时的语气，除了能向我们传达他此时的心理和情绪状态以外，还能够使我们觉察到他对我们的情绪反应。一个人偶然得知了对方的丰功伟绩，如果见到对方时他使用了肯定和赞赏的语气，那么就表示他心里是为对方感到骄傲的；但如果他说话犹疑，语气中有不屑的成分，那对方就明白他心里不舒服。因此，心理学家建议，在人的性格形成过程中，不妨适当进行一些正确的引导性语气交流，这对良好的性格形成能够起到很大的帮助作用。尤其是那些正处在成长期的小孩，家长和老师在和他们进行交流的时候，语气技巧的运用就会显得更为重要一些。

不过，因为语气形成对于行为人来讲很难察觉，而且随着情绪改变而变幻无常，行为人要想掌握一定的语气交流技巧，就必须对相关的心理知识有所了解。

第20章 洞穿语言习惯中的个性

习惯成自然，说话显习惯

心理学研究发现，不同的说话习惯能够反映出不同的性格特点。也就是说任何一个人，他的语言习惯中都或多或少地表现了他独特的个性心理特征。

人们在长期的人际交往中，会逐渐形成一些属于自己的说话方式或习惯，这些说话习惯与他们的性格有着紧密的关系。从某种意义上来讲，人们的性格影响了说话习惯的形成，而说话的习惯各有不同，它们反映的正是彼此个性的差异，即说话者的心理特征。

每个人都有自己的语言习惯，懂得什么时候应该说怎样的话，而且，话语修辞、语气等也有着很鲜明的个人特征，因而，从一个人说话的习惯中，也可以看出他的性格特点。

比如有的人在说话时通常都比较客气委婉，给人彬彬有礼的感觉，这样的人大都比较温柔和善，不愿意为难他人，考虑问题也比较周到；还有的人在与人交谈时，总习惯说“我怎么样”，这类人性格比较强势，自我，喜欢成为焦点；而习惯说“果然、肯定、绝对”的这类人，一般都做事积极果断，有魄力，不过这类人有时会给人自以为是的感觉；还有的人总习惯说“老实说、不骗你”之类的话，这类人的性格通常比较急躁、敏感，而且有些不自信，所以很在意别人的看法和评价；还有人习惯说“我觉得、我估计、可能、大概”这一类的词语，习惯运用这类词语的人，大都比较随和、谨慎。

说话习惯体现的方面比较广泛，比如口头禅、打招呼等各种习惯性的方式，在一定程度上也能反映出说话者的性格以及心理状况。

5种说话习惯全解析

在日常生活中，每个人都会养成固定的说话习惯。从一个人的说话习惯中，也可以分析出他的性格特点。对于每一个行为人来讲，说话习惯已经融为他们生活中的一部分。

1. 顺畅的说话习惯

这类人思路清晰、语速适中、用词准确并且声声入耳，是典型的顺畅型说话方式。习惯这种说话方式的人，要么不说话，要么对整个事物进行分析研究，得出全面深刻的认识，一旦开口便滔滔不绝，且头头是道。当然，这类人也是狡辩和反驳的高手，他们善于偷换概念、打擦边球、使用外交辞令，和这类人打交道，稍有不慎，就可能会惹祸上身。

说话条理清晰、语言流畅的人，内心非常强大，他们几乎认为任何事都可以通过努力完成，对自己有非常高的期许和认可度。在面对困难和压力时，这类人也总是能保持冷静和客观的思维，即使遭遇失败，他们也会重整旗鼓，东山再起。总而言之，这是一类可以让同伴庆幸让对手胆寒的人。

2. 激进的说话习惯

激进的说话习惯是一种强势的表现，说话时语调高昂、措辞激烈、一意孤行，不给别人任何反驳的机会，而且也很少改变自己的初衷。这类人通常懒于动脑，总是寻求用最简单、最粗暴的方法来解决问题，当然，这种做法经常会使他们陷入困境。

不过，这类人的性格通常比较坦诚和率真，他们表里如一，即使在压力和困难面前也从不做违心的事情。从这个角度来看，他们又是非常具有原则的一类人，一旦认准自己的目标和方向，也能够从一而终、坚持不懈，直到成功的那一刻。他们往往会为了自己的信仰和真理挺身而出，不惜抛头颅、洒热血，和一切恶势力进行抗争。

3. 逆向的说话习惯

这类人往往沉默寡言，很少公开表达自己的想法和立场，但他们饱读诗书、学识渊博，有一整套的思想作为他们判断的依据，因此，这类人一旦形成自己的观点便绝不会再改变。而所谓逆向思维，就是善于在大多数人意见保持一致时提出自己的反对意见。西方有一句非常著名的谚语——真理往往掌握在少数人手里。一般来说，一个人对众口一词的观念进行反驳，很容易让人联想到不合群、自负、清高等。但心理学家研究发现，虽然这类人往往站在人群的对面，但实际上他们的判断更有可能是正确的。

4. 絮叨的说话习惯

所谓絮叨的说话习惯，就是指唠叨、苛责、怨天尤人等负面行为。这类人往往目光短浅、心胸狭隘，眼睛总是死死盯住眼前的利益不放。在现实生活中，这类人也总是过于关注一些旁枝末节，在喋喋不休的抱怨声中招人反感。此外，这也是一类非常敏感的人，一旦出现风吹草动，就会像受惊的麋鹿一样立即做出反应。甚至对于那些根本与他们毫无干系的事物，也会莫名其妙地和自己产生联想。因此，这类人的命运又是非常辛劳和坎坷的。不过，他们一般都具有务实精神且精力充沛，他们谨小慎微，从不脱离实际，在进行一些具体的工作时，也会比较称职。

5. 憨厚的说话习惯

憨厚的说话习惯，是指那些有一说一、据实而述的人，他们从不夸夸其谈，也不回避属于自己的责任，更不说谎。这类人心态平和，做事认真负责、按部就班，为人诚实本分，有时甚至给人一种木讷呆板的感觉。但在实际的工作生活中，这类人却又往往是比较成功的，因为他们拥有良好的人际关系。和那些工于心计、小肚鸡肠的人比起来，性格憨厚的人总能带给身边人更多的帮助和温暖，而不是背叛和责难，所以，憨厚的人都会具有良好的人际关系，这已经是一个不争的事实。另外，天性憨厚的人通常都具有完美的德行，因此，他们在成为领导后，会受到格外的爱戴与拥护。此外，心理学家统计发现，这类人大多数都无忧无虑、幸福安康地过完自己的一生。

为什么有人说话喜欢绕弯子

在诸多语言的习惯运用中，说话习惯绕弯子，也是很显著的一个语言表达特征。生活中，很多人经常喜欢说“别人都那么说”“也不是经常那样做”“虽然不起眼”之类的话，而且说话习惯模棱两可，喜欢绕弯子。这类人大都防御意识很强，习惯在说话时看对方的脸色。有时候由于揣摩不出对方的心思，他们也不敢直接表明自己的态度和要求。用一种模棱两可的方式表态后，往往还故作从容，但实际上，他一直小心观察着对方的反应，这充分体现了这类人高度的防御意识。

具体来说，喜欢绕弯子的人，其语言沟通具有怎样的特征呢？

1. “某某人说……”

有些人不管讨论什么事情，都喜欢引用别人说的话，或者拿别人当例子。这类人之所以习惯这样说话，是因为他们的判断和行为，是以他人的看法来决定的。这类人欠缺自信，所以在说出自己的想法和需求时，总是害怕遭到对方的拒绝。有需求，但又无法表达，所以就将他人说的话拿过来，作为防御工具。

其实，他们完全可以卸下包袱，明确提出自己的需求。这样，一方面对方能清楚其真正想法，一方面他的坦诚也会使双方的距离拉近。

2. “好的，但是……”

在人际交流中，往往会出现这样的情形：在双方的意见出现分歧时，一方本来不同意另一方的观点或要求，但出于多方考虑，便会采取迂回之策，先肯定对方，然后再想方设法地用含糊的话语，将自己反对的意见表达出来。这种表达方法，往往更容易引来对方的埋怨。因为最初的肯定，会让接下来的反驳缺乏足够的说服力，而且当对方以为自己的要求已经被认可时，你又给人当头一棒，这样的心理落差很容易遭致对方的不满。而且，如果你不能果断拒绝对方，还会更加受困于他所提的要求。

习惯这样说话的人需要记住，有些时候，如果不愿意接受他人的要求，就干脆利落地回绝，不要使用模棱两可的话语，否则会大费周折，也未必会得到对方的理解。

3. 话语最后的表达含混不清

很多人在与人交谈时，语言含混不清，让人无法清楚他到底要表达的是什么。如果在向他人提出要求时，表现出这样的语言状态，他人就很难了解你的确切需求。通常在谈论个人时，在表达上含糊不清的人也表现得卑微怯懦。无疑，这是一类如此缺乏自信的人，在交流中很难给他人留下美好而深刻的印象。

这类人之所以不能旗帜鲜明地表达自己的观点，主要是担心他人对自己的观点不接受。这种说话习惯很不利于发展人际关系，所以必须加以改正。要树立自信，把想要表达的内容做一个整理，然后条理分明地把它说出来，再看对方的反应。在日常生活中，多一些训练，慢慢地就会使自己的表达更加清晰。

4. “就那么回事……”

一些人在回答某些问题时，总习惯说：“就那么回事吧……”这种回答往往给人留下很糟糕的印象，因为它所传递的是一种悲观消极的处世态度，仿佛对任何事都毫无兴趣，被问及时也是敷衍而已。

模棱两可的语言表达习惯，对于人际交流有着非正面的影响，因此，在表达习惯上应该学习那些能够坦率表露自身欲求的。当自己有需求要向人提出时，不要绕弯子找借口，尽管有时候，我们的需求通过合理的表达也未必能实现，但至少可以跟对方耐心地沟通。

心理分析专家认为，虽然直接表达欲求在遭到拒绝时令人有些难堪，但曲折地表述往往令问题变得模糊不清，这会使沟通双方都很疲惫。可见，在人际交流中，说话绕弯子的习惯表达法通常是不可取的。

口头禅暴露的性格密码

在现实生活中，每个人都可能会在无意之中说出一些口头语。其实，这些口头语是人们在不知不觉中自然而然形成的一种特有的语言习惯，它可以反映出人们的性格特征、行事方法等，是人们说话习惯的一部分。

1. 经常说“说真的、老实说、的确、不骗你”等口头语的人

比较在意对方对自己的评价，时刻担心对方误会自己，因而一再地强调“事情是真的，不骗你”。这些人的性格有些毛躁，十分渴望得到朋友的认可，一旦朋友对其产生误解、怀疑，他们内心就会极度不平衡，很容易因此做出一些偏激的事情。

2. 经常把“你应该、必须、必定会、一定要”放在口头上的人

通常遇事比较冷静、理智，遇到事情不会冲动，能够从容应对。这种人一般身处高位，在企业中担任领导职位，十分自信，能够担当大任。不过，如果这种口头语说得过多，则会略显专制、固执。

3. 时常把“听说、据说”挂在口头的人

做事通常会留有一定的余地，不会把话说绝。这种人见识广泛，但决断力不强，不适合当领导。通常情况下，这种人的人缘很好，因为他们处事圆滑，时刻给自己和别人留着台阶，因此很少和别人产生矛盾。

4. 经常说“可能是吧、或许是吧、大概是吧”等口头语的人

防备心很强，一般不会把自己的真实心理暴露出来。这种人大多从事政治、外交，经常跟政府高官打交道。由于自我防卫心很强，所以他们很难被人抓到把柄。即使在事情不明朗的时候预期错误，等到事情明朗时，他们也会这样说：“我早就预计到了这一点……”因此，和这种人打交道时要倍加小心、谨慎。

5. 经常把“但是、不过”放在口头上的人

性格温和，说话委婉，不轻易把话说绝。由于这种人说话委婉，很少得罪人，所以很容易和别人打成一片。这种人通常在肯定别人的一些观点之后，就会采取转折的词语，来陈述自己的观点。也就是说，这样的人一般说话时比较有技巧，懂得为自己的观点提供保护，并且会给自己的话语留下足够的余地。

然而，这样说话的人往往会给人一种圆滑的感觉。事实上也正是如此，他们所说的话少有建设性。而且，喜欢经常说“但是”“不过”等词语的人，心中往往有着否定他人的心理，甚至是为了否定而否定，这样一来，就很容易使得原本愉快的谈话最终变得索然无味。

6. 时常把“啊、呀、这个、那个、嗯”挂在口头的人

说话办事比较小心、谨慎，这种人通常是我们在日常生活中常见的“老好人”，当别人产生矛盾时，经常会调节矛盾，充当中间调解员的角色。

值得注意的是，一个人的口头语出现得太过频繁的话，他很有可能办事不够干练、意志不够坚定。

用称呼语拉近心理距离

在日常生活或工作中，称呼的使用习惯，代表的是彼此之间的关系和心理距离。从双方交谈的称呼中，在一定程度上可看出双方之间的亲疏关系。比如，有的人习惯称呼自己的同事为“××先生”或“××小姐”，这表明同事之间存有一定的心理距离，不足以掏心掏肺。

对于东方人而言，在人际交往中，双方称呼上的问题可以表明彼此之间的亲疏程度。而在美洲一些国家，比如美国在非正式的场合直呼其名是一种十分普遍的称呼方式，但如果你的爱人也这样称呼你，说明你们之间的关系并没有那么亲密。因为在东方国家，人们通常会称呼彼此为“亲爱的”或用昵称来称呼对方。

在一些社交场合，人们通常会称呼陌生人为“××先生”“××女士”。如果仅仅是初次见面，还没记住对方的名字，那么使用这种称呼方式是十分恰当的；但如果你和对方已经认识了很久，还依然称呼对方为“××先生”“××女士”，那就等于向对方表明“我要与你保持距离”。因此，如果在人际交往中，你认识了很久的朋友如此称呼你，那么就说明此人试图在心理上和你保持距离，希望双方互不干涉。

当然，在一些场合中，你也会遇到那些既不称呼对方为“先生”或“女士”，也不称呼对方名字，而是以“这位”“那位”来代替称呼的情况，这些都是内向、不善拉近关系的表现。如果夫妻在说到自己的家人时，不以“我的”为开头，比如“我的先生”或“我的妻子”等，而是用“孩子的父亲”“孩子的母亲”等称呼开头，则说明他们是以家庭为重，时刻把家庭放

在第一；而总是以“我的”为称呼开头，从表面上来看是一种亲密关系的表现，但实际上，这种亲密更多的是源于说话人强烈的占有欲和支配欲。

由此可见，人与人交谈时，对对方最开始的称呼，在某种程度上可以表达人们之间的心理距离，因此，那些高明的交际者往往会采取改变称呼的方法来拓展人脉关系。当他们想亲近一个人时，就会不经意地改变自己对对方的称呼，如此一来，便可以增加彼此之间的亲近感，而且相互之间的心理距离相对来说也会缩小。

在现实生活中，一个人如果想让他人认可自己的观点，通常会说“必须”“一定”等强调性强的词语，这种人通常比较冷静、自信；与之相反的是那些常说“好像”“大概”“或许吧”等模糊性话语的人，他们往往防范意识比较强烈，总是通过一些模棱两可的话来掩饰自己的真实想法，不想让别人看透自己的内心世界。这类人往往在做事的时候比较到位，但是在人际交往中，因为与他人的距离拉得过远，所以人际关系并不乐观。

在日常工作中，还有些人在表达自己意见的时候，通常会说“听说”“据说”等词语，也就是通过套用“第三者”的话来完成自己的表述，这一方面是不希望有人质疑自己的建议，另一方面则是不想被自己的说话内容所连累，这实际上是一种不想承担发言责任的说话方式。

那些处事圆滑、老练的人，比较喜欢运用这些“推卸责任”的说话方式，这种做法很明显是为了给自己留条后路，但这也是他们缺乏果断决策力的体现。因此，他们说这些的时候，内心也会出现矛盾与纠结的情绪。而当所谓的“据说”没有达到预期的结果时，他们会说“我当时也对这个说法存有置疑”；若是达到了预期的结果，他们又会说“不错，我当时也是这样想的”。

在人际交往中，也会经常见到那些把“我”挂在嘴边的人。这种人往往以自我为中心，他们通常所围绕的话题多为自己，总是会对别人说“我最近如何”之类的话语，而不会认真听别人表述，同时也很少在乎他人的感受。此外，这种人还常常直接打断别人的谈话，因此极易招致对方的厌恶。这类人的表现欲比较强烈，总是希望自己成为他人眼中的焦点，所以在别人眼中会显得有些自大。

第21章 破解交流方式中的心理动机

观说话语态看个人性格

人与人的性格千差万别。在我们第一次与人见面时，想要迅速读懂他人，首先要对他的性格特征有所了解，这样才能根据其性格特征，掌握他对待问题大概会采取的态度。初次会面，想要了解对方的性格特征，可以从其说话的态度和姿态来大体做出判断。

一般情况下，每个人的说话姿态，都能揭示出他的一些性格特征。研究表明，一个人的说话姿态能够透露出其个性特征，他们认为一个人的性格特征是可以从说话的语态中体现出来的。因此，从对方的口中了解其个性，是比较有效的方法。每个人的语态都会与他人有差异，那么，当我们与某人第一次见面时，如何从一个人说话的语态中，判断其性格特征呢？根据不同的说话态度，可以大致分为以下类别。

1．说话时喜欢小声嘀咕的人

这类人最大的特点是爱议论别人，属于当面不说背后乱说的性格。这样的人不容易相处，也很难得到朋友的信任。

2．喜欢噘着嘴说话的人

有些人在说话时总是噘着嘴，这样的人通常具有愚痴的个性，他们愤世嫉俗，喜爱唠叨。而且大都比较自私，不能替他人着想，缺乏反省之心。

3．说话时，语气像发怒的人

有些人在说话时，语气显得很冲，就像发怒一般。这样的人大多性格内向、心地狭小，总会让人感觉到他有些别扭的情绪。其实，这类人一般都比较正直，但自卑感比较强，缺乏社交性，看起来比较笨拙。

4. 讲话抖动的人

讲话抖动的人，大都有着急躁的个性。这类人通常比较焦虑不安，有浪费的习性，但又不善于赚钱。

5. 喜欢摸着下巴说话的人

有些人在说话时，总是习惯用手去摸自己的下巴。这类人通常过于自信，而且比较傲慢，喜欢轻视别人，具有阴险恶毒的性格。

6. 讲话木讷的人

此类人不善于讲话，但往往能赢得别人的信赖，因为他的话语能让人感觉到诚实。

7. 在说话时不看对方的人

生活中我们常常会遇到这样一种人，你跟他说话时，他的眼睛从不敢与你对视，此类人要么是因为害羞不敢看人，要么就是他所讲的话不是真话，所以不敢正视对方。

8. 喜欢打断别人讲话的人

这类人的个性一般比较易怒，反应快，所以常常在他人讲话时插嘴。这类人大都比较自私、轻率，不懂得体贴他人。

如果我们在初次与人见面时，通过对其讲话时的语气和状态进行观察、分析，大体是可以判断出对方的性格特征的。

从话题破解人心的秘密

美国心理学家斯坦利·弗拉杰曾经说过：“人的内心世界会通过语言表达在不知不觉中流露出来。在与人沟通交流时，只要仔细观察，就可以从谈话中看出这个人真实的内心世界。”

人们很容易地就会将情绪显现在自己谈及的话题里，所以我们要想读懂一个人的性格及其内心想法，就要从与其谈及的话题里及说话者的相关状况中寻找答案。

1. 喜爱夸夸其谈、高谈阔论的人

往往志存高远，粗枝大叶，不太注重细节，闲碎小事不会放在心上。常常夸夸其谈的人，容易骄纵，虽然阅历、知识、经验广博，但是不精深。

2. 善于使用礼貌用语的人

在初次与人见面时，如果对方使用的是礼貌性用语，那就表明这个人具有比较高的学识和文化修养。这样的人大都心胸开阔，具有包容力，会给予他人足够的尊重和体谅。

3. 善于恭维他人的人

这类人观察力比较强，能够很快识别他人的心情，并投其所好，属于圆滑世故之人。因此，这类人性格弹性比较大，适应力和应变力都非常强，与不同性格的人都能保持良好的关系。

4. 用语简洁之人

这类人属于豪爽型，他们开朗大方，处事干练，一诺千金，拿得起放得下，具有开拓精神，充满着人格魅力。

5. 讲话时拖泥带水的人

这种人通常内心软弱，缺乏责任心，而且心胸不够开阔，经常会为了一点小事纠结。他们尽管对现状并不满足，但缺乏开拓精神，不愿意做出改变，这类人还很容易嫉妒他人。

6. 喜欢发牢骚的人

这类人属于好逸恶劳之人，他们贪图享受，却不愿意自己动手，只想享受别人的劳动果实。面对困难和挫折时总是选择退缩。他们对别人要求严格，却不能管束自己，自私自利，很少去替别人着想，总希望能从别人那里得到更多。

7. 喜欢使用方言讲话的人

这类人自信心比较强，具有魄力和胆量，能够努力做事，也容易成功。他们重感情，但不容易适应和接受新事物。

8. 在说话时喜欢引经据典的人

有些人喜欢在说话时引经据典，张口便是名言警句、中外典故。此类人通常比较博学，也充满自信，能够吸引到他人的关注。这种人大都有较强的表现欲，对权威主义比较崇尚，而且具有孤芳自赏的个性。另外，还有一种人，喜欢套用长辈的话，开头语往往是“我父亲说”“我母亲说”等。此类人往往比较谦虚好学，对别人的意见容易采纳，但也透露出其依赖性强，缺乏独立主见的个性。

9. 说话时，会时不时地在话语中穿插进一些英语单词或句子的人

这类人大都性格开朗大方，并非常希望得到他人的肯定。但这种说话方式，也表明其内心的不自信和紧张。

10. 喜欢说“我怎么样”的人及喜欢说“大家”“我们”的人

有些人在说话时，习惯说“我怎么样”，这类人属于性格强势之人，这类人内心有着强烈的表现欲，同时也有着强烈的支配欲和占有欲，他们总希望自己来控制局面，成为其中的焦点。而喜欢说“大家”“我们”的人，则在为人处世方面更加周全一些，这类人大多数时候能照顾他人的想法，是一个以大局为重的人。

11. 谈论的内容多倾向于生活中的琐事的人

是属于安乐型的人，注重享受生活的舒适和安逸。

12. 经常谈论国家大事的人

表明他的视野和目光比较开阔，而不是局限在某一个小圈子里。

13. 喜欢谈论他人私事的人

大多是有强烈支配欲的人。其与人交谈时，话题总是围绕着别人打转，喜欢探听别人的私事，议论他人隐私的人，以女人居多。对于和自己没有多大关系的人，如社会名流、电影明星等，喜欢评头论足，说长道短。这种类型的人除了有支配心理之外，也缺乏知心朋友，心灵空虚、孤独，且不甘寂寞。

14. 好提当年勇的人

是个对现实不满的人，虽然他没有用怨恨的语言倾诉他的想法，相反却用自我表现的方式表达出来。

15. 不断地变换话题的人

这种人有着极强的支配欲和自我表现意识，在他的意识中，很少把别人放在眼里，而完全摆出我行我素的模样，让别人都去听从他的主张，以他的

意见为主导。

16. 不愿意对人指手画脚、进行评论的人

当面与背后的言辞也多会基本保持一致，说明这个人是非常正直和真诚的。

17. 在交谈时，有些人会时常使用新名词、新理论的人

他们对新鲜事物接受得比较快。但是这一类人没有主见，往往不能独立面对与解决困难，性情摇摆不定，优柔寡断。这一类人如果能沉下心来认真地研究问题，锻炼意志，也会成为业务高手。

依言谈方式推断个人性情

美国心理学专家乔·纳瓦罗说过：“人有两种表情，一种是脸上所显现的表情，另一种是从说话方式传递给对方的信息里隐藏的表情。”可以说，语言是人类的第二种表情。每个人都有自己的特定的说话方式，因此在判断一个人的性格时，可以通过观察对方的言谈方式来发现端倪。

一个人的说话方式能反映出他内心的真实想法。也就是说，一个人流露出的感情或者发表的意见，都会通过说话方式表现得一清二楚。只要仔细观察并认真揣摩，便能很快地从说话方式中读懂人心。

1. 说话义正严辞的人

言辞之间体现出刚正不阿、不屈不挠的精神，其秉性刚直、原则性强，明辨是非，立场也比较坚定。只是，他们在处理问题时往往缺乏变通，坚决按原则办事，显得固执，但他们能主持公道，往往令人敬而生畏。一般来说，在从事政治、法律等行业的人群中，这一类型的人群所占的比例较大。

2. 言辞尖锐的人

有一类人在平常说话时总爱捉住别人的弱点，言辞锋利，不给别人回旋的余地。这类人在分析问题时比较透彻，看问题一针见血，甚至有些尖锐刻薄。只是这一类人喜欢将重点放在寻找和攻击别人的弱点上，往往会忽略从总体及客观的角度把握问题的实质与关键，甚至会陷入本末倒置的死胡同。

对于这种人，在用人方面，一定要慎重考虑，侧重发挥其特长与优势。

3. 说话语速快、辞令丰富的人

是交际一大难缠的人，因为这类人知识丰富、说话言辞激烈而尖锐，对人情世故的理解深刻而到位。他们接受新生事物的能力较强，反应也比较灵敏。对于这类人，能够找到的弱点就是，由于人情世故的复杂，他们可能会产生混沌的思想。因此，他们只会在自己力所能及的范围内做事，一旦超出能力范围，就会显得无所适从与慌乱。

4. 说话言辞平缓温和的人

性格优雅、为人宽厚大方。只是他们比较恪守传统，反应不够敏捷果断，对于新生事物的接受能力不强。然而，如果他们能够培养果断、勇敢的性格以及对新生事物秉持公正的态度，就会变得从容，具有长者风范。

5. 说话温柔的人

大多性格柔弱，不会争强好胜，对权欲不看重，与世无争，也不会轻易得罪别人。但这种人的意志力往往比较薄弱，胆小怕事，畏惧麻烦，对人对事会采取逃避的态度。如果这一类人能多加锻炼，增强自己的胆识，知难而进，果断勇敢而不犹豫退缩，就会成为一个刚柔并济的人物。

可以说，每一种说话方式都有一些缺点或弱点。言谈是推断一个人的性格及其心理特征的重要方式，在使用此方法时，一定要把握对方的弱点，有针对性地加以利用。

从书面用语中窥探人心世界

现代社会，网络遍布全球，书信等交流方式似乎早已成为互联网浪潮中的弃子，习惯用书信沟通的人越来越少。其实，人在写作时，心境是最平稳的，在平稳心境下写出的文字，更能体现最真实的自我。在庞大的语言结构体系中，大量的字词、长短句供人选择，而且选择范围极广且非常自由随意，那么，一个人选择什么样的字句来表达自己的想法和认知，就说明他的性格特征偏向于这类字句所使用的情境特征。比如有的人写便条总喜欢用

“吧”，这表明他时常很尊重的对方的意见，“吧”这个语气词蕴涵的意思就是他的请求是以对方的允准为前提的。

和当面语言交流的瞬息万变相比，书面语言的交流稳定、具体、一目了然，更加便于对行为人的心理展开研究。研究表明，书面语言的特点和行为人的心理特征存在以下联系：

1. 语句中经常出现“呀”“啊”“呢”等语气助词

这类人心地善良、思虑单纯并且感情丰富。在现实生活中，他们最明显的特点是腼腆、害羞和不善言辞，但不可否认，他们有着丰富多彩的内心世界。他们积极乐观、阳光开朗，相信世间一切都是美好的，而他们就是要将这份美好带到每一个角落。不过，这类人面对困难和失败的能力欠佳，甚至没有应对的勇气，一旦失去家庭和学校的保护层，这类人也会像失去免疫力的机体一样，禁不住风吹雨打。

2. 语句中经常出现“哈”“哼”“呸”等强烈的感情用语

这类人的性格比较开朗，他们大情大性，爱憎分明，向来都是心直口快，从不压抑和回避自己的感情或者想法。在具体的生活和工作当中，他们也是热情奔放的一类人，总能带给身边人无穷的笑声和激情，因此，无论是家人、朋友还是同事都会非常欢迎他们。另外，这类人没有耐心，粗心大意是他们性格中的缺点，而且有时也会伴随着不同程度的三心二意和不负责任。所以，这类人在带给别人欢声笑语的同时，往往也是带给别人伤害最大的，尽管他们是无心的。

3. 语句中经常出现一些“嗯”“哦”“呵”等表示肯定和顺从的词语

这类人的性格比较内敛，他们恭谦顺从，很少表达自己的观点。如果和这类人进行交谈，他们多数会处于倾听状态，并适时对说话者的观点进行肯定和赞许。而且难得的是，他们会全身心地进入说话者的世界，并真心实意地表达自己的感情，也就是说，他们是很容易达到忘我境界的一类人。因此，这类人是非常好的交流者。

4. 语句中经常出现逗号，而其他标点符号却很少出现

这类人通常比较粗心大意，也非常急躁，在生活中常常会因为一些不必要的小事而发脾气。和大情大性的人比起来，这类人的心胸也比较狭隘，因

此，他们带给人的通常只有压力和紧张甚至是愤怒。从更高的层面上来讲，这类人也是没有目标和计划的一类人，他们每天得过且过，最终难免将自己的整个人生搞得一塌糊涂。

5. 语句中出现各种标点符合，有时甚至出现一些规定外的符号，恨不得在一段话旁边画上一幅画

这类人的性格比较活泼，他们情感细腻，但同时也过于敏感，对于一些无关紧要的事情斤斤计较。在实际生活中，这类人往往会徒添伤悲、自寻烦恼，一些原本已经完成的工作，也会在他们的头脑中反复思考，生怕出现一点纰漏。另外，心理学家表示，这类人有可能是非常优秀的策划和设计人才，只要经过专业学习，他们的价值会得到充分体现，但这类人随机应变的能力天生较差，难以在一个集体或团队中担任领导职位。

6. 语句中出现的标点符号和语句保持一致，既不少，也不多

这类人的性格比较严谨负责，他们理性做事，感性为人，是性格较为完美的人。在实际生活中，这类人往往能够做到深谋远虑，了解事情的整个过程并洞悉每一处变化，对于那些阻碍事情发展的因素，即使很有吸引力，他们也可以做到不受干扰，谨慎认真并从一而终。所以，这类人可以在各行业中实现自己的价值，甚至为整个行业创造非凡推动力。同时，这类人也具备分明的是非观念，他们有所为有所不为。因此，这类人总是能够得到大多数人的尊重，有时甚至是对手也会对他们感到钦佩。

可以说，书面语言与一个人的行为习惯和性格特点有着千丝万缕的联系，它无时无刻不反映着行为人的思想，显然这对透视行为人的性格特征提供了有利条件。

第22章 揣摩辅助语中的弦外之音

看说话神态能知对方心情

西汉扬雄《法言·问神》云："故言，心声也。"清人龚自珍《别辛丈人文》云："我思孔烦，言为心声。""言为心声"已成一习用成语。其实，在言语交际的许多场合，单凭"言辞"往往是不能听出说话人的"真心实意"的，必须联系手势、表情等伴随语言的身体语言（有时也要联系语调、语速、音调和各发音器官发音时的细微差别等伴随性语音手段），才能揣测到说话人的心理。

通过观察一个人的说话神态，可以大致看出一个人的性格和心情。

1. 谈话时沮丧、疲累、精神不振

一看就知道面色不佳，说起话来唉声叹气，好像如临世界末日。一切希望都没了。这种人外表上的特点是：沮丧疲累、精神不振。有这种现象的人大可判定为对自己早就失去了信心。

进一步分析，他有下面的性格：

自寻苦恼。常为不必要的事而终日忧愁。

由于对自己失去了信心，工作无劲，也没有理智的判断力。

2. 一边说话一边笑的人

当人们和这种人交谈时，可能会觉得非常愉悦和轻松，还有可能被他们同化，因为这种愉悦性质的感染力是相当强的。这类人的"笑神经"似乎特别发达，不管对方或他们自己讲出的话是否好笑，值不值得笑，他们在说话时总是带着一抹笑意。美国心理学家班杜拉指出，这类人大都性格开朗，对生活没有太高的要求，因而，他们信奉“知足常乐”的生活方式。这类人在生活中人缘极好，不管走到什么地方，总能跟很多人成为朋友。

3. 容易相信卜卦者之言

对上司交待之事，总是无法如期完成，即使如期完成，也是缺陷繁多，还得大加修改。

看说话眼神能知对方心思

人在说话时，眼神也会出现相应的各种动作，只要留心对方的眼神，就可以判断出对方的心思。

1. 谈话时不正视对方的人

相对而坐时，不注视对方，总是垂着头听，偶尔抬起眼睛看对方一眼，但是，很快就又垂下头来。有这种现象的人，以女性职员居多。一般来说，女性跟男性同坐，都会表现出一种娇羞、娴静之态，这是女性特有的习惯。

在识人上，可不管对象是男人或是女人，只要有此现象，我们就可以据此判断对方的心态：

（1）不抬眼睛，一意倾听，表示全心信赖对他（她）说话的人。

（2）如果双方是年轻的一对，表示她对他有爱意（甚至爱得很深）。

（3）只知垂首而听，表示对对方没有任何戒意，而且抱有一种“安全感”。

上面所说的是对“某一个特定的人”有此现象而言，如果对任何人都如此，那就另当别论，我们应该据此来判断对方的个性：

（1）个性胆怯。

（2）缺少魄力，做事一定没有持久力。平时，也显得死气沉沉毫无活力可言。

（3）意志不坚，容易随波逐流。

2. 不断地把视线移开

跟别人交谈时，摆出不大重视对方的态度，这是表示：

（1）暗中观察对方，盘算如何还击。

（2）不是方正之士，必有所防范。

假设，这种移开视线的动作，是发生在交谈之中，那就表示：

感到疲倦，无意倾听，他心里想的只是“快一点结束该有多好。”遇到这个情况，你就及早地结束谈话，定一个时间，下次再好好谈。

双方在交谈时，视线难免会相遇，如果对方在此时连忙移开视线，该做下面的判断：

（1）他的内心有某种苦衷，或是有意隐瞒什么。

（2）急急避开视线，表示担心你发觉到他的心事。

（3）再不就是性格懦弱，不敢直视对方。

（4）视线相碰的时候，直视对方，绝不避开，这种人的性格，通常是方正之士，待人以诚，绝不要弄什么诡计，是意志坚强，自尊心强的表现。

3. 不断地眨眼

交谈中不断地眨眼，这种人很有同情心。能认真地听你说话，有意尽其所能地帮你的忙。

如果在谈话中，眼珠骨碌碌地转个不停，而且成为一种习惯，这种人无法集中精神听别人说话，而且心情不定，听不出对方话中的意思。做事容易半途而废。

交谈的时候，目不转睛地瞪住对方，这种人急于要对方赞同他的主张、意见。并对自己信心十足，对交谈的事也有莫大的意愿。

看说话手势能知对方心意

有很多人在言谈时，往往会有意识或无意识地带上各式各样的手势，其实手势往往比言语更能传达说话者的心意。

若某人在言谈中双手交合，一手放在嘴边，或搁在耳下，或两手交叉、身体微微向前倾，表示其十分关注对方的谈话内容，正聚精会神地倾听着。

交谈中手势呈开放状，手心向上，两手向前伸出，手与腹部等高，表示愿意与对方接近并希望建立良好关系。这种手势会给对方一种充满热情和自信的感觉，对双方谈论的话题胸有成竹。

在与人交谈时一手向前伸，掌心向下，然后由左至右做一个大的环绕动作，表示其对所述内容有充分把握。而在交谈中会将食指与大拇指拈起，或把拳头握紧，表示说话者希望吸引听众的注意力，或强调其说话内容的重要性。

另外，会用头发或手遮住脸，不让对方看见自己的表情，表示这种人表里不一，或者意图隐瞒什么。

边说话边用手指指着听者，或是握拳、缩脖子、皱眉头，或者其他一些激烈的手势，一般而言都表示此人具有潜在的攻击性。而说话时膝盖会向内缩、上身向后倾、两手交叉放在腹部，表示此人极度缺乏安全感和自信心。

当别人说话时，摆出一副超然的样子，不是往后仰靠着，用手摸下巴，就是打哈欠、四处张望，或不时地拉衣角、整领带、撩头发，这些都表明了其心里不耐烦，暗示对方不要再讲了。

第23章 领会沟通中的倾听技巧

洞察倾听你说话的人

在现实生活中每个人，总是无时无刻承受着来自各方面的威胁。这些绝大多数是隐性的，都是你很难体察到的，而且多数来自于你的周围。有些人对你的态度很和顺，有说有笑。你甚至把他们当做了自己最亲近的人，把自己的所有情况，包括欢乐和悲伤、喜好和憎恶，都毫无保留地告诉了他们。但是，这些人往往并不会对你抱以真心。反而透彻明晰地了解你，而后洞悉你的弱点并作为打垮你的利器，从而把作为他们的潜在威胁的你清除掉，这才是他们的目的，所有的一切都是一个圈套。直到你被他们打得落花流水，地位全无，一直沉浸在畅想之中的你才会如梦初醒。

围绕在你周围的有很多人，都表现得对你非常友善，肝胆相照，并且信誓旦旦地要和你一起合作，共同创造一片新天地。而对这种情况，你也许会无所适从，因为你无法确定哪个是真的，哪一个是假的。但是，如果你真正地观察体验，真假还是很容易鉴别出来的：

第一，对方在倾听你诉说的时候是报以真诚的同情和感慨呢，还是目光闪烁，有时出现若有所思的样子呢？如果是后者，那么对方很可能是一个居心叵测的人。当然，这需要你去仔细观察他的言行并注视他的眼睛。

第二，仔细地回想一下，当你有意无意地想结束自己倾诉的时候，他是不是很巧妙地利用一些隐蔽性极强的问题重新打开你的话匣子呢？而且，你随后所说的内容又恰恰是容易被别人利用的东西。

第三，如果你偶然得知有人总是在不经意之中向你所亲近的人打听一些有关于你的消息，那么你最好疏远他们。

第四，有些笑容并不是很自然，而像是从脸皮上挤出来的。有时你觉得并没有丝毫可笑的地方，而对方却能够笑起来，这种人也要适当地多加小心注意。

第五，如果有些东西你觉得实在忍不住，不吐不快，那么你要尽量找一个自己亲近的人诉说一番，比如你的父母、妻子甚至孩子。这会缓解你心中的郁结，减少情绪上的大起大落。

倾听者表情中深藏的奥妙

不只从一个人在说话时的动作表情中，能大概了解其性格特征，同时，根据一个人在听别人说话时的表情，也同样可以了解其性格特征。

1. 微笑着看对方说话的人

在人际交往中，可以经常看到这样的人，他们总是静静地听别人说话，而且一直微笑着面对谈话者。对于这种情形，不可以简单地断定他对对方的观点持相同意见，也就是说，他的微笑也许只是一种掩饰内心最得体的方法。因此，这类人性格内敛，做事不露锋芒，不喜欢将自己内心的真实想法告知与人，喜怒不形于色，为人小心谨慎。因此，不论面对怎样复杂的人际关系，他们都能应付得当。

2. 听人讲话时皱着眉头的人

有些人在听别人说话时，习惯皱着眉头，也很少发表自己的意见。这并不是说他们对他人的见解有不同的想法，而是他们正在认真聆听对方，并对此深入思考。这是一类具有批判性格的人，对于他人的观点，总想给出不同的意见。

3. 听人说话时总是咬嘴唇和吐舌头的人

这类人多属于心无城府、喜怒形于色的性格，他们很容易将自己内心真实的情绪表露出来。因此，在交流中，如果发现对方做出这种表情，说明他对你所说的内容兴趣不大，或者他想要发表自己的看法，只是还没找到合适开口的方式。

4. 听人说话时，做出眼睛向下看，嘴角下垂表情的人

心理学家莫里斯认为，如果一个人在听他人说话时，眼睛向下看，嘴角下垂，意味着他想保持自己的权威和尊严。如果眼睛眯成一条缝，可能说明他很疲倦了，所以说话的人就该结束自己的话语，或者换一个话题。

雄辩是银，倾听是金

雄辩是银，倾听是金。在我们身边，经常会有这样的人，他们喜欢多说话，总是喜欢显示自己，好像他博古通今似的。不少人为了使别人赞同自己的意见，就唠唠叨叨地说个不停，使别人根本没有说话的余地。这样的人，以为别人会很服他们，其实，只要有点社会阅历的人，都会不以为然。更聪明的人，或者说智慧的人知道说得多错得也就多，所以不到需要时，总是少说或者不说。

所以，当人家说话的时候，自己若有不同意之处，应待别人说完，切不可插进去或阻止人家。因为当人家还有许多话没有说完，绝不会来接受你的意见，也根本不注意听你的。所以我们应鼓励别人把意见表达出来，耐心地倾听别人讲话。

真正有学问的人大智若愚，不乱说话，相反那些腹中空空，没有几点文墨的人却喜欢大吹大擂。所以，我们应记住一条原则：在一般场合，最好能少说话。

比如，在类似座谈会的场合中，大家踊跃发言，而往往不注意听清楚别人的意见。所以，经常产生误会，各抒己见，难求一致。真正有见识的人，会在倾听中把众人的论点加以分析、整理，提出自己的意见，从而使座谈讨论走向正确方向，达到预期目的。

1951年，威尔逊带着母亲、妻子和5个孩子，开车到华盛顿旅行，一路所住的汽车旅馆，房间矮小，设施破烂不堪，有的甚至阴暗潮湿，又脏又乱。几天下来，威尔逊的老母亲抱怨地说："这样的旅行度假，简直是花钱

买罪受。”善于思考问题的威尔逊听到母亲的抱怨，又通过这次旅行的亲身体验，得到了启发。他想：我为什么不能建立一些便利汽车旅行者的旅馆呢？他经过反复琢磨，暗自给汽车旅馆起了一个名字叫“假日酒店”。

想法虽好，但没有资金，这对威尔逊来说，确是最大的难题。他想拉募股份，但别人没搞清楚假日酒店的模式，不敢入股。威尔逊没有退缩，心中只有一个念头，必须想尽办法，首先建造一家假日酒店，让有意入股者看到模式后，放心大胆地参与募股。具有远见卓识且敢想敢干的威尔逊，冒着失败的风险，果断地将自己的住房和准备建旅馆的地皮作为抵押，向银行贷款30万美元。1952年，也就是他举家旅行的第二年，终于在美国田纳西州孟菲斯市夏日大街建起了第一座假日酒店。5年以后，他将假日旅馆开到了国外。

倾听别人说话，是为人处世必不可少的内容。能够耐心听别人说话的人，必定是一个富于思想的人。威尔逊就是一个有思想的人。他的成功，在于他能注意倾听别人的谈话。

好听众比擅讲者更受人欢迎

交流固然十分重要，但有时候，做一个聆听者更能够给你带来意外的收获。

聆听越多，你就会变得越聪明，就会被更多的人喜爱，就会成为更好的谈话伙伴。一个好听众总能比一个擅讲者赢得更多的好感。

当然，成为一名好的听众，并非一件容易的事，这里我们有几点建议可供你参考。首先，要注视说话者。对方如果值得你聆听，便应值得你注视。然后，靠近说话者，专心致志地听，让人感觉到你不愿漏掉任何一个字。接着，你要学会提问，使说话者知道你在认真地听。可以说，提问题是一种较高形式的奉承。我们都经历过这样的场面吧：上大学的时候，如果教授在上面做完演讲，听众没有一个问题，场面是何等的尴尬。还要记住不可打断说话者的话题。无论你多么渴望一个新的话题，也不要打断说话者的话题，直到他自己结束为止。最后还要做到“忘我”。你始终要明白，你是个“倾听者”，不要使用诸如“我”“我的”等字眼。你这么说了，就意味着你不得不放弃聆听的机会，注意力已经从说话者那里转移到了你这里，至少，你要开始“交谈”了。

在一项关于友情的调查中，调查的结果让调查者都感到十分意外。调查结果显示，拥有最多朋友的是那些善于倾听的听众，而不是能言善辩、引人注目的演说家。其实，这也没有什么不可思议的。我们每个人其实都渴望表达自己。聪明的聆听者能够让说话者有充分的表达的机会，自然就更容易获得别人的好感。

倾听也许是最简单有效的赢得信任的手段了，所以要学会做个聪明的听众。

沟通中高效倾听的6个规则

我们在吸取他人有益的思想时，必须做的事就是学会倾听，听别人说什么，从他人的语言中提炼有价值的信息，便于自己思考时使用。

做一个耐心的倾听者要注意6个规则：

1. 对讲话的人表示称赞

这样做会造成良好的交往气氛。对方听到你的称赞越多，他就越能准确表达自己的思想。相反，如果你在听话中表现出消极态度，就会引起对方的警惕，对你产生不信任感。

2. 全身心注意倾听

你可以这样做：面向说话者，同他保持目光的亲密接触，同时配合标准的姿势和手势。无论你是坐着还是站着，与对方要保持在对于双方都最适宜的距离上。

3. 以相应的行动回答对方的问题

对方和你交谈的目的，是想得到某种可感觉到的信息，或者使你做某件事情，或者使你改变观点，等等。这时，你采取相应的适当行动就是对对方最好的回答方式。

4. 别逃避交谈的责任

作为一个倾听者，不管在什么情况下，如果你不明白对方说出的话是什么意思，你就应该用各种方法使他知道这一点。比如，你可以向他提出问题，或者积极地表达出你听到了什么，或者让对方纠正你听错之处。如果你什么都不说，谁又能知道你是否听懂了？

5. 对对方表示理解

这包括理解对方的语言和情感。可以使对方感到亲切，受到鼓励。

6. 要观察对方的表情

交谈中很多时候是通过非语言方式进行的，那么，倾听时就不仅要听对方的语言，而且要注意对方的表情，比如看对方如何同你保持目光接触、说话的语气及音调和语速等，同时还要注意对方站着或坐着时与你的距离，从中发现对方的言外之意。

在倾听对方说话的同时，还有几个方面需要努力避免：第一，别提太多的问题。问题提得太多，容易造成对方思维混乱，谈话精力难以集中。第二，别走神。有的人听别人说话时，习惯考虑与谈话无关的事情，对方的话其实一句也没有听进去，这样做不利于交往。第三，别匆忙下结论。不少人喜欢对谈话的主题作出判断和评价，表示赞许和反对。这些判断和评价，容易让对方陷入防御地位，造成交际的障碍。